기독교문서선교회(Christian Literature Center: 약칭 CLC)는 1941년 영국 콜체스터에서 켄 아담스에 의해 시작되었으며 국제 본부는 미국 필라델피아에 있습니다.
국제 CLC는 59개 나라에서 180개의 본부를 두고, 약 650여 명의 선교사들이 이동 도서차량 40대를 이용하여 문서 보급에 힘쓰고 있으며 이메일 주문을 통해 130여 국으로 책을 공급하고 있습니다. 한국 CLC는 청교도적 복음주의 신학과 신앙 서적을 출판하는 문서선교기관으로서, 한 영혼이라도 구원되길 소망하면서 주님이 오시는 그날까지 최선을 다할 것입니다.

복음 제자 소명 시리즈 ③

토라 민수기, 신명기로 배우는

# 복음 제자 소명

배성환 지음

CLC

The Calling of Evangelical Discipleship From Torah, Numbers, and Deuteronomy
Written by Sung-Hwan, Bae
All rights reserved.
Korean Edition Copyright ⓒ 2020 by Christian Literature Center, Seoul, Korea

## 토라 민수기, 신명기로 배우는 복음 제자 소명

2020년 3월 20일 초판 발행

| 지은이 | 배성환 |
|---|---|
| 편집 | 김현준 |
| 디자인 | 전지혜, 한우식 |
| 펴낸곳 | (사)기독교문서선교회 |
| 등록 | 제16-25호(1980.1.18.) |
| 주소 | 서울특별시 서초구 방배로 68 |
| 전화 | 02-586-8761~3(본사) 031-942-8761(영업부) |
| 팩스 | 02-523-0131(본사) 031-942-8763(영업부) |
| 이메일 | clckor@gmail.com |
| 홈페이지 | www.clcbook.com |
| 송금계좌 | 기업은행 073-000308-04-020 (사)기독교문서선교회 |

ISBN 978-89-341-2103-9(94230)
ISBN 978-89-341-1733-9(세트)

이 도서의 국립중앙도서관 출판예정도서목록(CIP)은 서지정보유통지원시스템 홈페이지 (http://seoji.nl.go.kr)와 국가자료공동목록시스템(http://www.nl.go.kr/kolisnet)에서 이용하실 수 있습니다. (CIP제어번호: 2020006168)

이 책의 저작권은 저자와 (사)기독교문서선교회가 소유합니다. 신저작권법에 의하여 한국 내에서 보호받는 저작물이므로 무단 전재와 무단 복제를 금합니다.

토라 민수기, 신명기로 배우는
복음 제자 소명

# 추천사

**홍성건** 목사
NCMN 대표
국제 YWAM 동아시아 대표, 전 한국예수전도단 대표

에스라가 여호와의 율법을 연구하여 준행하며 율례와 규례를 이스라엘에게 가르치기로 결심하였더라(에 7:10)

에스라는 세가지로 결심했다.

첫째는 하나님의 말씀을 연구하기로 결심했다.

둘째는 연구한 하나님의 말씀을 자신의 삶에서 살아내기로 결심했다.

셋째는 자신의 삶에서 먼저 살아낸 말씀을 그의 백성에게 가르치기로 결심했다.

에스라는 말씀을 연구하는 사람이다. 그러나 단순히 말씀을 지식적으로 연구만 하지 않았다. 그가 연구한 그 말씀을 먼저 자신의 삶에 적용하여 살아내었다. 그 후에 그 말씀을 그의 백성에게 가르쳤다.

하나님의 말씀을 대하는 사람에게 에스라는 롤모델이 된다.

자칫 말씀을 연구하고 자신의 삶에서 실천하며 살아내지 않고 바로 사람들에게 가르치는 경우도 있다. 그럴 경우, 그 말씀은 듣는 사람의 삶을 변화시키지 못한다. 지식으로만 전달되는 말씀은 지식으로 그치기 때문이다. 사람의 삶의 변화는 오직 생명에 있다. 생명에서 생명으로 전달되기

때문이다.

 에스라는 말씀을 연구하는 학자로서도 인정받았지만, 그가 전하는 말씀은 힘이 있었다. 능력이 나타나서 듣는 사람들을 변화시켰다. 왜냐하면 그가 전하는 말씀을 그가 먼저 자신의 삶에 적용하여 그 말씀의 능력을 경험하였기 때문이다.

 배성환 목사님은 에스라 같은 말씀사역자다.

 그는 말씀을 사랑하고 부지런히 말씀을 연구한다. 그리고 "그 말씀"을 그의 목회지의 성도들에게 전하기 전에 먼저 자신의 삶에서 살아내는 데 힘을 다했다. 그의 삶에는 말씀을 경험한 사람에게 나타나는 경건의 능력이 있다. 이것이 내가 그를 좋아하는 이유다.

 그는 그가 경험한 "그 말씀"을 그의 목회지에서 가르치기를 힘쓴다. 그리고 그 바쁜 중에도 해외 선교지, 그것도 가장 갈급하고 긴급한 지역의 영적 리더들에게 가서 전하기를 힘쓴다. 그리고 그들에 의해서 최전방 선교지가 말씀으로 풍성해 진다. 이것이 내가 그를 좋아하는 두 번째 이유다.

 이제 토라의 네 번째 책인 민수기와 다섯 번째 책인 신명기가 출간되니 기쁘다. 그의 하나님의 말씀 사랑이 곳곳에 묻어 나온다. 그의 말씀 순종이 향기처럼 풍긴다.

 주께서 이 책을 통해 그의 교회가 더욱 견고해지고 풍성해질 것을 믿는다.

# 추천사

**박 영 호 박사**
기독교문서선교회(CLC) 대표
전 한국성서대학교 실천신학 교수

본서는 배성환 목사님의 "복음 제자 소명 시리즈" 제3권으로 사도적 신앙과 실천, 즉 복음, 제자, 소명에 관한 가르침인데, 토라(모세오경) 말씀을 통해 복음, 제자, 소명의 가치를 깨닫고 예수님을 닮아 가도록 안내합니다. 저자 배성환 목사님은 목회지인 성남산성교회에서 "세상을 생명의 빛으로, 열방을 그리스도께로, 성도를 순결한 그리스도의 신부된 교회로"라는 표어로 목회사역에 전념하고 있는데, 이 교회에서 주일마다 선포한 강해설교는 뛰어나고 신선한 메시지들입니다. 본서는 이 강해설교의 모음집인데, 시내 산에서의 가르침인 토라, 성막, 제사, 정결과 거룩함을 통해 은혜언약의 복음을 깨닫고 제자가 되어 소명을 따르는 삶을 가르칩니다.

저자는 유대인들이 안식일마다 회당에서 토라를 읽는 순서에 따라 성도들이 한 주간 토라를 읽도록 시킵니다. 이러한 언급이 모든 설교의 서두 부분에 등장합니다. 그뿐만 아니라 저자의 설교 본문도 그 주에 성도들이 읽을 토라의 본문 가운데서 선택합니다.

이러한 본서의 설교의 특징은 다음과 같습니다.

**첫째**, 본문을 해석하면서 히브리어 원어의 문자적 의미를 구속사적 관점에서 해석하여 생명력 있는 메시지를 도출합니다. 따라서 거룩한 '메시아 프로그램'(messiahnic program)이 중심이 되어 거룩한 그리스도의 피로 맺은 약정이 흐르고 있으며, 때로 매우 독창적이고 통찰력 있는, 순수하고 깨끗한 의미와 해석이 등장합니다.

**둘째**, "복음 제자 소명 시리즈"라는 이름에서 알 수 있듯이 성도들의 청교도 신앙과 실천적 삶을 강조합니다. 특히 이번 설교집은 민수기와 신명기를 본문으로 한 설교들인데, 위의 같은 설교적 특징이 각종 율법 규례를 해석하는 데도 나타나서, 성도들이 이 땅에서 은혜언약의 복음을 믿고, 제자가 되어, 소명에 따라 사는 삶을 사는 데 매우 유익한 메시지를 제시하고 있습니다.

**셋째**, 불타는 논리적(logic on fire) 메시지로 성도들의 삶의 변화를 가져오며, 예수 그리스도의 보좌로 인도하여 그 궁극적인 영화에 참여하도록 안내합니다.

본서는 제1부 묵상하기, 제2부 더 묵상하기로 구성되어 있습니다. 이 귀한 시리즈가 계속 출간되기를 바라며, 특히 신학도들과 한국 교회 성도님들에게 강력히 추천합니다.

# 저자 서문

**배 성 환 목사**
성남산성교회 담임

　별빛 하나 보이지 않는 어두운 밤에 바다에서 항구로 돌아오는 어선들에게는 등대가 유일한 소망일 것입니다. 하나님이 모세를 통해 주신 토라의 말씀은 어두운 시대에 빛을 나타내는 등대와 같습니다. 타락의 시대에는 땅이 혼돈하고 공허하여(렘 4:23) 만인이 스스로 진리를 발견했다고 외치지만 잠시 있다가 사라지는 메아리일 뿐입니다.

　혼돈의 시대에는 많은 사람이 미혹을 받아 멸망으로 인도하는 크고 넓은 길로 걸어갈 것이고 오직 적은 소수의 사람만 등대와 같은 빛을 보고 생명으로 인도하는 좁고 협착한 길을 걷게 될 것입니다. 혼돈의 시대에는 많은 사람이 가는 길이 결코 생명의 길은 아닙니다. 적은 소수라도 토라의 빛을 보고 묵묵하게 토라의 말씀을 따름이 생명의 길입니다.

　타락한 시대에 많은 이스라엘 족속이 그릇 행하였지만 묵묵하게 성소에서 제사장의 직분을 지킨 레위 사람 사독의 가문이(겔 44:15, 48:11) 복을 받은 것처럼 묵묵하게 하나님의 율법인 토라의 말씀을 따르면서 자기 직분을 지킴이 복의 길입니다. 타락의 시대에 많은 사람이 시류에 편승하여 자기의 탐욕을 채울 우상을 섬기다가 예루살렘과 성전이 무너져 망할 때도

레갑의 자손들은 조상들의 가르침을 따라 수백 년 동안 평생 장막 생활을 하여(렘 35장) 복을 받은 것처럼 등대의 빛과 같은 모세의 율법(토라)을 기억하고(말 4:4) 따름이 복의 길입니다.

하나님의 은혜로 창세기에서 신명기에 이르는 토라의 말씀을 묵상하게 되었습니다. 오랫동안 회당에서 순서에 따라 토라의 말씀을 읽었기에 그 순서에 따라 토라의 말씀을 묵상하고 연구하여 섬기는 성남산성교회의 강단에서 전하면서 많은 은혜를 받아 책으로 내게 되었습니다.

등대의 빛과 같은 토라의 말씀을 통해 복음이 무엇이며, 예수님을 따르는 제자로서 어떻게 살아야 하고, 주신 소명을 어떻게 이루어야 할지 깨닫고 "토라의 말씀으로 배우는 복음 제자 소명의 책"을 시리즈로 내게 되었습니다. 『토라 민수기, 신명기로 배우는 복음 제자 소명』의 책이 독자들을 통해 하나님께 영광이 되길 소망합니다. 본서를 출판하는 데 수고해주신 기독교문서선교회(CLC)의 박영호 박사님과 직원들께 감사를 드립니다.

# 목차

추천사      4
홍성건 목사(NCMN 대표, 국제 YWAM 동아시아 대표, 전 한국예수전도단 대표)
박영호 박사(기독교문서선교회[CLC] 대표, 전 한국성서대학교 실천신학 교수)

저자 서문      8

## 제1부 묵상하기      12

| | | |
|---|---|---|
| 1장 | 광야에서(민 1:1-4) | 13 |
| 2장 | 계수하라(민 4:21-28) | 23 |
| 3장 | 등불을 켤 때에(민 8:1-4) | 34 |
| 4장 | 지휘관을 보내라(민 13:1-3) | 46 |
| 5장 | 고라(민 16:1-11) | 58 |
| 6장 | 법의 율례(민 19:1-10) | 70 |
| 7장 | 발락(발라크 בלק)(민 22:1-6) | 83 |
| 8장 | 비느하스(민 25:10-13) | 94 |
| 9장 | 지파의 수령들에게(민 30:1-5) | 106 |
| 10장 | 말씀들이라(신 1:1-8) | 118 |
| 11장 | 간구합니다(신 3:23-29) | 131 |
| 12장 | 듣고 지켜 행하면(신 7:12-16) | 142 |
| 13장 | 보라(신 11:26-32) | 153 |
| 14장 | 재판장이라(신 16:18-22) | 164 |
| 15장 | 너희가 나아갈 것이다(신 21:10-14) | 176 |
| 16장 | 네가 들어갈 때에(신 26:1-11) | 188 |
| 17장 | 너희가 서 있다(신 29:10-13) | 200 |
| 18장 | 모세가 가다(신 31:1-8) | 214 |
| 19장 | 귀를 기울이라(신 32:1-14) | 224 |
| 20장 | 축복함이 이러하니라(신 33:1-5) | 236 |

## 제2부   더 묵상하기                           246

| | | |
|---|---|---|
| 1장 | 초막절(신 16:13-14) | 247 |
| 2장 | 여호와께서 진영 가운데에 거하시다(민 5:1-4) | 255 |
| 3장 | 악한 말 & 쎄(민 11:1) | 258 |
| 4장 | 마음이 달라서 온전히 따르다(민 14:20-24) | 261 |
| 5장 | 불사름으로 정결하게 되다(민 19:1-10) | 265 |
| 6장 | 승리를 경험하다(민 21:1-4) | 268 |
| 7장 | 내 말만 하라(민 22:31-35) | 272 |
| 8장 | 질투심(민 25:1-15) | 276 |
| 9장 | 나팔절(민 29:1-6) | 280 |
| 10장 | 동서남북의 경계선(민 34:1-12) | 284 |
| 11장 | 완전하라(신 18:9-15) | 287 |

안식일 회당에서 토라 읽기 순서                  290

# 제1부

# 묵상하기

| | |
|---|---|
| 1장 | 광야에서(민 1:1-4) |
| 2장 | 계수하라(민 4:21-28) |
| 3장 | 등불을 켤 때에(민 8:1-4) |
| 4장 | 지휘관을 보내라(민 13:1-3) |
| 5장 | 고라(민 16:1-11) |
| 6장 | 법의 율례(민 19:1-10) |
| 7장 | 발락(발라크 בָּלָק)(민 22:1-6) |
| 8장 | 비느하스(민 25:10-13) |
| 9장 | 지파의 수령들에게(민 30:1-5) |
| 10장 | 말씀들이라(신 1:1-8) |
| 11장 | 간구합니다(신 3:23-29) |
| 12장 | 듣고 지켜 행하면(신 7:12-16) |
| 13장 | 보라(신 11:26-32) |
| 14장 | 재판장이라(신 16:18-22) |
| 15장 | 너희가 나아갈 것이다(신 21:10-14) |
| 16장 | 네가 들어갈 때에(신 26:1-11) |
| 17장 | 너희가 서 있다(신 29:10-13) |
| 18장 | 모세가 가다(신 31:1-8) |
| 19장 | 귀를 기울이라(신 32:1-14) |
| 20장 | 축복함이 이러하니라(신 33:1-5) |

# 1장

## 광야에서
### (민 1:1-4)

하나님은 이스라엘 백성을 시내 산으로 이끌어 말씀을 주셨습니다. 민수기는 광야로 출발하기 전에 주신 말씀입니다. 이번 주에 읽을 토라의 말씀은 민수기 1:1-4:20까지로 제목은 광야에서(베미드바르-במדבר)입니다. 시내 광야 회막에서 주신 말씀입니다. 광야의 길을 걸어갈 백성에게 주신 말씀입니다.

사람들은 힘들고 지칠 때 광야라고 생각합니다. 그러나 민수기가 말하는 광야는 아닙니다. 사람들이 힘들고 지친 것은 애굽의 종살이로 인한 고통과 유사합니다. 민수기가 말하는 광야는 시내 광야입니다. 시내 광야란 언약 백성으로 말씀과 성령을 받고 증인으로서 살아가면서 받는 메마름과 답답함과 낙심을 말합니다. 하나님의 나라를 위해 받는 고난을 말하고, 주님의 몸 된 교회를 섬기면서 받는 고난과 아픔을 말합니다.

시내 광야에서 주신 말씀을 통해 승리의 길을 발견할 수 있습니다. 말씀과 성령을 받고 복음과 주님의 몸 된 교회를 섬기면서 고난이 올 때 어떻게 승리할 수 있을까요?

## 1. 인생 광야에서 머리되신 예수님의 이끄심을 받으면 승리합니다

　성도들에게 있어 광야(미드바르-מדבר)란 말씀(다바르-דבר)을 살아내는 곳입니다. 마치 아이를 임신했으면 해산해야 하는 것처럼 말씀을 받았으면 말씀을 살아내야 합니다. 아이를 해산하기 위해 힘이 있어야 하는 것처럼 말씀을 살아내려면 성령의 권능을 받아야 합니다. 그래서 예수님은 승천하셔서 교회에 성령을 주신 것입니다.

　광야는 약속의 땅으로 가는 여정입니다. 최종 목적지가 아닙니다. 이스라엘이 40년 동안 광야 생활을 했는데 행진하는 시간보다 머물렀던 시간이 더 많습니다.

　광야 생활을 하면서 배우는 것이 많습니다. 내가 얼마나 약한지를 스스로 경험하게 됩니다. 배운 지식이나 가진 명예나 재물은 광야 생활에 조금은 도움이 될지 몰라도 궁극적 도움은 되지 않습니다. 광야에서 먹을 것, 마실 물, 쉴 곳이 없을 때 지식이나 명예나 재물은 무용지물입니다. 아무리 브랜드 옷이라도 광야에 가면 한 시간도 되지 않아 벗어던집니다. 모래 바람과 더위에 어울리지 않습니다.

　광야에서 당장 마실 물이 없어 갈증으로 고열에 시달린다면 박사학위가 무슨 도움이 되겠습니까?

　광야에서 독사들과 들짐승들이 달려올 때 금덩어리를 준다고 그들이 물러나겠습니까?

　광야에서 길을 잃고 헤맬 때 성공한 업적들이 도움이 되겠습니까?

　광야란 스스로 약함을 깨닫는 곳입니다. 광야에서 마실 물이 없고 독사들이 우글거리고 길을 잃었을 때에 스스로 아무것도 할 수 없음을 알게 됩니다.

인생 광야를 만나 스스로 문제를 해결할 수 없을 때가 예수님을 만날 때입니다. 예수님은 길이요 진리요 생명입니다. 아무리 자물쇠가 크다고 하여도 열쇠가 있으면 열리는 것처럼 아무리 문제가 크게 보여도 길이요 진리요 생명이신 예수님을 만나면 문제가 열리게 됩니다. 주님의 몸 된 교회와 복음을 위해 충성하다가 도저히 감당할 수 없는 환경을 만날 때가 주님이 일하실 때입니다.

광야 생활을 하면서 얼마나 약한지도 배우지만 얼마나 악한지도 깨닫게 됩니다. 이스라엘은 광야의 삶에서 바닥이 다 드러났습니다. 은혜로 구원을 얻어 말씀을 받고 성막을 만들었지만 얼마 가지 않아 악한 본성이 드러났습니다. 마실 물이 없고, 가고 가도 메마른 광야일 때 믿음으로 극복하기보다 원망합니다. 악한 본성이 드러난 것입니다. 광야에서 지쳐갈 때 약속의 땅을 소망하기보다 종살이도 좋으니 애굽으로 돌아가겠다고 합니다. 내 안에 있는 악한 욕구가 드러난 것입니다. 광야에서 믿음 없음이 드러났고, 광야에서 말씀을 살아내지도 못하고 하나님을 신뢰하지도 못함이 드러났습니다.

광야의 삶에서 내가 얼마나 악한지 알게 됩니다. 광야의 삶에서 내 안에 있는 악을 보고 하나님을 찾으면 하나님은 교정시키고 치료하십니다. 광야에 길을 내시고 광야에 샘을 만들어 에덴 회복의 은혜를 주십니다. 광야는 나의 약함과 나의 악함을 깨닫고 치료되는 장소입니다.

뱀과 전갈이 있고 양식과 물이 없는 광야에서 꼭 필요한 사람은 목자와 같은 안내자입니다. 안내자는 어디에 쉴만한 물가가 있는지 어디에 푸른 초장이 있는지 알고 있습니다. 광야에서 안내자가 없으면 길을 잘못 가서 생명이 위태로울 수도 있지만 안내자가 있으면 안전하게 갈 수 있습니다. 그래서 모세는 미디안 광야를 지날 때에 처가 식구인 호밥에게(민 10:29)

안내자가 되어달라고 부탁을 하였던 것입니다.

우리가 살아가야 할 인생 광야에서도 목자의 인도함을 받아야 합니다. 감사하게도 예수님은 우리의 선한 목자가 되십니다. 우리가 어디서 와서 어디로 가는지 세세하게 인도해 주십니다. 인생 광야에서 목자이신 예수님의 인도함을 받음이 복입니다.

시내 광야를 출발하면서 종족과 조상의 가문을 따라 수를 계수하라고 하셨습니다.

> 너희는 이스라엘 자손의 모든 회중 각 남자의 수를 그들의 종족과 조상의 가문에 따라 그 명수대로 계수할지니 이스라엘 중 이십 세 이상으로 싸움에 나갈 만한 모든 자를 너와 아론은 그 진영별로 계수하되(민 1:2,3).

회중 각 남자의 수를 명수대로 계수하라고 할 때 남자의 수로 번역된 히브리어는 기억하는 남자(자카르-זכר)와 해골(굴골레트-גלגלת)이라는 단어가 합해진 것입니다. 예수님이 십자가에 못 박히신 장소도 해골을 뜻하는 골고다(גלגלתא)입니다. 광야를 출발하기 전에 남자들의 수를 계수하라고 하였습니다. 성도들은 인생 광야를 살 때 골고다를 기억해야 합니다.

계수하라(세우 에트 로쉬-שאו את־ראש)는 히브리어는 머리를 들어 올리라는 의미도 있습니다. 들어 올리라는 말은 복수인데 머리는 단수입니다. 많은 사람들이 한 머리를 들어 올리라는 것입니다. 한 머리를 들어 올리는 사람들을 계수하라는 것입니다.

성경에서 계속 가르치는 진리 중 하나는 예수님이 머리라는 것입니다. 구원받은 모든 사람은 골고다에서 십자가에 달리신 예수님을 기억하고 머리이신 예수님을 바라보고 따라야 할 사람들입니다. 인생 광야에서 예수님을 따라야 가장 안전하게 약속의 땅으로 가게 됩니다. 머리이신 예수님을 신뢰하고 따라가면 광야 인생에서 승리의 삶을 삽니다.

골고다의 예수님을 기억하고 머리이신 예수님을 따르는 모든 성도는 싸움에 나갈 군사들입니다. 싸움에 나갈만한 자입니다. 일부 청년만이 싸움에 나가는 군대라고 하지 않고 20세 이상의 모든 회중들은 싸움에 나갈 군사들이라고 합니다.

예수님을 믿는 모든 성도는 영적 싸움을 싸우는 군사입니다. 하나님이 예수님을 믿을 때 몇 억의 돈을 주신 것이 아니라 하나님 나라의 군대로 불러주셨습니다. 가문을 따라 군대가 되게 하셨습니다. 조직이 아니라 가족과 같은 가문을 따라 인생 광야에서 군대가 되라는 것입니다.

예수님을 믿고 사명과 말씀을 받으면 성령은 광야로 이끌고 광야에서 군대로 마귀와 싸우게 합니다. 바울은 다메섹에서 사도로 부름을 받았는데 그 때부터 삶이 광야와 같았습니다. 바울이 사도로 부름을 받은 후 좋은 차를 타고 사도협회 회장하면서 폼 나게 다닌 것이 아닙니다. 사도로 부름을 받은 후 복음을 전할 때 굶주리고 헐벗고, 비난과 욕을 먹으며 매도 맞았고, 옥에도 갇히며 돌에 맞아 죽을 뻔도 했습니다. 광야의 삶입니다.

바울이 로마에서 순교할 때는 아파트 한 채 없었습니다. 어느 곳에선가 복음을 전하다가 순교합니다. 사도가 되면 차고 넘칠 것 같은데 그렇지 않습니다. 여러 교회에서 모은 후원금으로 잘 먹고 잘 지낸 것이 아닙니다. 나중에 아들과 같은 디모데가 병들었는데 고쳐주지 못합니다. 위장이 나쁘면 포도주를 먹으라고 합니다. 부름을 받아 광야에서 군사의 삶을 사는 것입니다.

부름을 받으면 날마다 머리를 붙들어야 하는 광야입니다. 광야의 삶이었지만 머리이신 예수님을 붙드니 어마어마한 계시를 받고 하나님 나라를 온 유럽에 전하는 군사로 쓰임 받습니다. 사도 바울은 하늘을 맛보고 범사에 감사하며 항상 기뻐하는 천국의 삶을 살았습니다. 사도 바울은 광야와 같은 삶에서 머리이신 예수님을 따름으로 패잔병이 아니라 승리자로 살았습니다.

하나님의 군대로 부름 받은 성도들은 골고다에서 십자가에 못 박히신 예수님을 기억하고 머리이신 예수님의 인도함을 따를 때에 인생 광야의 전쟁에서 승리합니다. 독사들과 불 뱀들, 수많은 적, 먹을 것과 마실 물이 없는 적막한 광야지만 순간순간 머리되신 예수님의 인도함을 받으면 승리를 맛보게 됩니다.

반드시 기억하고 염두에 두어야 할 것은 머리이신 예수님의 인도함을 받는 것입니다. 내가 머리가 아니고 예수님이 머리이심을 기억해야 합니다.

성경은 예수님이 머리이심을 가르칩니다. 교회의 머리이신 예수님은 만물의 으뜸입니다(골 1:18). 예수님 안에서 모든 것이 완성되었습니다. 하늘과 땅의 모든 권세는 예수님께 있습니다. 예수님을 머리로 인정하고 예수님을 따름이 인생 광야에서 승리하는 길입니다.

머리이신 예수님은 우리가 살아가는 광야의 시험에서 승리하셨습니다. 이스라엘이 홍해를 건넘으로 세례를 받은 것처럼 예수님은 요단강에서 세례를 받으셨습니다(막 1:9). 예수님이 세례를 받으실 때에 성령이 비둘기처럼 임했고 성령은 예수님을 광야로 몰아내셨습니다(막 1:12). 성령께서 예수님을 광야로 몰아내신 것은 예수님이 민수기에서 보여주는 광야의 머리이시기 때문입니다.

광야에서 40일 동안 금식하시면서 사탄에게 시험을 받으셨습니다

(막1:13). 이스라엘 백성이 40년 동안 받았던 시험을 예수님은 40일 동안 다 받으셨습니다. 돌로 떡을 만들어 배를 채우라는 육신의 정욕, 높은 곳에서 뛰어내려 많은 사람에게 박수를 받으라는 이생의 자랑, 사탄에게 경배하여 천하를 얻으라는 안목의 정욕 등 모든 시험을 받으셨습니다. 예수님이 광야에서 시험을 받으실 때 말씀으로 승리하셨습니다.

사탄의 시험이 가득한 광야에서 승리하려면 사탄의 시험을 이기신 머리 되신 예수님의 인도함을 따라야 합니다. 예수님 외에 다른 것을 머리로 삼는 것은 미련하고 어리석은 일입니다.

> 누가 철학과 헛된 속임수로 너희를 사로잡을까 주의하라 이것은 사람의 전통과 세상의 초등학문을 따름이요 그리스도를 따름이 아니니라 그 안에는 신성의 모든 충만이 육체로 거하시고 너희도 그 안에서 충만하여졌으니 그는 모든 통치자와 권세의 머리시라(골 2:8-10).

사람들이 고상하게 생각하는 철학과 과학은 초등학문과 같습니다. 철학이나 다른 사상을 따르게 하는 것은 사탄의 헛된 속임수입니다. 모든 통치와 권세의 머리는 예수님이십니다. 예수님 안에 모든 신성의 충만이 있습니다. 예수님을 따를 때 예수님 안에서 충만해져 인생 광야에서 승리합니다.

초대 교회는 예수님을 붙들지 않고 여러 가지 사상이나 신비한 은사나 천사들을 지나치게 의존하는 경향이 있었습니다. 머리를 붙들지 않는 큰 실수를 한 것입니다.

> 머리를 붙들지 아니하는지라 온 몸이 머리로 말미암아 마디와 힘줄로 공급함을 받고 연합하여 하나님이 자라게 하시므로 자라느니라(골 2:19).

골고다의 십자가에 못 박히신 예수님을 붙들어야 합니다. 예수님을 붙들 때 머리이신 예수님으로 말미암아 연합하여 하나가 되고 하나님이 자라게 하셔서 인생 광야에서 승리하게 하십니다. 머리되신 예수님을 바라보고 따라감이 지혜입니다. 무슨 일을 시작하거나 중단할 때 스스로 결정하지 말고 머리되신 예수님께 물어보고 예수님의 인도함을 따르면 복이 됩니다.

야곱은 가나안 온 땅에 흉년이 들었을 때 곡식을 사기 위해 자녀들을 애굽에 보냅니다. 그 때에 비로소 22년 전에 사라진 요셉이 애굽의 총리가 된 것을 알게 됩니다. 요셉은 기근의 기간이 5년이나 남았으니 애굽으로 오라고 초청합니다. 야곱은 브엘세바에서 하나님께 희생 제사를(창 46:1) 드립니다. 하나님을 머리로 인정하며 하나님의 인도함을 구한 것입니다. 야곱이 하나님의 인도함을 구할 때 하나님이 이상 중에 나타나셔서 약속을 주십니다. "애굽으로 내려가기를 두려워하지 말라. 내가 거기서 너로 큰 민족을 이루게 하겠고, 내가 너와 함께 있어 다시 올라오게 하리니 요셉이 너의 눈을 감길 것이라"(창 46:2-4)라는 약속을 주십니다. 하나님을 머리로 인정하고 하나님께 희생 제사를 드리며 하나님께 물어볼 때 하나님이 함께하시며 인도하시겠다는 약속을 주셨습니다.

그렇습니다. 무엇을 하든지 예수님을 머리로 인정하고 예수님의 인도함을 구하고 말씀을 따라가면 인생 광야에서 승리합니다. 머리되신 예수님을 따름으로 인생 광야에서 승리하길 바랍니다.

## 2. 인생 광야에서 하나님과의 관계가 중요함을 잊지 않아야 승리합니다

하나님이 지파별로 싸움에 나갈만한 남자를 계수하라고 하셨기에 열두 지파에서 20세 이상으로 싸움에 나갈만한 남자를 계수하니 603,550명이었습니다(민 1:46). 열두 지파는 세 지파씩 묶어 네 개 군단으로 편승하였습니다. 그들이 진을 칠 때는 성막을 중심으로 동서남북에 진을 쳤습니다. 이동 할 때에는 먼저 두 개 군단이 이동하고 가운데는 성막이 이동하고 뒤에 두 개 군단이 이동하였습니다(민 2장). 군대로 움직인 것입니다. 지파별로 싸움에 나갈만한 남자를 계수할 때 한 지파는 제외되었습니다. 제외된 지파는 레위 지파입니다.

> 여호와께서 모세에게 말씀하여 이르시되 너는 레위 지파만은 계수하지 말며 그들을 이스라엘 자손 계수 중에 넣지 말고 그들에게 증거의 성막과 그 모든 기구와 그 모든 부속품을 관리하게 하라(레 1:48-50).

레위 지파는 제사장들을 도와 성막을 걷고 세우고, 성막과 기구를 운반하고 거기서 봉사하는 일을 하였습니다. 싸움에 나가지 않지만 성막에서 이스라엘 모든 사람을 대신하여 봉사하는 일을 하였습니다. 레위 지파 중에 1개월 이상 된 남자를 계수하라고 하여 계수하니 22,000명이었습니다(민 3:39). 이스라엘의 장자들이 22,273명(민 3:43)이었는데 레위 지파는 이스라엘의 장자들을 대신하여 성막에서 하나님을 섬기는 일을 하였습니다. 레위 지파가 이스라엘의 장자보다 273명이 부족하였는데 그들은 한 사람당 5세겔을 속전으로 내었습니다(민 3:44-51).

레위 자손이 성막에서 일을 하는 기간은 30-50세까지였습니다. 레위 지파는 성막에서 주어진 일을 해야 함으로 분배받은 기업이 없었고 전쟁에도 나가지 않았습니다. 레위 지파는 자기를 위해 살지 않고 하나님을 예배하고 섬기는 일을 하면서 살았습니다. 진을 칠 때도 성막 주변에 쳤고 이동할 때에도 성막과 함께 이동하였습니다.

이스라엘이 이동할 때는 레위 지파가 가서 성막을 세웠습니다. 이스라엘은 하나님 중심으로 광야의 삶을 살았습니다. 레위 지파는 하나님과의 관계를 위해 택함 받은 지파입니다.

인생 광야에서 중요한 것은 하나님과의 관계입니다. 예배하고 기도하고 속죄하면서 하나님과 관계가 지속되어야 인생 광야에서 승리합니다. 하나님이 함께하시면 어떤 대적이 일어나도 안전하지만 하나님이 함께 계시지 않으면 작은 걸림돌에도 넘어질 수 있습니다.

인생사 바쁘고 할 일도 많지만 그래도 먼저 해야 할 일은 하나님과의 관계입니다. 하나님을 예배함으로 하나님 중심이 되고 말씀과 기도로 하나님을 가까이 함이 얼마나 중요한지 모릅니다. 한 번 예배드리지 않고 한 번 기도하지 않는다고 당장 무슨 일이 생기는 것은 아니지만 하나님 중심이 되면 광야 인생에서 때를 따라 돕는 은혜를 받습니다. 날마다 시간을 내어 말씀과 기도를 통해 하나님을 가까이 하는 하나님 중심이 되어 인생 광야에서 하나님의 은혜로 승리하길 바랍니다.

### 2장

# 계수하라

(민 4:21-28)

    성경에 나오는 큰 명절은 유월절, 오순절, 초막절입니다. 유월절은 자유와 해방을 즐기며 기억하는 절기로 유월절에 예수님이 십자가를 지심으로 우리를 죄에서 대속하시고 자유와 해방을 주셨습니다. 유월절 기간에 있는 안식일 다음 날이 첫 이삭을 드리는 초실절인데 초실절에 예수님이 부활의 첫 열매로 살아나셨습니다. 예수님이 부활하신 날부터 50일째가 되는 날이 오순절입니다. 히브리 달력에는 50일의 기간을 오메르(이삭의 한 단이라는 뜻)로 표기되어 있는데 사람들은 날짜를 세면서 오순절을 기다렸습니다. 왜냐하면 오순절은 좋은 선물을 받는 날이기 때문입니다.

    예수님은 부활하시고 40일째 되는 날에 500명이 지켜보는 가운데 하늘로 올라가셨습니다. 하늘로 올라가신 예수님은 하나님께 성령을 받아서 120명의 성도에게 부어주셨습니다. 하나님이 주시는 최고의 선물인 성령을 부어주신 날이 오순절입니다(행 2:1-4).

> 하나님이 오른손으로 예수를 높이시매 그가 약속하신 성령을 아버지께 받아서 너희가 보고 듣는 이것을 부어 주셨느니라(행 2:33).

오순절에 성령을 부어주셨기에 이 날을 성령강림절이라고도 합니다. 구약에서는 사역하는 몇몇 사람에게 성령을 이슬비처럼 조금씩 주셨는데 예수님이 부활 승천하신 이후의 오순절에는 성령을 소낙비처럼 부어 주셨습니다. 남녀를 구별하지 않고 성령을 부어 주셨습니다. 성령을 받은 성도들이 오순절 절기를 지키기 위해 사방에서 온 사람들에게 복음을 전하였습니다.

오순절과 같은 큰 명절에는 예루살렘에 순례자들이 차고 넘쳐 인산인해(人山人海)를 이룹니다. 예루살렘 가까이 사는 사람들은 일 년에 세 번씩 큰 명절만 되면 예루살렘으로 여행하였고, 예루살렘에서 멀리 사는 사람들은 적어도 일 년에 한번씩은 큰 명절에 예루살렘을 방문하였습니다. 다른 나라에 이민을 가서 사는 사람들은 돈을 모아 평생에 몇 번은 큰 명절에 예루살렘을 찾았습니다.

예수님이 승천하시고 성령을 부어주셨을 때 함께 모였던 120명의 성도는 성령의 충만함을 받고 배우지도 않은 외국어로 예루살렘에 온 수많은 순례자에게 하나님의 큰일인 십자가와 부활의 복음을 선포하였습니다. 성령을 받은 사람들이 복음을 전할 때 어떤 사람들은 신기하게 생각하며 놀라기도 하였고, 어떤 사람들은 새 술에 취하였다고 조롱하기도 하였습니다.

그 때 베드로 사도와 다른 사도들이 일어나 예수 그리스도의 십자가와 부활의 의미와 성령 강림이 사람들에게는 신비하게 보이지만 이미 구약에 예언된 사건임을 자세하게 풀어줍니다. 사람들에 의해 십자가에 못 박혀 돌아가신 예수님이 부활 승천하여 성령을 부어주신 것은 예수님이 주와 그리스도가 되기 때문이라고 선포합니다. 사도들은 예수님이 온 세상의 주권자이신 하나님이시고, 동시에 왕권을 가진 구원자인 메시아 되심을 선포하였습니다.

오순절에 복음을 들은 사람들은 회개하고 예수님을 믿고 세례를 받았는데 3,000명이었습니다. 그들이 날마다 모여 사도들의 가르침을 받으며 기도하였고 나눔과 섬김으로 교제하였는데 이것이 교회의 시작입니다.

성령 강림으로 시작된 교회가 뜨거운 마음으로 온 세상에 복음을 전하고 전하여 온 세상에 교회가 세워졌습니다. 성령 충만함을 받으면 기쁨과 평강, 은혜와 치유를 맛보며 지상 명령인 복음 전파에 헌신합니다. 교회가 성령으로 충만하여 복음을 전함이 복입니다. 왜 복음을 전함이 복일까요?

### 1. 십자가의 복음을 듣고 믿으면 영적 생명을 얻습니다

인류 최고의 비극은 에덴에서 쫓겨남이요, 인류 최고의 소망은 에덴의 회복입니다. 에덴에서 쫓겨났다는 것은 하나님과 관계가 단절되었다는 것이요, 영적 생명이 사라졌다는 것입니다.

영생하도록 창조된 인간이 에덴에서 쫓겨남으로 제한한 자원으로 제한된 시간만 살아야 하는 비극을 맞이합니다. 하나님의 형상으로 창조되어 하나님과 교통하며 생명과 사랑을 누리도록 창조된 인간이 에덴에서 쫓겨날 때 하나님의 형상을 잃어버렸습니다. 그뿐만 아니라 에덴에서 쫓겨날 때 땀 흘리는 수고와 해산하는 고통을 받게 되었습니다. 에덴에서 쫓겨남이 비극이요 에덴의 회복이 소망입니다.

에덴에서 쫓겨남을 생각하는 이름이 있습니다. 본문에 나오는 게르손(게르숀-גֵּרְשׁוֹן)입니다. 이번 주에 읽을 토라의 말씀은 민수기 4:21-7:89로 제목은 계수하라(나쏘-נָשֹׂא)입니다. 이상한 것은 민수기 4:21부터 읽는 것입니다. 민수기 4:1이나 민수기 5:1이 자연스러운데 왜 회당 예배에서는 민수기 4:21부터 읽을까요?

게르손이라는 이름 때문입니다. 게르손은 야곱의 셋째 아들인 레위의 장남입니다. 레위는 세 명의 아들이 있었는데 게르손과 고핫과 므라리(민 3:17)입니다. 레위 지파는 모세와 아론이 속한 제사장 지파인데 모든 레위 사람들은 성막에서 봉사하는 일을 위해 구별되었습니다. 성막에서 봉사할 때 레위의 아들인 게르손, 고핫, 므라리 가문을 중심으로 업무가 주어졌습니다. 게르손 가문은 성막의 휘장과 덮개와 뜰의 휘장을 운반하는 일을 책임졌고(민 4:21-28), 고핫의 가문은 언약궤와 상과 등대와 분향단을 운반하는 일을 책임졌고(민 4:1-20), 므라리 가문은 널판과 기둥들과 말뚝들을 운반하는 일을 책임졌습니다(민 4:29-33).

성막에서 가장 중요한 것은 언약궤이기에 언약궤를 운반하는 고핫 가문의 봉사를 민수기 4:1-20까지 먼저 기록하였고 두 번째로 게르손 자손의 봉사를 민수기 4:21부터 기록하였습니다. 회당 예배에서는 민수기 4:21-7:89을 보통 오순절 기간에 읽습니다. 오순절 기간에 게르손에 대해 읽고 은혜를 받습니다.

게르손이라는 뜻은 나그네가 되었다는 것인데 쫓아내다 혹은 추방하다의 뜻을 가진 가라쉬(גרש)에서 왔습니다. 게르손이란 쫓겨나서 나그네가 되었다는 뜻입니다.

쫓겨남은 비극이지만 쫓겨난 자가 회복되어 쓰임 받는 것은 은혜입니다. 게르손은 쫓겨나서 나그네가 되었다는 뜻인데 성막에서 봉사하는 쓰임 받는 자가 되었습니다. 모세도 40세에 왕궁에서 쫓겨나 미디안 광야에서 40년 동안 양을 치며 지냈는데 80세에 부름을 받아 쓰임을 받습니다. 아브라함도 고향 아비 집을 떠났지만 믿음의 조상으로 쓰임 받습니다.

인류는 에덴에서 추방되고 쫓겨나는 아픔이 있었지만 하나님은 다시 에덴으로 회복되는 소망을 주셨습니다. 그것을 보여주는 징표 가운데 하나가 게르손이 성막에서 하나님을 섬기는 자로 쓰임 받는 것입니다. 에덴에서 쫓겨난 인류가 어떻게 에덴의 생명으로 회복될까요?

> 여호와께서 또 모세에게 말씀하여 이르시되 게르손 자손도 그 조상의 가문과 종족에 따라 계수하되 삼십 세 이상으로 오십 세까지 회막에서 복무하고 봉사할 모든 자를 계수하라(민 4:21-23).

게르손 자손도 계수하라(나쏘 에트 로쉬-נשא את-ראש)는 히브리어는 게르손 자손도 머리를 들어 올리라, 머리를 가지라는 의미로도 생각할 수 있습니다. 머리는 예수 그리스도이십니다. 예수님은 만물의 으뜸이고 머리이십니다(골 1:18). 예수님이 머리가 되시면 에덴에서 쫓겨난 자들이 에덴으로 회복되는 복을 받습니다.

아담처럼 자기가 머리가 되어 하나님의 말씀을 버리면 하나님께서 주신 에덴에서 추방되지만, 머리를 예수님으로 바꾸면 원죄가 해결되어 에덴의 축복으로 돌아가게 됩니다. 추방된 나그네라는 뜻을 가진 게르손이 예수님을 머리로 들어 올리는 순간 하나님의 성막에서 봉사하는 축복의 가문이 됩니다. 예수님이 하시는 일이 이와 같습니다.

> 모세가 광야에서 뱀을 든 것 같이 인자도 들려야 하라니 이는 그를 믿는 자마다 영생을 얻게 하려 하심이니라. 하나님이 세상을 이처럼 사랑하사 독생자를 주셨으니 이는 그를 믿는 자마다 멸망하지 않고 영생을 얻게 하려 하심이라(요 3:14-16).

예수님이 땅에서 들림으로 믿는 자가 영생을 얻게 될 것이라고 하셨습니다. 민수기 21장에는 모세가 광야에서 뱀을 든 사건이 있습니다. 광야의 길이 험악함으로 인해 사람들은 원망하였고 그 때 하나님이 불 뱀을 보내셨습니다. 많은 사람이 불 뱀에 물려 죽어가고 있었습니다. 그 때 사람들은 회개하였고 하나님은 회개한 사람들이 살 수 있도록 놋 뱀을 만들어 땅에서 들어 올리게 하셨습니다. 누구든지 높이 들린 놋 뱀을 쳐다보면 불 뱀의 독에서 벗어나 치료함을 받을 것이라고 하셨습니다. 약속의 말씀을 신뢰하고 믿음으로 놋 뱀을 쳐다본 사람들은 모두 죽음에서 살아났습니다.

예수님은 놋 뱀 사건을 말씀하시면서 땅에서 들린다고 하셨습니다. 땅에서 들린다는 것은 땅에서 들려 십자가에 달릴 것이라는 말씀이며 동시에 땅에서 들려 하늘로 승천하신다는 말씀입니다. 예수님이 땅에서 들리는 것은 우리에게 영생을 주시기 위함입니다. 땅에서 들려 십자가에서 돌아가신 예수님이 하늘로 들림 받아 성령을 주신 것을 믿으면 영생을 얻습니다.

> 그 안에서 너희도 진리의 말씀 곧 너희의 구원의 복음을 듣고 그 안에서 또한 믿어 약속의 성령으로 인치심을 받았으니(엡 1:13).

십자가와 부활의 복음을 듣고 믿으면 성령께서 하나님의 자녀로 인치십니다. 예수님이 십자가에서 우리의 죄를 대속하셨고 부활하심으로 우리를 의롭게 하셨다는 복음을 듣고 믿으면 성령의 인침으로 영적 생명을 얻습니다. 위로부터 오는 영적 생명을 얻는 것이 거듭남이요, 중생입니다.

십자가와 부활의 복음을 듣고 믿음이, 에덴으로 회복됨의 출발입니다. 십자가와 부활의 복음을 믿음으로 거듭난 생명, 영적 생명에 이르기를 바랍니다.

## 2. 성령 충만은 영적 생명을 살아내는 힘을 줍니다

영적 생명을 받은 성도들에게 하나님은 귀한 선물을 주셨습니다. 성령의 충만함입니다. 성령의 충만은 영적 생명을 살아내는 힘입니다.

영적 생명으로 태어났다고 영적 생명으로 사는 것은 아닙니다. 아이가 태어났다고 모든 것을 스스로 하는 것은 아닙니다. 자라나서 힘이 있어야 스스로 할 수 있습니다. 마찬가지로 예수님을 믿고 구원을 받았다고 하나님의 형상으로 사는 것은 아닙니다. 예수님을 믿음으로 구원을 받아 영적 생명이 있지만 영적 생명을 살아내지는 못합니다. 규례와 명령의 말씀을 받아도 말씀을 살아낼 힘이 없습니다.

로마서 7장에서 바울은 고백합니다.

> 내가 속사람으로 하나님의 법을 즐거워하지만 내 지체 속에서 다른 법이 죄의 법으로 나를 끌고 가노라(롬 7:22, 23).

> 내가 원하는 바 선은 행하지 않고 원하지 않는 악을 행하는도다(롬 7:19).

하나님의 법을 살아낼 힘이 없다는 것입니다. 힘이 없으면 마음으로 생각을 해도 행할 수 없습니다. 물건을 옮기고 싶은데 들 힘이 없으면 옮기지 못하는 것과 같습니다.

영적인 힘이 없으면 하나님의 법대로 살지 못하고 죄의 법으로 끌려갑니다. 바울은 고백하기를 "오호라 나는 곤고한 사람이라. 이 사망의 몸에서 누가 나를 건져내랴"(롬 7:24)라고 하였습니다.

마음으로는 말씀대로 살기를 간절히 원하고, 열정은 하늘을 찔러도 하나님의 형상으로 살지 못하기에 곤고한 것입니다. 십자가와 부활의 복음을 믿음으로 영적 생명을 받았어도 영적인 힘이 없으면 중환자실에 누워 있는 생명과 같습니다. 중환자실에 누워 있으면 생명은 있지만 아무것도 하지 못합니다.

영적 생명을 받았어도 영적인 능력이 없으면 영적인 삶을 살지 못합니다. 영적인 삶을 살지 못하면 영적 생명을 가졌어도 여전히 육적인 삶을 삽니다.

영적인 힘이 없으면 예수님을 믿어도 하나님의 형상으로 살지 못합니다. 영적인 힘이 없으면 성경지식이 있고, 직분도 있고, 오랫동안 신앙생활을 하였어도 육적인 삶만 삽니다. 영적인 힘이 없으면 사랑, 온유, 용서, 진리, 아름다움, 승리, 겸손 같은 삶은 그림의 떡입니다. 영적인 힘이 없으면 무조건적인 사랑인 아가페 사랑을 행하지 못합니다. 영적인 힘이 없으면 조건 없이 용서하는 삶을 살지 못합니다. 영적인 힘이 없으면 밴댕이 소갈딱지 같은 육신의 생명으로만 살게 됩니다. 예수님을 믿어도 영적인 삶이 아니라 육신의 삶만 삽니다. 나를 사랑하는 자만 겨우 사랑하고 그렇지 않으면 미워하고 증오하고 비난합니다.

그래서 예수님은 영적인 생명을 받은 성도들에게 위로부터 능력이 입혀질 때까지 예루살렘에 머물라고 하셨습니다. 성령의 권능을 받아야 영적 생명으로 살아갈 수 있기 때문입니다.

믿는 자들이 성령을 받아야 영적인 생명으로 살아갈 수 있듯이 애굽에서 구원받은 이스라엘도 하나님이 함께 하셔야 광야를 통과하여 약속의 땅까지 갈 수 있습니다. 하나님이 함께 하시지 않으면 물이 없는 광야, 들짐승과 불 뱀이 득실대는 광야를 통과할 수 없습니다. 하나님이 함께 하시지 않으면 찜통 같은 광야 더위를 며칠도 견뎌내지 못합니다. 하나님이 함께하셔야 광야를 통과하여 약속의 땅으로 이르게 됩니다. 거룩하신 하나님이 이스라엘과 함께하시기에 지켜야 할 지침들이 있습니다.

민수기 4장에서는 성전에서 봉사하는 레위 자손들을 계수하라고 하셨고 민수기 5장에서는 공동체의 성결에 관한 지침을 주셨습니다. 나병과 유출증과 주검으로 부정하게 된 자를 진영 밖에 거하게 함으로 하나님이 거하시는 진영을 성결하게 하도록 하셨습니다.

> 남녀를 막론하고 다 진영 밖으로 내보내어 그들이 진영을 더럽히게 하지 말라 내가 그 진영 가운데서 거하느니라(민 5:3).

하나님이 거하시는 공동체는 성결에 신경을 씁니다. 교회나 가정이나 심령이 성결해야 하는 이유는 하나님이 함께하시기 때문입니다. 교회나 가정이나 심령이 귀신들의 처소라면 죄를 짓고 더럽혀도 상관이 없지만 하나님이 함께 계신다면 성결해야 합니다. 죄를 지으면 자복하고 배상함으로 항상 성결해야 합니다. 하나님이 거하시는 교회나 가정이나 심령은 성결합니다.

민수기 6장은 나실인 법입니다. 나실인이란 서원하여 자신의 몸을 하나님께 드린 자입니다. 평생이 되었던 한정된 기간이 되었던 하나님께 자신의 몸을 드렸으면 포도주를 입에 대지 말아야 하며, 시신을 가까이 하지 말아야 하고, 머리에 삭도를 대지 말아야 합니다. 자신의 몸을 하나님께 드린 표시입니다.

민수기 6장 끝에는 제사장들에게 축복 기도를 할 권세를 주셨습니다. 제사장이 복을 비는 기도를 하면 하나님이 그들의 기도를 들으시고 복을 주십니다.

> 너희는 이스라엘 자손을 위하여 이렇게 축복하여 이르되 여호와는 네게 복을 주시고 너를 지키시기를 원하며 여호와는 그의 얼굴을 네게 비추사 은혜 베푸시기를 원하며 여호와는 그 얼굴을 네게로 향하여 드사 평강 주시기를 원하노라 할지니라 그들이 이같이 내 이름으로 이스라엘 자손에게 축복할지니 내가 그들에게 복을 주리라(민 6:23-26).

제사장 사역 중의 하나가 백성들을 위해 축복하며 기도하는 것입니다. 여호와의 이름으로 기도하면 여호와께서 복을 주시고 지켜 주시고 평강과 은혜를 주십니다.

민수기 7장은 지도자들의 감사입니다. 모세가 성막을 세우고 구별한 날에 지도자들이 헌물을 드렸습니다. 열두 지파의 지도자들이 하루에 한명씩 열두 명이 동일하게 하나님께 감사 예물을 드렸습니다.

민수기 5장에서는 공동체를 성결하게 하도록 말씀하셨고, 6장에서는 나실인 법과 제사장의 축복권에 대해 말씀하셨고, 7장에서는 지도자들의 감사 예물에 대해 말씀하셨습니다. 하나님이 함께 동행하시면서 말씀을 주시면 광야를 살아낼 힘이 있습니다.

> 모세가 회막에 들어가서 여호와께 말하려 할 때에 증거궤 위 속죄소 위의 두 그룹 사이에서 자기에게 말씀하시는 목소리를 들었으니 여호와께서 그에게 말씀하심이었더라(민 7:89).

하루도 살아가기가 힘든 광야의 길이지만 하나님이 함께하시면서 말씀을 주시면 광야를 통과하여 약속의 땅에 이를 수 있습니다. 마찬가지로 교회도 성령께서 함께 계시면서 말씀을 주시면 영적 생명으로 살아갈 수 있습니다. 성령의 권능을 받으면 하늘의 사람으로 살 수 있는 힘이 있습니다. 성령의 권능을 받으면 원수를 사랑하고 박해하는 자를 위해 기도할 수 있는 힘이 있습니다. 성령의 권능을 받으면 씨앗으로 받은 말씀을 살아낼 수 있고, 주님의 지상 명령인 복음 전파에 헌신할 수 있습니다.

예수님이 승천하신 지 10일 후인 오순절에 말씀을 받고 사모하며 기도하던 120명에게 성령이 충만하게 임하였습니다. 영적 생명을 받았지만 영적 생명으로 살아갈 힘이 없는 성도들에게 성령이 임하였습니다. 진리의 말씀을 살아낼 수 있도록 예수님은 성령을 부어 주셨습니다. 그때부터 교회는 영적 생명으로 살았고, 담대하게 복음을 증언하였습니다.

> 그들이 날마다 성전에 있든지 집에 있든지 예수는 그리스도라고 가르치기와 전도하기를 그치지 아니하니라(행 5:42).

성령의 충만함을 받은 교회의 성도들은 성전에 있든지 집에 있든지 날마다 예수님이 메시아라고 가르치며 전도하였습니다. 환경에 상관없이 주신 명령대로 살았습니다. 예루살렘 교회가 많은 환난과 고난을 받았고, 때로는 베드로가 잡혀 갇히기도 하였고, 스데반 집사와 야고보 사도가 순교까지 했지만 주님께 받은 명령을 감당할 수 있었던 것은 성령의 권능을 받았기 때문입니다.

성령 충만은 영적 생명을 살아내는 힘입니다. 말씀대로 살 수 있는 힘은 성령 충만함에 있습니다. 하나님의 자녀요 하나님의 형상으로 사랑, 온유, 용서, 섬김으로 사는 힘도 성령 충만함입니다. 성령 충만함을 통해 영적 생명으로 살아가길 바랍니다.

## 3장

## 등불을 켤 때에

(민 8:1-4)

　예수님이 승천하셔서 하나님께 성령을 받아 교회에 부어주셨습니다. 성령의 충만을 받은 교회는 가장 먼저 하나님의 큰일인 십자가와 부활의 복음을 선포하였습니다. 부활 승천하신 예수님이 하나님 보좌 우편에 앉아 계시며 주와 그리스도가 되신다고 전할 때 회개하고 세례 받은 사람이 3,000명입니다.

　성령이 충만하게 임할 때는 환한 빛이 비추는 것과 같아 복음의 진리를 깨닫게 됩니다. 성령의 충만함을 받은 사도들은 구약 성경에서 말씀하신 메시아 예언들이 예수 그리스도를 통해 성취되었음을 깨달았습니다. 성령은 진리로(요 14:17, 16:13) 인도하는 빛과 같습니다. 성령은 빛의 이미지를 가지고 있습니다.

　　보좌 앞에 켠 등불 일곱이 있으니 이는 하나님의 일곱 영이라(계 4:5).

　성령은 켜져서 빛을 비추는 등불과 같습니다. 성령이 충만하면 진리의 빛, 생명의 빛, 복음의 빛, 치료의 빛(광선)이 임합니다. 성령이 충만하면 진리이신 예수님을 통하여 참된 자유를 누리고, 생명이신 예수님을 영접하여 영원한 생명을 얻으며, 복음이신 예수님을 통해 복됨을 경험하며, 치료자이신 예수님을 통하여 치료함을 받아 회복에 이르게 됩니다. 성령님은 빛이신 예수님께로 인도하는 등불과 같습니다. 성령의 충만함을 받으면 받을수록 빛이 됩니다.

> 이는 너희가 흠이 없고 순전하여 어그러지고 거스르는 세대 가운데서 하나님의 흠 없는 자녀로 세상에서 그들 가운데 빛들로 나타내며 생명의 말씀을 밝혀 … (빌 2:15, 16).

세상은 영적으로 어둠입니다. 진리를 보는 눈이 없어 하나님도 모르고 심판도 모르기에 방종한 삶을 살며, 영적 생명이 소실되었기에 육체의 갈망을 채우는 죄악이 보편화되어 있습니다. 복음의 빛이 없는 세상은 어그러지고 거스르는 세대, 구부러지고 부패함이 가득한 세대입니다. 어그러지고 거스르는 세대에 성령의 충만함을 받은 성도들이 세상의 빛들로 나타나 생명의 말씀을 밝혀야 합니다. 성도들이 성령의 인도함을 받아 흠잡을 것도 없고, 책망할 것도 없는 순전함으로 구부러지고 부패한 세상에 빛들로 나타나 생명의 말씀인 복음의 진리를 전해야 합니다. 성도의 사명은 어둠이 가득한 세상에 진리의 빛, 생명의 빛, 복음의 빛이 되는 것입니다.

이스라엘이 광야로 출발하기 직전에 주신 말씀이 빛에 관한 말씀입니다. 이번 주에 읽을 토라의 말씀은 민수기 8:1-12:16로 제목은 등불을 켤 때(베하알로트카-בהעלתך)입니다.

시내 산에 머물렀던 이스라엘이 다시 광야로 출발함이 민수기 10장에 나옵니다. 민수기 8-10장은 광야로 출발하기 직전에 주신 말씀인데 등불을 켜는 규례부터 시작됩니다. 출애굽기와 레위기에서 등잔대에 관한 규례를 주셨지만 다시 주십니다.

> 여호와께서 모세에게 말씀하여 이르시되 아론에게 말하여 이르라 등불을 켤 때에는 일곱 등잔을 등잔대 앞으로 비추게 할지니라 하시매 아론이 그리하여 등불을 등잔대 앞으로 비추도록 켰으니 여호와께서 모세에게 명령하심과 같았더라(민 8:1-3).

성소의 문은 동쪽에 있는데 문으로 들어가면 앞쪽(서)에는 향을 사르는 향단이 있고, 오른쪽(북)에는 떡을 차려놓는 떡 상이 있고, 왼쪽(남)에는 불을 밝히는 등잔대가 있습니다. 등잔대의 밑판은 하나인데 불을 밝히는 등잔은 일곱입니다. 가운데 기둥을 중심으로 가지처럼 좌우에 세 개씩 일곱의 등잔으로 만들었습니다. 등잔대는 하나님 보좌 앞에 있는 일곱 영을 상징합니다(계 1:3, 4:5, 5:6). 성령은 한분이시지만 일곱 가지 빛이 있습니다, 한 분이신 성령은 진리의 빛을 주는 진리의 영(요 14:16,17)이요, 성결의 빛을 주는 성결(롬 1:4)의 영이요, 생명의 빛을 주는 생명(롬 8:1, 2)의 영이요, 하나님을 아빠 아버지로 부르짖게 하는 양자(롬 8:14-17)의 영이요, 지혜와 계시를 주는 지혜와 계시의 영(엡 1:17)이요, 은혜를 주는 은혜의 영(히 10:29)이요, 영광을 알게 하는 영광(벧전 4:12-14)의 영입니다. 일곱 가지 빛으로 보이는 한 분이신 성령을 상징하는 것이 등잔대(메노라-מנורה) 입니다.

등불(나르-נר)을 켜다(알라-עלה)의 히브리어는 빛이 올라간다는 뜻입니다. 등불을 켜서 빛이 올라가듯이 영적인 상승을 훈련해야 합니다. 초등학교, 중학교, 고등학교로 올라갈수록 어려운 것을 배우듯이 영적으로 상승하여 어려워 보이는 것을 배우고 훈련해야 합니다. 영적으로 올라가고 올라가야 예수님의 장성한 분량에 이르게 됩니다. 영적 상승이 있어야 예수님의 성품을 알게 되고, 아가페 사랑 안에서 참된 것을 하여 예수님의 장성한 분량까지 이릅니다. 영적으로 올라가야 하나님의 뜻이 보이고, 내세와 심판을 알게 되고, 종말에 어떻게 살아야 할지 알게 됩니다. 빛이 되어 영적으로 상승할 때 어둠을 극복합니다.

성소의 등불을 켜듯이 성령을 통하여 진리의 빛, 생명의 빛, 복음의 빛을 비추어야 합니다. 빛의 열매인 착함과 의로움과 진실 됨이 계속 나타나도록 훈련해야 합니다.

빛으로 나타나야 하는 이유는 믿음 생활이 광야와 같기 때문입니다. 광야와 같은 세상에서 믿음 생활을 잘하려면 영적 상승이 있어야 합니다. 등불을 켜듯 성령으로 빛이 되어야 합니다.

등불을 켜는 방향이 있습니다. 성소에 있는 등잔대의 등불을 켤 때 일곱의 등잔을 등잔대 앞으로 비추게 하라고 명령하셨습니다. 앞(물-מול)이라는 히브리어는 잘라내어 할례를 행하다(물-מול)와 어원이 같습니다. 불을 켜서 전면을 향하도록 하라는 말씀은 마음의 할례를 받아 나만 생각하고 나의 입장만 생각하는 나 중심의 생각을 잘라내어야 영적인 상승이 있어 빛이 된다는 의미입니다. 믿음이 어릴 때는 빛이 오면 나를 환하게 비추어 나 중심이 되고 싶지만 그렇게 살지 말고 착함과 의로움과 진실함의 빛을 맞은편에 비추어 다른 사람들이 하나님께 영광을 돌리게 하라는 것입니다.

등잔대의 맞은편에는 떡 상이 있습니다. 떡 상의 떡과 같은 하나님의 말씀에 빛을 비추도록 하면 말씀이 빛의 자녀로 이끕니다. 말씀이 조명(照明)

되면 영적 세계의 빛이 드러나 하나님을 알고, 심판을 알고, 내세를 알고, 사명을 알게 됩니다.

광야로 출발하기 직전에 명령한 규례는 등불을 켜라는 것입니다. 할례를 받을 때 표피를 잘라내는 것처럼 자신 중심의 생각을 잘라내고 맞은편을 향하여 빛을 비추어 하나님께 영광이 되라는 명령입니다.

등불을 켜는 방식에 대한 명령을 주신 다음에는 레위 사람을 구별하여 드리라고 하셨습니다. 레위 사람들을 정결하게 하고, 이스라엘의 회중들이 레위 사람들에게 안수한 후 대제사장인 아론이 레위 사람들을 흔들어 바치는 요제 제물로 바쳐 회막에서 여호와께 봉사하도록 하였습니다(민 8:5-26). 레위 지파에 속한 모든 사람들은 이스라엘 백성을 대신하여 25-50세까지 하나님을 섬기기 위해 구별되었습니다.

민수기 9장에서 첫 유월절을 지킵니다. 출애굽 후 1년이 되는 첫째 달 14일부터 자유와 해방을 기념하는 유월절을 지켰습니다. 정해진 때인 첫째 달 14일에 피치 못할 사정으로 유월절을 지키지 못한 사람들은 둘째 달 14일에 유월절 절기를 지키도록 하나님이 허용하셨습니다. 다시 유월절을 지킬 수 있는 기회를 주신 것은 하나님의 은혜입니다.

민수기 10장은 나팔 신호에 대한 규례입니다. 나팔의 용도는 세 가지입니다. 첫째는 회중의 소집과 진영의 출발신호로 사용되었고, 둘째는 전쟁 때에 나팔을 크게 불면 하나님께서 기억하시고 구원하신다고 약속하셨고, 셋째는 절기와 매달 첫날에 제물을 드리고 나팔을 불면 하나님이 기억하신다고 하셨습니다(10:1-10).

등불 규례와 유월절 예식과 나팔 신호에 대한 말씀을 받고 구름 기둥과 불기둥의 인도함을 받으며 광야로 출발합니다. 성막을 세운 날에 임한 구름기둥과 불기둥은 광야에서 떠나지 않았습니다. 행진할 때와 머물 때 구름 기둥의 인도함을 받았습니다(민 9:15-23, 10:11-35). 구름기둥의 움직임에 따라 움직이되 언약궤가 앞서 갔고 모세는 궤가 떠날 때와 쉴 때 기도하였습니다(민 10:10; 33-36).

믿음 생활은 광야와 같습니다. 수많은 시험거리가 기다리고 있습니다.

성소에 등불을 켜듯이 소금과 빛이 되어야 함을 알고 있지만 빛을 잃을 정도의 시험거리가 기다리고 있습니다. 유월절 예식을 통해 자유와 해방을 기억하였듯이 십자가와 부활의 복음을 통해 구원받았음을 알고 있지만 휘몰아치는 시험에 넘어질 수 있습니다. 전쟁과 정해진 절기에 나팔을 불면 하나님의 도움을 받듯이 부르짖어 기도하면 영적 전쟁의 때에 하나님의 도움을 받는 것을 알고 있지만 나팔을 불기 싫을 정도로 낙심할 때가 있습니다. 광야의 삶이 만만치 않는 것처럼 믿음으로 사는 것이 녹녹치 않습니다. 켜진 등불처럼 빛으로 살면서 하나님께 영광을 돌리는 것이 말처럼 쉽지 않습니다. 어떻게 켜진 등불처럼 빛으로 살면서 하나님께 영광을 돌릴 수 있을까요?

## 1. 원망을 일으키는 탐욕을 무덤으로 보내야 빛이 될 수 있습니다

이스라엘은 출애굽하여 시내 산에 와서 언약을 맺고 성막을 완성한 후 구름 기둥의 인도함을 따라 광야로 출발합니다. 그 날이 둘째 해 둘째 달 20일입니다(민 10:11). 약속의 땅으로 가기 위해 광야로 출발한 지 얼마 지나지 않아 넘어집니다. 등불을 켜서 빛이 올라가듯 영적으로 상승해야 된다는 명령을 받았지만 영적으로 올라가지 못했습니다. 광야에서 넘어집니다.

광야를 경험해야 자기 믿음을 점검할 수 있습니다. 말씀을 듣고 구름기둥과 불기둥을 볼 때는 모든 것을 할 수 있을 것 같습니다.

그러나 광야에 나가면 숨이 막히는 환경이 한두 가지가 아닙니다. 믿음이 보이지 않습니다. 빛은 온데간데없고 캄캄함 어둠뿐입니다. 캄캄한 어둠이기에 걸려서 넘어집니다.

믿음이 약해진 것은 눈이 어두워진 것과 같습니다.

> 눈은 몸의 등불이니 그러므로 네 눈이 성하면 온 몸이 밝을 것이요 눈이 나쁘면 온 몸이 어두울 것이니 그러므로 네게 있는 빛이 어두우면 그 어둠이 얼마나 더하겠느냐(마 6:22, 23).

눈은 몸의 등불과 같습니다. 눈이 나빠 어두워 보지 못하면 실수를 많이 합니다. 글을 읽을 때도 잘못 읽고, 길을 가다 돌부리에 걸리기도 하고 함정에 빠지기도 합니다. 눈이 어두워져 잘 볼 수 없듯이 성도들에게 있는 빛이 사라지면 광야의 삶에서 넘어질 수밖에 없습니다. 영적 상승이 사라지면 종교인의 삶을 살 수밖에 없습니다. 마태복음 6장에는 외식하는 종교 생활을 하지 말라고 합니다. 구제와 기도와 금식을 사람에게 보이기 위해 하는 것은 종교 생활이고, 재물을 중요시하며 재물의 종처럼 사는 것도 종교 생활의 결과입니다. 영적으로 상승하지 못하면 종교 생활에 젖을 수밖에 없습니다. 선한 것들을 하되 사람에게 보이기 위해 합니다. 은밀하게 보시고 갚으시는 하나님을 인식하지 못합니다. 사람에게 보이기 위한 이벤트 행사나 사람들의 이목을 끄는 화려한 광고에는 익숙하나 그 나라와 의에 대한 열망은 없습니다. 영적 상승이 없으면 빛이 없는 어둠입니다. 빛이 없는 어둠이면 광야에서 쉽게 넘어집니다.

이스라엘은 광야로 출발한 지 얼마 지나지 않아 악한 말로 원망합니다.

> 여호와께서 들으시기에 백성이 악한 말로 원망하매 여호와께서 들으시고 진노하사 여호와의 불을 그들 중에 붙여서 진영 끝을 사르게 하시매 (민 11:1).

이스라엘은 악한 말로 여호와 하나님을 원망합니다. 여호와께서 들으실 때 악한 말입니다. 진노하여 불로 심판할 정도의 악한 말입니다. 이스라엘은 광야로 출발하자마자 넘어졌습니다. 믿음의 바닥이 드러났습니다. 아직 영적으로 상승하지 못한 것입니다. 빛이 올라가듯이 영적으로 상승해야 된다고 가르쳤지만 영적으로 올라감이 무엇인지 깨닫지 못한 것입니다.

이스라엘은 왜 광야에서 악한 말로 원망했을까요?

왜 영적으로 올라가지 못했을까요?

탐욕을 품은 사람들 때문입니다.

> 그들 중에 섞여 사는 다른 인종들이 탐욕을 품으매 이스라엘 자손도 다시 울며 이르되 누가 우리에게 고기를 주어 먹게 하랴(민 11:4).

아무것도 아닌 것을 가지고 악한 말로 원망했습니다. 애들도 아닌데 고기가 없다고 투덜거립니다. 만나만 먹으니 기력이 없다(민 11:6)고 군성거립니다. 하나님이 주신 최고의 음식인 만나를 하찮게 여기고 원망하며 울었습니다. 광야로 출발하자마자 백성의 온 종족이 고기가 없다고 자기 장막에서 우는 것을 보고 모세는 상심이 되고 책임도 중하여 죽여 달라고 기도합니다(민 11:15). 모세가 지친 것입니다.

하나님은 모세가 혼자 짐을 지지 않도록 지도자 70명에게 하나님의 영을 부어 짐을 함께 지도록 하셨습니다(민 11:16, 17). 그리고 고기를 주시는데 하루 이틀이 아니라 냄새가 나서 싫어하기까지 한 달 동안 주시겠다(민 11:19, 20)고 하십니다. 고기 냄새를 맡기도 싫을 정도로 한 달 동안 고기를 주신다고 하니 모세도 믿지 못했습니다.

남자 어른만 60만 명이 넘는데 어디서 그 많은 고기를 수급할 수 있겠습니까?

하나님은 다시 말씀하십니다. 내 손이 짧으냐(민 11:23)고 하시면서 여호와에게서 바람이 나와 메추라기를 몰아 진영 사방 하룻길 되는 지면 위에 떨어져 쌓이게 합니다. 사방 하룻길 가기까지 고기가 차고 넘쳤습니다.

한 달 동안 먹을 고기를 주신 것은 하나님이 기쁜 마음으로 주신 것이 아닙니다. 그들과 함께 계신 여호와를 멸시하며(민 11:20) 원망하였기에 그들에게 진노하신 것입니다.

> 고기가 아직 이 사이에 있어 씹히기 전에 여호와께서 백성에게 대하여 진노하사 심히 큰 재앙으로 치셨으므로 그곳 이름을 기브롯 핫다아와라 불렀으니 욕심을 낸 백성을 거기 장사함이었더라(민 11:33, 34).

욕심을 낸 백성이 죽어 장사 지냈습니다. 그곳 이름이 기브롯 핫다아와입니다. 기브롯(기브로트-קברות, 무덤들) 핫다아와(할타아바-התאוה, 갈망, 욕망, 탐욕)는 탐욕의 무덤들이라는 의미입니다. 탐욕을 부린 사람들이 죽어 장사된 무덤입니다.

욕심에 사로잡히면 욕심의 노예가 됩니다. 사람의 욕심은 한도 끝도 없습니다. 하나 가지면 둘을 가지고 싶고 둘을 가지면 열을 가지고 싶고 열을 가지면 백을 가지고 싶습니다. 탐욕에 사로잡히면 쉽게 원망하고 투덜거립니다. 먹을 것이 없어 허기질 때는 굶주림만 해결되어도 좋겠다고 생각하지만, 탐욕에 사로잡히면 매일 만나를 공급받아도 고기가 없다고 원망하며 투덜거립니다.

탐욕은 원망을 일으키고 원망은 악한 말로 하나님을 멸시하여 재앙을 자초합니다. 원망과 투덜거림을 일으키는 탐욕을 해결해야 광야의 삶에서 빛이 될 수 있습니다.

하나님은 많은 백성을 원망에 빠지게 한 탐욕의 사람들을 쳐서 무덤을 만들고 탐욕의 무덤, 기브롯 핫다아와라고 하셨습니다. 탐욕의 무덤을 보고 생각하라는 것입니다. 탐욕을 무덤으로 보내라는 것입니다. 탐욕을 무덤으로 보내야 원망이 사라집니다. 탐욕을 무덤으로 보내야 영적으로 상승합니다. 탐욕을 무덤으로 보내야 만나와 같은 일용할 양식으로 감사할 수 있습니다. 탐욕을 무덤으로 보내야 빛이 되어 어둠을 몰아냅니다.

신앙생활을 펼치는 곳은 광야입니다. 영적으로 상승하여 광야에서 빛이 되어야 합니다. 원망을 일으키는 탐욕을 날마다 무덤으로 보내고 빛이 되길 바랍니다.

### 2. 비방을 방지하는 자족함을 훈련하면 빛이 될 수 있습니다

민수기 11장에서 탐욕으로 넘어졌다면 민수기 12장에서는 비방하다 쓰러졌습니다.

> 모세가 구스 여자를 취하였더니 그 구스 여자를 취하였으므로 미리암과 아론이 모세를 비방하니라(민 12:1).

비방은 사탄에게 속한 성품이고 비방은 하나님의 은혜를 받지 못하게 하는 죄입니다. 비방은 이해가 되지 않으면 하나님의 뜻이라도 인정할 수 없다는 것입니다. 지도자들이 하는 비방은 영향력이 많기에 공동체를 허무는 여우와 같습니다. 하나님은 지도자들의 비방을 엄히 다스립니다.

모세가 구스 여인을 취하였을 때 모세의 누이인 미리암과 모세의 형인 아론이 모세를 비방합니다. 미리암은 선지자였고, 아론은 대제사장이었습니다. 영적 지도자입니다. 그들이 모세를 비방하면서 자기들의 영적 권위를 내세웁니다.

> 여호와께서 모세와만 말씀하셨느냐 우리와도 말씀하지 아니하셨느냐
> (민 12:2)

미리암과 아론도 여호와의 말씀을 듣는 자였습니다. 설령 모세가 하나님의 말씀을 들었다손 치더라도 구스 여인을 취한 것은 비방 받아 마땅하다는 것입니다. 우리도 말씀을 듣는 자인데 구스 여인을 취한 것은 옳지 않다는 주장입니다.

지도자들이 서로 비방하여 갈등을 일으키면 공동체가 깨지는 것은 시간문제입니다. 하나님은 세 명을 소환합니다. 하나님의 소환을 받고 회막으로 나아갔을 때 하나님이 재판하듯 미리암과 아론에게 말씀 하셨습니다. 선지자들에게는 환상과 꿈으로 말하기도 하지만 온유하고 충성스런 모세에게는 대면하여(입과 입으로) 말하고 은밀히 말하지 않는 사이인데 어찌하여 모세 비방하기를 두려워하지 않냐고 책망하시면서 진노하십니다. 비방을 주도한 미리암은 나병에 걸립니다. 아론의 요청으로 모세가 중보 기도하여 나병이 낫기는 하였지만 다시는 쓰임 받지 못합니다.

비방은 빛이 되지 못하게 합니다. 비방을 막아야 합니다. 비방은 무의식 속에 내재된 불만족에서 일어납니다. 자족함이 없으면 다른 사람에게 허점이 생기면 비방합니다. 미리암과 아론은 모세의 누이와 형입니다. 선지자와 대제사장으로 쓰임 받았지만 광야의 지도자는 모세입니다. 미리암은 환상과 꿈을 통해 하나님의 말씀을 들으면서 자기들도 영적 지도자가 될 수 있다고 여겼을 것입니다. 자기들도 지위가 주어지면 지도자가 될 수 있을 것으로 착각했을 수 있습니다. 선지자와 대제사장으로 쓰임 받음에 감사하며 자족하기보다 뭔가 불만이 있으면 모세의 허점이 있을 때 비방할 수밖에 없습니다.

비방을 방지하는 자족함을 훈련하면 빛이 될 수 있습니다. 광야를 출발한 후 2가지로 무너졌습니다. 탐욕과 비방입니다. 탐욕과 비방을 경계해야 합니다.

우리의 영혼 깊은 곳을 비추어 보아야 합니다.

사람의 영혼은 여호와의 등불이라. 사람의 깊은 속을 살피느니라(잠 20:27).

영혼은 여호와의 등불입니다. 등불이 꺼져 있으면 어둠이지만 기름을 채우고 등불을 켜면 빛이 됩니다. 기름과 같은 성령으로 충만하게 하여 영혼의 등불을 켜야 합니다. 영혼의 등불이 켜져 밝아져야 사람의 깊은 곳을 살핍니다. 깊은 곳에 무엇이 있는지 알 수 있습니다. 깊은 곳에 숨어 있는 탐욕, 비방, 교만, 시기, 정욕, 게으름과 같은 죄를 발견하고 버려야 합니다. 영혼을 밝히며 깊은 곳을 살펴 죄들을 버리고 왕이신 주 예수님을 머리로 모셔야 광야의 삶이 빛이 됩니다.

## 4장

## 지휘관을 보내라
(민 13:1-3)

시내 산에서 하나님을 만난 이스라엘 백성은 젖과 꿀이 흐르는 약속의 땅으로 가기 위해 광야로 들어갑니다. 시내 산에서 약속의 땅으로 가려면 반드시 광야를 거쳐야 합니다. 예수님을 믿고 구원을 받은 성도들도 천국에 가기까지 광야의 삶을 살기도 합니다.

여러 가지 결핍이 있는 광야에 가보면 자신의 모습이 드러납니다. 숨 막힐 것 같은 곤고한 환경을 만나면 자신도 알지 못했던 자신의 추한 모습을 알게 됩니다. 광야는 자신의 추한 모습을 발견하고 버리는 훈련의 장소입니다.

민수기 10장에서 광야로 출발한 후 민수기 11장에서 처음으로 나타난 것은 탐욕입니다. 탐욕이란 주어진 것으로 만족하지 못하고 주어지지 않은 것을 가지려는 마음입니다. 하나님이 날마다 신선한 만나를 주셨지만 이스라엘은 고기와 파와 마늘이 없다고 투덜거리며 하나님을 원망하였습니다. 하나님은 메추라기 고기를 지면에 쏟아 부어 한 달 동안 먹게 하시면서 탐욕의 사람들을 죽여 무덤을 만듭니다. 결핍이 많은 광야가 닥치면 우리 속에 숨어 있는 탐욕이 드러납니다. 젖과 꿀이 흐르는 축복의 땅으로 가기 전에 탐욕을 무덤으로 보내야 합니다. 탐욕을 무덤으로 보내고 하나님이 주신 것으로 만족하며 감사하는 훈련을 해야 합니다.

민수기 12장에서는 또 다른 추한 모습이 드러납니다. 선지자인 미리암과 제사장인 아론이 모세를 비방하며 원망합니다. 미리암은 "여호와께서 모세와만 말씀하셨느냐? 우리와도 말씀하셨다"라고 하며 모세가 구스 여인을 취한 것을 비방하다 나병에 걸립니다. 하나님의 뜻이라도 이해가지 않으면 받아들이지 않고 비방하는 모습이 우리 안에 있습니다. 광야 훈련 중 하나가 하나님의 뜻이라면 이해가지 않아도 받아들이는 훈련입니다.

민수기 13장, 14장은 정탐들을 통한 광야 훈련입니다. 이번 주에 읽을 토라의 말씀은 민수기 13-15장입니다. 제목은 '너를 위하여 보내라'(쉘라흐 레카-שלח לך)입니다. 열두 명의 정탐을 가나안 땅으로 보낸 이야기입니다. 하나님이 주도적으로 보내신 것이 아니라 이스라엘 백성이 먼저 정탐을 보내 그 땅을 정탐함이 좋을 것이라고 할 때(신 1:22) 하나님이 허용하신 것입니다. 하나님이 정탐들을 먼저 보내는 것을 허용하신 것은 그들의 관점을 통하여 그들 속에 숨어 있는 추한 것을 드러내는 훈련을 하고자 하심입니다. 정탐들을 보내는 것은 광야 훈련입니다.

여호와께서 각 지파에서 지휘관 한 명씩을 선정하여 보내라고 하셨습니다(민 13:2). 각 지파를 대표하는 머리들이(로쉬-ראש) 선정되었습니다(민 13:3). 보내라(쉘라 레카-שלח לך)는 말은 너를 위해(레카-לך) 보내라는 의미입니다. 모세와 이스라엘을 위해 보내라는 것입니다. 하나님은 정탐들의 관점을 통해 모세와 이스라엘을 훈련시킵니다.

열두 명의 정탐자가 보냄을 받아 두루 돌아다니며 정탐합니다. 땅이 좋은지 나쁜지, 성읍이 진영인지 산성인지, 토지가 비옥한지 메마른지, 사람들이 강한지 약한지, 많은지 적은지 40일 동안 정탐하고 에스골 골짜기에서 포도가 달린 가지를 베어 둘이 막대기에 꿰어 메고 옵니다. 그들의 보고 내용입니다.

> 당신이 우리를 보낸 땅에 간즉 과연 그 땅에 젖과 꿀이 흐르는데 이것이 그 땅의 과일이니이다 그러나 그 땅 거주민은 강하고 성읍은 견고하고 심히 클 뿐 아니라 아낙 자손을 보았으며 … (민 13:27, 28).

땅은 젖과 꿀이 흐르는 비옥한 곳이라고 보고합니다. 증거물로 과일들을 보여줍니다.

그러나 문제는 그 땅 거주민이 강하고 성읍이 견고하며 거인들인 아낙 자손들이 있다는 것입니다. 하나님이 주신 약속의 땅은 좋지만 그 땅을 차지하기에는 역부족이라는 암시가 있습니다. 그 땅에 살고 있는 거주민은 강하고 아낙 자손이 있다는 소식을 듣고 백성은 웅성거립니다. 그 때 열두 명의 정탐 중 한 명인 갈렙이 나갑니다.

> 갈렙이 모세 앞에서 백성을 조용하게 하고 이르되 우리가 곧 올라가서 그 땅을 취하자 능히 이기리라 하나 그와 함께 올라갔던 사람들은 이르되 우리는 능히 올라가서 그 백성을 치지 못하리라 그들은 우리보다 강하니라 (민 13:30, 31).

갈렙은 요동하는 백성을 조용하게 하며 그들을 능히 이기고 그 땅을 취할 수 있다고 합니다. 갈렙이 보기에는 아무리 거주민이 강하고 성읍이 견고해도 그들을 능히 이기고 그 땅을 취할 수 있었습니다. 장애물은 있지만 감당하지 못할 정도는 아니었습니다. 그런데 다른 열 명의 입장은 갈렙과 정반대였습니다. 똑같은 땅을 똑같은 시간에 보고 왔지만 관점은 완전히 다릅니다.

함께 갔던 열 명의 정탐들은 적들이 강하기에 능히 그 백성을 치지 못한다고 단언합니다. 그리고 사람들 앞에서 약속의 땅을 악평합니다. 거주민을 삼키는 땅이요, 거기서 본 모든 백성은 신장이 장대한 자들이며, 네피림의 후손인 아낙 자손의 거인들을 보았으니 스스로 보기에 메뚜기 같다고 합니다(민 13:32, 33).

갈렙이 보기에는 능히 취할 수 있는 땅인데 다른 정탐들이 보기에는 절대 취하지 못할 땅이라고 합니다. 자신들의 주장을 관철하기 위하여 하나님이 주실 땅은 거주민을 삼키는 땅이라고 악평(딥바-דִּבָּה)합니다. 그 땅에 사는 거인들인 아낙 자손에 비하면 자신들은 메뚜기와 같아서 절대 그 땅을 차지 할 수 없다고 합니다.

열 명의 정탐의 소식을 들은 모든 회중은 소리를 높여 부르짖으며 밤새도록 통곡합니다(민 14:1). 그들은 모세와 아론을 원망하며 애굽 땅에서 죽거나 광야에서 죽었으면 좋았을 것을 어찌하여 여호와께서 그 땅으로 인도하여 그들의 칼에 죽게 하고 처자들이 사로잡히게 하는가 하며 차라리 애굽으로 돌아가는 것이 낫다고 합니다(민 14:1-3). 누군가 제안하기를 모세 말고 다른 지휘관(로쉬-רֹאשׁ, 머리)을 세우고 애굽으로 돌아가자고 합니다(민 14:4). 약속의 땅을 주장하는 모세를 머리로 인정할 수 없으니 애굽으로 돌아가기 위해 다른 머리를 세우자고 합니다.

동일한 시간에 동일한 것을 보고 왔지만 관점은 완전 반대입니다. 갈렙은 젖과 꿀이 흐르는 땅이라고 하고, 다른 이들은 거주민을 삼키는 땅이라고 합니다. 갈렙은 그 땅에 사는 사람들을 능히 이길 수 있다고 하나, 다른 이들은 그들과 싸우면 그들의 칼에 죽고 처자식이 사로잡힌다고 생각합니다.

똑같은 것을 보았는데 정반대의 생각을 합니다. 그것이 관점의 차이입니다. 관점이란 자기의 눈으로 본 것을 자기의 세계관으로 해석하는 것입니다. 관점은 진리가 아닙니다. 자기는 사실(fact)을 말한다고 하나 사실이 아니라 자기 눈으로 본 허상이 사실이라고 스스로 속고 말하는 것입니다. 자기 관점이 사실이라고 착각하는 사람들은 그럴듯한 논리로 다른 사람들을 선동합니다. 만나는 사람들에게 말하고, 인터넷이나 sns에 글을 올리면 동조하는 사람이 많이 생깁니다.

많은 사람이 동조한다고 사실이거나 진리는 아닙니다. 열두 명의 정탐 중 열 명이 그 땅을 악평하고 머리를 바꾸고 애굽으로 돌아가자고 합니다. 84%의 압도적 지지율입니다. 그들의 말을 들은 모든 백성은 거의 그들의 주장에 동조합니다. 99.9999%의 지지율입니다. 그 정도 되면 모세와 아론, 여호수아와 갈렙은 말이 통하지 않는 고집불통입니다.

그런데 하나님은 99%의 지지율을 얻은 열 명의 지휘관에게 사형선고를 내립니다. 그들은 하나님을 멸시하고 믿지 않았습니다.

> 어느 때까지 나를 멸시하겠느냐 내가 그들 중에 많은 이적을 행하였으나 어느 때까지 나를 믿지 않겠느냐(민 14:11).

> 모세의 보냄을 받고 땅을 정탐하고 돌아와서 그 땅을 악평하여 온 회중으로 모세를 원망하게 한 사람 곧 그 땅을 악평한 자들은 여호와 앞에서 재앙으로 죽었고(민 14:36, 37).

지휘관인 정탐들이 하나님이 주신 땅을 악평하고 회중으로 원망하게 하여 반역을 꾀하였기에 하나님은 그들에게 사형 선고를 내립니다. 그리고 동조한 모든 회중도 죽임을 당하되 40년간 집행을 유예(猶豫)합니다. 20세 이상의 회중은 40년 동안 광야에서 죽어갑니다.

우리의 내면에는 열 명의 정탐이 가진 관점도 있고 여호수아와 갈렙의 관점도 있습니다. 조그마한 어려움만 생기면 육신으로 돌아가려는 열 명의 정탐의 관점이 우리 안에도 있습니다. 조금 힘든 일이 생기면 육신으로 돌아가려는 마음은 99.999%일 수 있습니다. 어려운 것을 보면 육신과 세상으로 돌아가려는 관점을 해결해야 합니다. 광야는 육신적 관점을 죽이는 훈련을 하는 곳입니다.

악평(답바-דבה)과 같은 어근을 가진 말이 곰(도브-דב)입니다. 다윗은 양떼를 잡아 물고 가는 곰을 쳐서 찢어 죽이고(삼상 17:34, 35) 양떼를 건졌습니다. 하나님이 선물로 주신 좋은 땅을 나쁘다고 악평하고 비방하는 것은 힘이 장사인 곰과 같습니다. 내버려두면 양떼가 다 죽습니다. 양떼만 죽이는 것이 아니라 그들의 의견에 동조하지 않고 반대하면 모세도 죽이고 여호수아와 갈렙도 돌로 쳐 죽이려고 합니다.

우리 속에 있는 악평을 죽여야 합니다. 곰의 입을 찢어 죽인 다윗처럼 우리 속에서 일어나는 악평을 죽여야 합니다. 의사들이 암세포를 칼로 찢어 제거하듯이 하나님의 뜻을 거역하는 육신적인 관점인 악평을 죽여야 젖과 꿀이 흐르는 약속의 땅으로 들어갈 수 있습니다. 믿음의 눈으로 보지 않고 장애물만 보고 하나님의 뜻을 왜곡하는 육신의 관점을 무덤으로 보내는 훈련을 하는 곳이 광야입니다. 광야는 악평을 드러나게 하여 악평을 무덤으로 보내는 훈련을 하는 곳입니다.

신앙생활은 광야의 삶과 같습니다. 계속 훈련해야 하는 것 중 하나가 관점입니다. 육신의 관점을 무덤으로 보내고 믿음의 관점을 훈련하는 곳이 광야입니다.

똑같은 것을 보아도 어떤 관점으로 보느냐에 따라 복이 될 수도 있고 재앙이 될 수도 있습니다.

어떤 관점이 복이 될까요?

## 1. 여호수아와 갈렙처럼 믿음의 관점으로 정탐함이 복입니다

열 명의 정탐이 절대 그 땅으로 갈 수 없으니 머리와 같은 지휘관을 바꾸고 애굽으로 돌아가자고 할 때 모세와 아론은 엎드렸고 여호수아와 갈렙은 옷을 찢고 호소합니다.

> 이스라엘 자손의 온 회중에게 말하여 이르되 우리가 두루 다니며 정탐한 땅은 심히 아름다운 땅이라 여호와께서 우리를 기뻐하시면 우리를 그 땅으로 인도하여 들이시고 그 땅을 우리에게 주시리라 이는 과연 젖과 꿀이 흐르는 땅이니라 다만 여호와를 거역하지는 말라. 또 그 땅 백성을 두려워하지 말라 그들은 우리의 먹이라 그들의 보호자는 그들에게서 떠났고 여호와는 우리와 함께 하시느니라 그들을 두려워하지 말라(민 14:7-9).

여호수아의 원래 이름은 호세아(הושע)였는데 모세가 여호수아(예호수아-יהושע)로 불렀습니다(민 13:16). 호세아는 구원자라는 뜻이고 여호수아는 여호와께서 구원하신다는 뜻입니다. 예수님의 이름도 여호와께서 구원하신다는 뜻입니다. 여호수아는 예수님의 그림자와 같습니다.

갈렙(칼레브-כלב)은 이름대로 온(콜-כל) 마음(레브-לב)을 다하는 자였습니다. 갈렙은 온 마음을 다하여 여호수아와 함께 주님을 따랐습니다. 충견(忠犬)같이 하나님의 뜻을 따랐습니다.

여호와께서 구원하신다는 믿음을 가진 여호수아와 온 마음으로 주의 말씀을 따르는 갈렙의 관점은 열 명의 정탐과 완전히 달랐습니다. 여호수아와 갈렙은 하나님의 말씀을 온전히 따르는 믿음의 관점을 가졌습니다.

열 명의 정탐은 가나안 땅이 거민을 삼키는 땅이라고 악평했지만, 여호수아와 갈렙은 심히 아름다운 땅이요, 젖과 꿀이 흐르는 땅이라고 외쳤습니다. 그 땅에 거인들의 후손이 사는 것은 사실이지만 여호와께서 우리를 기뻐하시면 여호와께서 우리를 그 땅으로 인도하시고 그 땅을 우리에게 주실 것이라고 호소하였습니다. 여호와를 거역하지 말고, 그 땅 백성을 두려워하지 않으면 그들은 우리의 먹이라고 확신하였습니다. 그들의 보호자는 그들에게서 떠났기에 그들은 껍데기만 남았고, 여호와께서 우리와 함께 계시니 능히 이길 수 있다고 주장하였습니다.

여호수아와 갈렙은 믿음의 관점으로 보았습니다. 눈에 보이는 거인들보다 눈이 보이지 않는 거인을 믿음으로 보았습니다. 여호와 하나님은 눈에 보이는 거인들과 비교할 수 없는 거인입니다. 여호와 하나님은 골리앗이 절대 상대할 수 없는 거인이고, 애굽의 바로 왕도 상대할 수 없는 거인이십니다.

이스라엘도 여호와 하나님의 능력을 보았습니다. 열 가지 재앙으로 애굽을 칠 때 바로가 항복한 것을 보았습니다. 또한, 홍해를 가르시고, 하늘에서 만나를 내리시는 여호와 하나님의 능력을 보았습니다. 그런데도 눈에 보이지 않는 하나님을 믿지 못했습니다. 눈에 보이는 거인만 보고 스스로 메뚜기 같다고 하였습니다.

그러나 여호수아와 갈렙은 눈에 보이지 않는 여호와 하나님을 믿음의 눈으로 보았습니다. 여호와 하나님이 기뻐하시면 거인들과 견고한 성은 아무것도 아님을 믿었습니다. 여호와의 기쁨이 되면 어떤 적이 있든지 상관없이 하나님이 선물로 그 땅을 주실 것이라는 확신이 있었습니다. 여호수아와 갈렙은 하나님이 함께 계시기 때문에 눈에 보이는 장애물은 아무것도 아님을 확신하였습니다.

마음에서 일어나는 두려움만 이기고 하나님의 뜻을 거역하지만 않으면 크게 보이는 문제도 사실 아무것도 아닙니다. 두려움이란 실체가 아니라 마음에서 일어나는 허상입니다.

땅에 있는 길은 누구나 걸어 갈수 있지만, 높은 빌딩의 옥상과 옥상을 유리 다리로 연결하고 건너라고 하면 두려움이 생깁니다. 안전하지만 밑을 보면 다리가 떨리고 균형을 잃고 쓰러질 것 같습니다. 안전하지만 마음이 두려움에 사로잡힌 것입니다. 마음의 두려움은 사실이 아니라 허상입니다. 장애물과 문제를 두려워 말고 하나님의 뜻을 따르면 하나님이 주십니다. 함께 하시는 하나님이 그 땅을 주시고 복을 주십니다.

우리가 가야할 길을 정탐하되 눈에 보이는 아낙 자손과 골리앗 같은 문제로 두려워할 것인가 아니면 함께 계시는 여호와 하나님을 신뢰하고 믿음으로 도전할 것인가 결정해야 합니다.

축복의 길에는 강하게 보이는 거인들과 같은 장애물들이 있습니다. 사명의 길에는 뒤돌아서게 하는 장애물들이 보입니다.

그러나 눈에 보이는 것은 사실이 아니고 허상입니다. 자세히 보면 우리의 손을 잡아 이끌고 있는 하나님은 거인들과 비교할 수 없는 거인입니다. 오히려 적들이 두려워 간담이 녹게 될 정도의 거인입니다. 함께 계시는 여호와 하나님을 보는 관점이 축복의 길, 사명의 길을 가게 합니다.

99%가 애굽으로 돌아가는 것이 현명하다고 할 때도 오직 믿음으로 순

종해야 한다고 외쳤던 갈렙은 복을 받았습니다.

> 그러나 내 종 갈렙은 그 마음이 그들과 달라서 나를 온전히 따랐은즉 그가 갔던 땅으로 내가 그를 인도하여 들이리니 그의 자손이 그 땅을 차지하리라(민 14:24).

갈렙은 열 명의 정탐과 마음이 달랐습니다. 영이 달랐습니다. 생각하는 것이 달랐습니다. 온전히 하나님을 따랐습니다. 완벽하게 하나님의 약속의 말씀을 따랐습니다. 하나님의 말씀에 관해서 한 치의 의심도 없었습니다. 어떤 장애물이 있어도 하나님이 아브라함과 이삭과 야곱에게 약속하신 땅을 주신다는 확신이 있었습니다. 약속의 말씀을 믿고 하나님을 온전히 따랐던 갈렙에게 그가 갔던 땅인 헤브론으로 인도하여 그 땅을 주신다고 약속하셨습니다. 믿음으로 걸어갔던 갈렙에게 그의 믿음대로 채워주신다는 약속입니다. 하나님은 약속대로 45년 후에 갈렙이 거인들을 죽이고 헤브론을 차지하게 하셨습니다(수 14장 참고).

여호수아와 갈렙의 관점, 믿음의 관점, 영의 관점으로 정탐함이 복입니다. 무엇을 보던지 믿음의 관점으로 보고 영의 관점으로 살아가길 바랍니다.

## 2. 여호와의 모든 계명을 기억하고 행하면 거룩해 집니다

여호와 하나님은 광야로 출발하기 전 시내 산에서 복과 생명이 되는 율법과 규례들을 주셨습니다. 하나님이 율법과 규례들을 주셨지만 광야를 만나자 율법을 적용하지 못합니다. 탐욕과 비방과 악평으로 많은 사람이 죽었고, 그들에게 동조한 사람들은 40년 동안 광야에서 죽어야만 했습니다. 민수기 15장에서 다시 몇 가지 규례를 주셨지만 지키지 않으면 소용이 없습니다. 그래서 하나님은 율법을 기억하고 생각하기 위하여 옷단 귀에 술을 달라고 하셨습니다.

> 이스라엘 자손에게 명령하여 대대로 그들의 옷단 귀에 술을 만들고 청색 끈을 그 귀에 더하라 이 술은 너희가 보고 여호와의 모든 계명을 기억하여 준행하고 너희를 방종하게 하는 자신의 마음과 눈의 욕심을 따라 음행하지 않게 하기 위함이라 그리하여 너희가 내 모든 계명을 기억하고 행하면 너희의 하나님 앞에 거룩하리라(민 15:38-40).

술(찌찌트-ציצת)이란 옷단 귀에 붙이기 위해 실로 만든 타래와 같은 것입니다. 보통 여덟 개의 가닥의 실로 다섯 개의 매듭을 짓습니다. 먼저 여덟 개의 실로 매듭을 짓고, 일곱 번을 감고 매듭을 또 짓고, 다시 여덟 번을 감고 매듭을 짓고, 다시 열한 번을 감고 매듭을 짓고, 열세 번을 감고 다시 매듭을 짓습니다. 다섯 개의 매듭은 모세오경을 의미할 수 있고, 전체 서른아홉 번을 감는 것은 구약 39권을 의미할 수도 있습니다.

옷단 귀에는 술과 청색 끈을 달라고 하셨습니다. 청색은 하늘을 기억하는 색입니다. 항상 입고 다니는 옷단 귀에 술과 청색 끈을 다는 목적이 있습니다. 첫째는 그것을 보고 여호와의 모든 계명을 기억하여 준행하기 위함이고, 둘째는 방종하게 하는 마음과 눈의 욕심을 따라 음행하지 않기 위함입니다. 모든 계명을 기억하고 행하면 하나님 앞에 거룩한 자가 되어 복을 받습니다.

하나님은 모든 계명과 명령을 기억하여 지키기를 원하십니다. 옛날에

종이가 귀할 때는 옷에 술을 달아 계명과 명령을 기억하도록 하셨습니다. 하나님의 계명을 기억하지 않으면 탐욕으로 인해 죽고, 악평으로 죽고, 여러 가지 죄악으로 계속 죽기에 계명을 기억하라고 하신 것입니다. 지금은 성경을 가지고 있습니다. 매일 성경을 읽고 묵상하고 여호수아와 갈렙처럼 지켜 행하면 복이 됩니다. 믿음의 관점, 영의 관점으로 순종하면 복이 됩니다. 모든 계명을 기억하고 행함이 복입니다.

말씀을 매일 묵상하고 기억하면 방종하게 하는 마음과 눈의 욕심을 따르지 않습니다. 방종하다(투르-תור)는 단어는 정탐하다(투르-תור)는 단어와 같습니다. 마음과 눈의 욕심은 정탐하려고 합니다. 미리 가나안 땅을 보고 싶어 합니다. 정탐하여 미리 안다고 믿음으로 사는 것은 아닙니다. 오히려 모르고 믿음으로 사는 것이 훨씬 좋습니다. 모든 것을 알면 믿음으로 살아갈 것 같지만 두려움도 생기고 애굽으로 돌아가고 세상으로 돌아가고 싶어 합니다. 정탐하고 싶은 마음, 방종으로 가는 마음을 막는 길은 말씀을 묵상하고 기억하고 준행하는 것입니다.

율법의 말씀을 매일 읽고 묵상하고 준행함이 복입니다. 그것이 방종으로 이끄는 눈과 마음의 욕심을 이기는 힘이요, 거룩하게 하는 힘입니다. 거룩하면 거룩하신 하나님의 백성이 되어 하나님이 약속하신 복을 누리게 됩니다.

옷단 귀에 달린 술을 보고 기억해야 하듯이 말씀을 보고 계명을 기억하고 준행함이 복입니다. 이스라엘 사람들은 예수님 시대에도 술을 달았고 아직도 술이 달린 옷을 입고 다닙니다. 예수님 시대에 12년 동안 혈루증을 앓았던 여인이 예수님께 달려가 옷단 귀에 달린 술을 만짐으로 치료함의 복을 받았습니다. 계명을 기억하고 준행하면 복을 받습니다. 계명을 기억하고 준행함이 복입니다. 계명을 기억하고 준행함으로 거룩하게 되어 약속의 복을 누리길 바랍니다.

# 5장

## 고라
(민 16:1-11)

    이스라엘의 광야 생활에서 마음 아픈 사건이 몇 가지 있습니다.
    첫째는 섞여 사는 사람들이 탐욕을 품음으로 이스라엘 사람들이 종일 울며 원망하였던 사건입니다. 메추라기 고기는 한 달 이상 먹었지만 탐욕을 품었던 사람들은 죽어서 무덤을 이룬 사건입니다.
    둘째는 지도자였던 선지자 미리암이 하나님의 뜻을 제대로 알지 못하고 모세를 비방하다 나병에 걸린 사건입니다.
    셋째는 정탐을 한 사람들이 하나님이 주신 땅을 악평하며 모세를 제거하고 애굽으로 돌아가려고 하다가 선동한 사람들은 죽고 동조한 사람들은 40년 동안 광야에 사는 벌을 받은 사건입니다.
    넷째는 고라의 사건입니다.
    레위 지파의 지도자였던 고라는 르우벤 지파의 지도자들인 다단과 아비람과 온과 이름 있는 지휘관 250명과 함께 당파를 만들고 모세를 대적하였습니다.

> 그들이 모여서 모세와 아론을 거슬러 그들에게 이르되 너희가 분수에 지나도다 회중이 각각 거룩하고 여호와께서도 그들 중에 계시거늘 너희가 어찌하여 여호와의 총회 위에 스스로 높이느냐(민 16:3).

선동하는 사람들이 하는 말은 그럴듯합니다. 틀린 말은 하나도 없는 것 같습니다. 회중이 다 구별되어 거룩한 것도 사실이고 여호와께서 그들 중에 계신 것도 사실입니다. 어떻게 보면 모세는 하나님의 뜻과 상반되면 어떤 사람들의 말도 듣지 않는 외골수처럼 보일 수 있습니다. 대다수 사람이 애굽으로 돌아가자고 하여도 모세는 그들의 말에 귀를 기울이지 않았습니다. 고라의 관점에 있는 사람들이 볼 때 모세는 외골수이고 분수에 지나치며, 머리와 같은 지도자의 위치에서 내려와야 하는 자로 여길 수 있습니다.

고라는 모세를 제거하고 자신이 머리와 같은 지도자가 되겠다는 것이 아니라 회중의 입장에서 회중이 가지고 있는 불만을 말하는 것처럼 보입니다. 고라는 사심이 없고 회중의 입장을 대변하는 것 같지만, 사실 자기 욕심을 위해 회중을 이용한 것입니다. 정치인들이 국민의 뜻이라고 하면서 사실 자기 욕망을 이루고자 하는 것처럼 고라도 스스로 높인다(나사-אשׂנ 머리를 들다)고 생각하는 모세를 끌어내리고 자기가 머리와 같은 지도자가 되고 싶어 회중을 이용한 것입니다. 모세와 아론은 스스로 머리를 들고 자신을 높이며 사역한 것이 아닙니다. 하나님이 지명하여 부르셨기에 순종한 것인데 고라는 모세가 자신을 높인다고 비판하였습니다. 그뿐만 아니라 하나님이 고라를 지명하지도, 그에게 말씀하지도 않으셨는데 고라는 스스로 머리가 되고 싶어 자신을 높인 것입니다.

모세는 고라의 기가 막힌 말을 듣고 엎드렸다가(민 16:4) 그들이 하나님을 운운하니 다 함께 하나님 앞에 나아가자고 합니다. 누가 하나님께 속한 자인지, 누가 거룩한 자인지 보기 위해 그를 하나님 가까이 오게 할 것이니 각자 향로를 가지고 하나님께 가자고 합니다. 아론도 불과 향을 담은 향로를 가지고 하나님 앞에 나아가고, 모세를 대적하는 250명도 불과 향을 담은 향로를 가지고 하나님 앞에 나아갑니다.

고라가 온 회중을 회막 문에 모아 놓고 모세와 아론을 대적할 때(민 16:19) 여호와의 영광이 나타나 순식간에 그들을 멸하려 합니다(민 16:21). 모세는 다시 엎드려 그들의 생명을 위하여 중보하며 기도하였습니다(민 16:22). 하나님은 회중에게 명령하여 반역하도록 선동한 고라와 다단과 아비람의 장막에서 떠나게 합니다(민 16:24). 회중이 떠날 때 땅바닥이 갈라져 그들을 삼켰습니다.

> 땅이 그 입을 열어 그들과 그들의 집과 고라에게 속한 모든 사람과 그들의 재물을 삼키매 그들과 그의 모든 재물이 산 채로 스올에 빠지며 땅이 그 위에 덮이니 그들이 회중 가운데서 망하니라(민 16:32, 33).

땅이 입을 열어 반역의 주동자인 고라에게 속한 사람과 재물을 산 채로 삼켰기에 모든 것이 스올에 빠졌습니다. 스올은 무덤, 죽음, 지옥이라는 의미가 있습니다. 그들이 산 채로 죽어 스올에 갔습니다. 죽지 않고 산 채로 들림 받은 에녹과 엘리야는 복을 받은 사람들이지만 산 채로 스올에 간 고라에 속한 사람들은 큰 형벌을 받은 것입니다.

고라와 다단과 아비람만 형벌을 받은 것이 아니라 고라의 반역에 동참하였던 250명도 여호와에게서 나온 불에 불 살림을 당했습니다. 250명의 지도자가 형벌을 받으니 그들에게 동조하였던 사람들이 모세와 아론을 찾아와 원망하며 모세와 아론을 치려고 합니다. 다시 하나님의 영광이 나타나 순식간에 이스라엘 모든 회중을 멸하라고 하였고 모세는 다시 엎드렸습니다(민 16:45). 이미 하나님이 진노하셔서 전염병으로 1만 4천 7백 명이 죽었습니다. 모세는 아론으로 하여금 향로에 향을 피워 속죄하게 하니 전염병이 멈추었습니다. 고라의 사건으로 수많은 사람이 생명을 잃었습니다.

광야에서 있었던 몇 가지 사건 중 고라 사건은 가장 큰 형벌을 받은 사건입니다. 탐욕의 사건 때는 일부 사람이 죽었고, 비방 사건 때는 미리암만 나병에 걸렸고, 정탐들의 악평 사건 때는 지휘관들만 죽었는데, 고라의 사건 때는 주동자들이 산 채로 스올에 가는 형벌을 받고 동조하였던 1만5천여 명이 생명을 잃었습니다. 받은 형벌을 보면 고라의 죄가 가장 심각한 죄로 볼 수 있습니다. 탐욕과 비방과 악담보다 더 참혹한 형벌을 받은 사건이 고라의 죄입니다.

고라의 죄란 무엇일까요?

우리 안에 있는 고라를 찾아 제거해야 합니다. 우리 안에 섞여 있는 탐욕, 우리 안에 있는 교만으로 인한 비방, 우리 안에 있는 정탐으로 인한 악담과 더불어 우리 안에 있는 고라를 무덤으로 보내야 약속의 복을 받습니다.

이번 주에 읽을 토라의 말씀은 민수기 16-18장입니다. 제목은 고라(קרח)입니다.

고라의 죄는 무엇이며 고라를 통해 주시는 메시지는 무엇일까요?

## 1. 대제사장이신 예수님을 통해서만 하나님께 갈 수 있음을 명심해야 합니다

하나님이 이스라엘을 세 개의 그룹으로 나누셨습니다. 성전에서 제사를 지내며 하나님을 섬기는 제사장 그룹, 이스라엘 회중을 대신하여 제사장을 도와 성막에서 평생 섬기는 레위인 그룹, 그리고 하나님의 백성인 이스라엘 회중입니다.

사람들을 계수할 때도 이스라엘의 회중을 계수하고(603,550명, 민 1:46), 제사장들을 계수하고(민 3:1-4), 레위 지파를 따로 계수하였습니다(22,000명, 민 3:14-39).

세 개의 그룹 모두 하나님의 은혜로 택함을 받았습니다. 이스라엘이 어린양의 피로 구원을 받아 홍해를 건너 시내 산에서 언약 백성이 된 것은 하나님이 은혜로 택하셨기 때문입니다. 이스라엘을 대신하여 하나님을 섬기도록 레위 지파를 선택하신 분도 하나님이시고, 아론의 가문을 제사장으로 선택하신 분도 하나님이십니다. 하나님이 지정하셨습니다. 예수님이 오셔서 메시아 사역을 이루시기까지는 이러한 영역의 이동은 불가능했습니다. 제사장은 아무나 되지 못하고 아론의 자손들만 될 수 있었고, 성전 봉사는 레위 지파에 속한 사람들만 할 수 있었습니다.

고라는 레위 지파의 자손 중 고핫의 가문에 속한 지도자였습니다(민 16:1). 고핫의 가문은 법궤와 상과 등잔대와 향단 등 금으로 된 것을 옮기는 중책을 맡았습니다. 레위 가문 중 가장 귀한 책임을 맡았습니다. 그런데 고라는 하나님이 정하신 경계선을 넘어 제사장이 되고 싶었습니다. 말은 회중이 모두 다 거룩하고 하나님께서 회중 가운데 계시는데 모세가 분수에 지나쳤다고 했지만, 사실 고라 자신이 제사장이 되어 모세의 자리에 앉고 싶었던 것입니다.

> 모세가 고라에게 이르되 너희 레위 자손들아 들으라. 이스라엘의 하나님이 이스라엘 회중에서 너희를 구별하여 자기에게 가까이 하게 하사 여호와의 성막에서 봉사하게 하시며 회중 앞에 서서 그들을 대신하여 섬기게 하심이 너희에게 작은 일이겠느냐 하나님이 너와 네 모든 형제 레위 자손으로 너와 함께 가까이 오게 하셨거늘 너희가 오히려 제사장의 직분을 구하느냐(민 16:8-10)

고라가 회중을 대신하여 성막에서 섬기는 일은 작은 일이 아니고 귀한 일이었습니다. 법궤를 운반하기 위해 유일하게 선택된 종족입니다. 레위 종족 중 가장 귀한 일을 맡았습니다. 그런데 고라는 자기의 일에 충실하기보다는 제사장의 직분을 구함으로 하나님을 대적하고 멸시한 것입니다(민 16:11-30). 하나님이 정한 경계를 넘어 제사장이 되고자 하였습니다.

제사장 직분이 무엇이기에 고라가 제사장의 직분을 구하였다고 산 채로 스올에 떨어졌을까요?

제사장 직분은 하나님을 가까이 하는 통로입니다. 제사장을 통하지 않고는 하나님을 가까이 할 수 없습니다. 제사장을 통하지 않고 하나님을 가까이 하면 죽습니다.

이스라엘의 호소도 그것입니다. 우리는 죽게 되었습니다. 망하게 되었습니다. 여호와의 성막에 가까이 나아가는 자마다 다 죽으니 우리는 망하게 되었습니다(민 17:12, 13).

그렇습니다. 제사장을 통하지 않고 여호와 하나님을 가까이 하면 다 죽습니다. 인간이 타락한 후 타락한 인간이 생명나무에 접근하지 못하도록 그룹의 천사들과 두루 도는 불 칼로 지키게 하였는데 하물며 죄인들이 제사장을 통하지 않고 하나님께 그냥 가면 죽을 수밖에 없습니다.

큰 회사의 회장들도 비서실을 통하지 않고는 만날 수가 없는데 어떻게 직통으로 하나님을 가까이 할 수 있겠습니까?

하나님을 가까이 하는 길은 제사장을 통해서만 가능합니다. 아무나 제사장이 될 수 없는 것은 제사장의 사역이 하나님을 가까이 하는 사역이기 때문입니다. 하나님은 자신이 지정한 아론의 자손들만 제사장으로 섬기게 하셨습니다. 제사장 직분은 노력으로 취하는 것이 아니라 일종의 선물입니다.

> 너와 네 아들들은 제단과 휘장 안의 모든 일에 대하여 제사장의 직분을 지켜 섬기라 내가 제사장의 직분을 너희에게 선물로 주었은즉 거기 가까이 하는 외인은 죽임을 당할지니라 (민 18:7).

하나님이 제사장의 직분을 선물로 주셨습니다. 우리에게 있는 직분이나 은사나 성령은 선물입니다. 노력으로 취할 수 있다고 생각하면 불만족과 원망이 생기지만 선물로 인정하면 감사가 됩니다.

제사장의 직분을 선물로 받은 제사장들도 직분을 잘 수행해야 자기와 이스라엘 회중이 죽지 않습니다. 성소에 대한 죄를 담당하고, 제사장 직분에 대한 죄를 잘 담당하고, 성소와 제단의 직무를 잘해야 이스라엘이 진노를 받지 않고 죽지 않습니다 (18:1, 5). 제사장 직분은 회중 전체의 생명이 달렸기에 레위 인들의 도움을 받아 (민 18:2-7) 선물로 받은 제사장 직분을 잘 수행하라고 하시면서 그들의 양식을 지정해 주셨습니다 (민 18:8-32).

누구나 제사장이 되지 못하게 하고 지정한 자에게만 제사장의 직분을 선물로 주신 것은 제사장의 직분이 죄를 담당하는 사역이기 때문입니다. (민 18:1) 메시아께서 오시기 전까지는 죄를 담당하는 사역을 신중하게 잘 수행해야 함으로 아무나 제사장 사역을 하지 못하게 하고 아론의 자손들만 훈련하여 제사장이 되게 하였습니다.

죄를 담당하는 사역을 하는 제사장들을 통해서 하나님을 가까이 해야 죽지 않습니다. 신중하게 제사장을 세웠지만, 인간 제사장은 허물이 있기에 죄를 담당하는 사역을 잘 감당하지 못했습니다.

하나님은 영원한 제사장을 세우실 것을 약속하셨습니다.

> 여호와는 맹세하고 변하지 아니하시리라 이르시기를 너는 멜기세덱의 서열을 따라 영원한 제사장이라 하셨도다(시 110:4).

메시아는 아론의 가문이 아닌 멜기세덱의 서열을 따라 영원한 제사장이 된다고 맹세하셨습니다. 그 맹세는 변하지 않습니다.

예수님은 시편에 예언된 영원한 제사장으로 오셔서 영원한 제사를 단번에 드리셨습니다.

> 우리에게 큰 대제사장이 계시니 승천하신 이 곧 하나님의 아들 예수시라 우리가 믿는 도리를 굳게 잡을지어다(히 4:14).

십자가에서 죄를 사하는 대속 제물로 죽으시고 부활 승천하신 예수님은 큰 대제사장이시고 영원한 제사장이십니다.

> 그리로 앞서 가신 예수께서 멜기세덱의 반차를 따라 영원히 대제사장이 되어 우리를 위하여 들어 가셨느니라(히 6:20).

예수님은 멜기세덱의 반차를 따라 영원한 대제사장으로서 우리를 위하여 하나님 나라에 들어가셨습니다. 그것이 승천입니다.

구약에서도 지정된 제사장만을 통해 하나님께 갈수 있었습니다. 지정된 제사장을 통하지 않고 스스로 하나님께 가려고 하면 다 죽고 다 망하였습니다. 아무리 고라처럼 리더십이 있다고 하여도 하나님이 지정하시지 않았기에 그는 제사장이 될 수 없었습니다. 하나님이 지정하신 제사장을 통해서만 하나님께 갈 수 있었습니다. 예수님은 하나님이 정하신 영원한 큰 대제사장이십니다. 이미 구약에 멜기세덱의 반차를 따라 오신다고 약속하셨는데, 예언대로 멜기세덱의 반차를 따라 오셔서 십자가에서 속죄 사역을 완성하시고 부활 승천하여 우리를 하나님께로 인도하고 계십니다.

영원한 대제사장이신 예수님을 통하지 않고는 하나님께로 갈 수 없습니다. 예수님을 통하지 않고 하나님께로 간다고 하면 엉뚱한 곳으로 갑니다. 나무나 돌을 깎아 만들어 하나님이라고 하며, 주물로 모형을 만들어 하나님이라고 하고, 위대한 사람을 하나님이라고 하여도 다 가짜입니다.

속죄 사역을 담당한 영원한 대제사장이신 예수님을 통해서만 하나님을 가까이 할 수 있습니다. 다른 것들을 통하여 가짜 신인 귀신에게로는 갈 수 있어도 살아계신 하나님께는 갈 수 없습니다. 영원한 제사장이신 예수님을 통하지 않고 여호와 하나님께 가면 다 죽고 망합니다. 오직 하나님이 정하신 영원한 대제사장이신 예수님을 통해서만 하나님께 갈 수 있습니다.

고라의 반역은 스스로 제사장이 되어 하나님께 가려고 한 죄입니다. 오늘날로 치면 이단입니다. 스스로 하나님이라고 하거나 스스로 하나님께 가는 통로라고 하는 이단들은 고라의 반역처럼 용서받지 못할 죄를 지은 것입니다. 다른 하나님이 있다고 하거나 자기가 하나님께로 가는 중보

자라고 하면 산 채로 스올에 간 죄를 지은 고라의 죄에 동참한 것입니다. 하나님께로 가는 유일한 길은 영원한 대제사장이신 예수 그리스도 밖에 없습니다. 유일한 길입니다.

> 예수께서 이르시되 내가 곧 길이요 진리요 생명이니 나로 말미암지 않고는 아버지께로 올 자가 없느니라(요 14:6).

예수님을 통하지 않고 하나님께 갈 자는 아무도 없습니다. 고라의 죄에 빠지지 않으려면 대제사장이신 예수님을 통해서만 하나님께로 갈 수 있음을 명심해야 합니다. 예수님을 통해서 하나님께 갈 수 있음이 복음입니다. 예수님을 통해서 하나님께 갈 수 있는 복음을 전하여 많은 사람이 구원을 받게 하는 것이 우리의 사명입니다. 이 사명 잘 감당하길 바랍니다.

## 2. 부활 승천하신 예수님을 통하여 하나님께 감을 소망해야 합니다

고라 사건 후에 하나님은 조상의 가문에 따라 지팡이 열두 개를 취하고 각 지파의 지휘관의 이름을 쓰고, 그 지팡이를 회막 안 증거궤 앞에 두라고 하셨습니다. 하나님이 택한 자의 지팡이에 싹이 나게 할 것이라고 하셨습니다. 다음날 보니 아론의 지팡이에 움이 돋고 순이 나고 꽃이 피어서 살구 열매가 열렸습니다(민 17:8). 하나님은 아론의 지팡이를 증거궤 앞에 도로 가져다가 간직하여 반역한 자에 대한 표징이 되게 하여 하나님에 대한 원망을 그치고 죽지 않게 하라고 하셨습니다(민 17:10).

지팡이는 싹이 나거나 열매를 맺을 수 없습니다. 이미 땅에서 뽑혔기에 죽은 것이나 마찬가지입니다. 그런데 아론의 지팡이에서 싹이 나고 열매가 맺는 기적이 일어났습니다. 하루 사이에 죽은 지팡이에서 열매가 맺는 기적이 일어났습니다.

제사장인 아론의 사역과 그들을 돕는 레위인의 사역을 통해 죽은 자가 살아나는 기적이 있을 것이라는 암시로도 볼 수 있습니다. 아론의 지팡이에 싹이 나고 열매를 맺은 것은 죽은 자가 다시 살아나는 부활에 대한 예표로도 볼 수 있습니다. 예수님이 멜기세덱의 반차를 따른 영원한 대제사장이라고 하였습니다. 예수님이 대제사장으로 죄를 속죄하기 위하여 십자가에서 죽으시지만 다시 부활하실 것이라는 예표라 할 수 있습니다.

부활하신 예수님은 승천하셨습니다. 제사장들이 드리는 제사에는 흔들어 드리는 요제가 있고 들어 올리는 거제가 있습니다. 요제란 부활을 보여주고, 거제는 승천을 보여줍니다.

하나님은 요제와 거제로 드리는 제물을 제사장의 음식으로 주셨습니다.

> 네게 돌릴 것은 이것이니 곧 이스라엘 자손이 드리는 거제물과 모든 요제물이라 그것을 너와 네 자녀에게 영구한 몫의 음식으로 주었은즉 네 집의 정결한 자마다 먹을 것이니라(민 18:11).

흔들어 드리는 요제와 들어서 올려드리는 거제의 제물을 먹으면서 부활과 승천을 기억하라는 것입니다. 하나님께 가까이 갈 수 있는 길은 땅을 흔들며 부활하시고, 천사들의 호위를 받으며 하늘로 올라가신 예수님을 통해서입니다. 부활 승천하신 예수님은 우리를 하나님께로 인도하십니다.

> 내 아버지 집에 거할 곳이 많도다 그렇지 않으면 너희에게 일렀으리라 내가 너희를 위하여 거처를 예비하러 가노니 가서 너희를 위하여 거처를 예비하면 내가 다시 와서 너희를 내게로 영접하여 나 있는 곳에 너희도 있게 하리라 (요 14:2, 3)

예수님은 우리를 하나님께로 인도하기 위하여 다시 오십니다. 반드시 재림하여 우리에게 하나님 나라를 주실 것입니다. 예수님을 통해서만 하나님께 갈 수 있음을 명심하고 우리 안에 있는 고라를 스올로 보내야 합니다.

고라(코라흐-קרח)라는 히브리어는 얼음이라는 뜻도 있습니다. 자꾸 원망하고 불평하면 주위 환경을 얼음으로 만듭니다. 하나님이 정하신 위치를 거부하고 스스로 예수님 없이 하나님을 가까이 하는 제사장이 되려고 하면 사방을 얼음으로 만듭니다. 주위를 얼음으로 만드는 내 안에 있는 고라를 스올로 보내고 영원한 대제사장이시고 부활 승천하신 예수님을 통하여 하나님의 은혜의 보좌에 담대히 나아가길 바랍니다.

## 6장

## 법의 율례
(민 19:1-10)

 탁월한 리더십은 사전에 큰 사고를 미리 방지하는 것입니다. 전쟁이 일어난 다음에 승리하는 것보다 전쟁이 일어나지 않도록 사전에 방지하는 리더십이 더 탁월하고, 암이나 병을 잘 수술하는 의사도 훌륭하지만, 암이나 병이 들지 않도록 방지하는 지혜를 가르치는 사람도 훌륭합니다. 교통사고 후 수습도 잘하는 것이지만, 교통사고가 일어나지 않게 조심함도 지혜입니다.

 이스라엘이 광야에서 겪은 아픔의 사건이 많았습니다. 탐욕을 품고 하나님을 원망하다 사람들이 죽어 무덤을 이루었고, 열 명의 정탐이 하나님이 선물로 주신 땅을 악평함으로 40년 동안 광야의 삶을 살아야 했고, 레위 사람 고라가 제사장이 되려고 하다가 산 채로 스올에 가는 사건이 일어났습니다. 아픔의 사건이 계속 일어나자 하나님은 불행을 미리 방지하기 위해 법의 율례를 주셨습니다.

> 여호와께서 명령하시는 법의 율례를 이제 이르노니 이스라엘 자손에게 일러서 온전하여 흠이 없고 아직 멍에 매지 아니한 붉은 암송아지를 네게로 끌어오게 하고(민 19:2).

여호와께서 명령하시는 법의 율례입니다. 여호와의 명령을 우리 입장에서 보면 세 가지로 볼 수 있습니다.

첫째는 누구나 고개를 끄덕일 정도로 이해가 되는 명령이 있습니다. 살인하지 말라, 간음하지 말라는 명령은 모두 동감합니다.

둘째는 가르침을 받으면 이해가 되는 명령이 있습니다. 우상을 만들거나 섬기지 말아야 복을 받는다, 안식일을 거룩하게 지킴이 복이라는 명령은 가르침을 받으면 받아들입니다.

셋째는 아무리 배워도 이해가 잘 되지 않기에 믿음으로 받아야 할 명령이 있습니다. 법의 율례(토라 훅카- תורה חקה)라고 합니다.

이번 주에 읽을 토라의 말씀은 민수기 19:1-22:1까지입니다. 제목은 법의 율례(하토라 훅카트- התורה חקת)입니다. 이해가 되지 않는 명령입니다. 붉은 암송아지의 재로 정결하게 하라, 반석을 명령하면 물이 나온다, 놋 뱀을 바라보면 병이 낫는다는 말씀은 이해가 되지 않는 말씀입니다. 이해가 되지 않지만 명령에 순종하면 놀라운 기적과 같은 복을 받는 말씀이 법의 율례입니다. 암송아지 재로 정결하게 되고 반석에서 물이 나오고 놋 뱀을 보면 병이 나았습니다. 이해가 되지 않지만 명령을 순종하면 복이 되는 말씀이 토라의 율례입니다.

사실 믿음 생활을 하면서 기적과 같은 복을 받는 방법은 이해가 되지 않아도 하나님의 명령에 예(yes)하는 것입니다. 하나님이 명령하실 때 아니요(no) 한다든지, 생각해보고 하겠다고 하면 기적과 같은 복을 받을 기회를 놓치는 것입니다. 하나님의 명령이라는 말씀이 나오면 성경 옆에 큰 글자로 예(yes)라고 적어 놓고 순종하면 복이 됩니다. 이해가 될 수도 있고, 이해가 되지 않을 수도 있지만, 하나님의 명령이라면 예(yes)해야 복을 받습니다.

이삭을 번제로 바치라는 말씀이 이해가 되어서 아브라함이 순종했겠습니까?

법궤를 메고 들어가면 요단 강이 갈라진다는 말씀이 이해가 되어 여호수아가 순종했겠습니까?

그물을 깊은 곳에 내리라는 말씀이 이해가 되어 베드로가 순종했겠습니까?

이해가 되지 않아도 주님의 명령이니 예(yes)하고 순종하였고 그 때 기적과 같은 복을 받았습니다. 하나님의 법의 율례가 이해가 되지 않지만, 명령이기에 예(yes)하고 순종하면 큰 복이 됩니다.

법의 율례가 어떤 복이 될까요?

## 1. 정결함에 이르는 법을 알고 순종하면 하나님을 가까이하는 복을 받습니다

민수기 19장은 붉은 암송아지의 재를 통해 부정(타메-טמא)에서 정결하게 되는 규례입니다. 부정하면 하나님을 가까이 할 수 없습니다. 정결해야 하나님을 가까이 하여 하나님이 주시는 기적과 같은 복을 받습니다. 부정한 상태에서 하나님을 가까이 하려고 하면 죽습니다.

하나님의 사람들은 그릇과 같습니다. 바울을 부르실 때 예수님의 이름을 전하기 위해 택한 나의 그릇(행 9:15)이라고 하였습니다. 그릇은 깨끗해야 합니다. 금 그릇이나 은그릇이나 나무그릇이나 질그릇이나 어떤 그릇이든지 깨끗할 때 귀히 쓰임 받는 그릇이 됩니다(딤후 2:20, 21).

거룩하신 예수님을 담는 그릇이 되려면 정결해야 합니다. 정결하지 않으면 예수님을 담는 그릇이 될 수 없습니다. 우리의 심령에 빛이신 예수님을 담지 못하면 어둠이기에 혼돈과 공허 속에 살아갈 수밖에 없습니다. 혼돈이란 목적을 몰라 방황하는 삶이고, 공허란 마음이 텅 비어 늘 허전하고 만족이 없다는 것입니다.

하나님이 사람을 창조하신 목적은 하나님의 형상으로 만물을 다스리는 것입니다. 하나님이 모든 것을 주시면서 아가페 사랑으로 사랑하셨듯이 하나님의 형상인 우리도 아가페 사랑으로 아낌없이 주는 것을 목적으로 살면 만족과 행복이 있습니다. 공허하지 않습니다. 그런데 타락 후 사람들은 아낌없이 주는 것보다 자기를 위해 받음이 행복이라고 착각하기에 혼돈과 공허에서 방황하는 것입니다. 많이 가져도 마찬가지입니다. 목적이 잘못된 것입니다.

민수기 16장에 나오는 레위 사람 고라는 수많은 사람이 추종할 정도로 리더십도 있었고, 다른 사람들을 설득하는 논리도 있었지만, 목적이 자기가 제사장이 되려는 자기중심이었습니다. 삶의 목적이 자기중심이 되면 하나님의 형상에서 멀어지는 것이기에 행복할 수 없습니다. 항상 혼돈이고 공허입니다. 레위 사람 고라는 공허를 채우기 위해 사람들을 선동하여 힘으로 모세를 제거하려고 하였지만, 결국 산채로 스올에 갔습니다. 우리 속에 있는 자기중심적인 고라를 처리해야 혼돈과 공허에서 벗어납니다.

자기중심으로 생각하고 자기만을 위해 살려면 정결하지 않아도 되지만, 혼돈과 공허에서 벗어나 빛이신 예수님을 담는 그릇이 되려면 정결해야 합니다. 창고에 쌓여 있는 그릇은 먼지가 쌓여도 상관이 없습니다.

그러나 무엇인가 담으려고 하면 더러운 것을 씻고 깨끗해야 합니다. 우리 심령에 빛이신 예수님을 담으려면 깨끗해야 합니다. 깨끗함에도 차이가 있습니다.

쓰레기통은 밥그릇처럼 깨끗하지 않아도 됩니다. 쓰레기를 담기에 좀 더러워도 됩니다.

그러나 밥그릇을 쓰레기통 정도로 대충 씻으면 사용할 수 없습니다. 가끔 아이들이나 남편이 식기를 대충 씻으면 아내가 다시 씻습니다. 설거지하기가 싫어 대충 씻으면 깔끔한 아내는 그다음부터 설거지를 하지 말라고 합니다. 깨끗함에도 수준의 차이가 있습니다.

깨끗한 것을 담으려면 깨끗해야 합니다. 하늘의 것을 담으려면 더욱 깨끗해야 합니다. 빛이신 예수님을 담으려면 더욱 정결해야 합니다. 하늘을 담고 예수님을 담는 그릇은 우리 스스로 만들 수 없습니다. 그래서 하나님은 법의 율례를 가르치신 것입니다. 민수기 19장은 부정에서 정결하게 되는 율례입니다. 하늘을 담을 그릇이 되도록 정결하게 하는 율례입니다.

먼저 이스라엘 자손으로 하여금 온전하고 흠이 없고 멍에 메지 아니한 붉은 암송아지를 제사장에게 가지고 오라고 합니다. 제사장은 붉은 암송아지를 진영 밖으로 끌어내어 잡고, 피를 회막 앞을 향하여 일곱 번 뿌리고, 암송아지를 불사르되 백향목과 우슬초와 홍색 실을 던지라고 하였습니다. 그리고 암송아지의 재를 거두어 진영 밖에 두라고 하였습니다. 시체를 가까이 하여 부정한 자가 성막에 올 때에 불사른 암송아지의 재를 물과 함께 그릇에 담고 뿌려서 정결하게 하라고 하였습니다. 암송아지의 재가 부정에서 정결하게 되는 율례였습니다. 정결하게 되어야 하나님을 가까이 할 수 있습니다.

> 사람이 부정하고도 자신을 정결하게 하지 아니하면 여호와의 성소를 더럽힘이니 그러므로 회중 가운에서 끊어질 것이니라 그는 정결하게 하는 물로 뿌림을 받지 아니하였은즉 부정하니라 (민 19:20).

시체로 인해 부정하고도 정결하게 하지 않으면 여호와의 성소를 더럽힘이기에 회중에게서 끊어진다고 하셨습니다. 하나님을 가까이 하려면 반드시 정결하게 되어야 합니다.

붉은 암송아지(아두마 파라-אדמה פרה)의 재도 예수 그리스도를 보여주는 그림자입니다. 붉은 암송아지를 찾기가 쉽지 않습니다. 어떤 랍비들은 예수님 시대까지 아홉 마리의 붉은 암소만 있었다고 합니다. 민수기 19장의 붉은 암송아지의 재는 예수님의 십자가 희생을 보여주는 그림자입니다.

> 염소와 황소의 피와 및 암송아지의 재를 부정한 자에게 뿌려 그 육체를 정결하게 하여 거룩하게 하거든 하물며 영원하신 성령으로 말미암아 흠 없는 자기를 하나님께 드린 그리스도의 피가 어찌 너희 양심을 죽은 행실에서 깨끗하게 하고 살아 계신 하나님을 섬기게 하지 못하겠느냐 (히 9:13, 14)

민수기 19장의 율례는 붉은 암송아지의 재를 탄 물을 부정한 자에게 뿌리면 육체가 정결하게 된다는 것입니다. 이해 여부에 상관없이 구약에서는 그대로 하여 육체의 정결함을 받았습니다. 하나님이 정하신 방식이기 때문입니다.

동일한 하나님은 예수 그리스도를 통하여 정결하게 하십니다. 영원하신 성령을 통하여 흠이 없는 자신을 드린 예수 그리스도의 피는 양심을 깨끗하게 하고 살아 계신 하나님을 제사장처럼 가까이 하여 섬기게 합니다.

붉은 암송아지를 태워 재를 만들었듯이 예수님은 십자가에서 우리의 죄를 위한 희생 제물이 되셨습니다. 붉은 암송아지를 불태울 때 백향목과 우슬초와 홍색 실을 던진 것처럼 예수님이 나무에 달리셨고 그 때 사람들은 예수님에게 자색(홍색) 옷을 입히고 조롱하였고(요 19:2), 신포도주를 적신 해면을 우슬초에 매어 예수님의 입에 대었습니다(요 19:29).

붉은 암송아지의 재를 탄 물을 부정(닛다-נדה)을 씻는 물(메이-מי)이라고(민 19:9) 하는데 생리 때의 피처럼 물과 피가 섞인 것을 말합니다. 암송아지의 재를 탄 물을 뿌리면 육체의 정결함을 받았습니다. 예수님이 십자가에 달리실 때 군사들이 창으로 예수님의 옆구리를 찌르니 물과 피가 나왔습니다(요 19:34). 민수기 19장을 아는 사람들은 물과 피가 부정을 씻는 것임을 기억합니다. 예수 그리스도의 십자가는 붉은 암송아지의 재가 보여주는 모든 그림자의 실체입니다.

빛이신 예수님을 담는 그릇이 되려면 정결해야 합니다. 하지만 우리 스스로 하나님이 원하시는 수준의 정결함에 이르지 못합니다. 하나님이 정하신 율례인 암송아지 재의 율례를 통해서 정결하게 되는 복을 받은 것처럼 예수 그리스도의 십자가의 보혈을 믿으면 양심이 정결하게 되어 제사장처럼 하나님을 가까이 하여 섬기는 복을 받습니다.

하나님의 아들 예수님의 피가 우리를 모든 죄에서 깨끗하게 하십니다(요일 1:7). 하나님 앞에서는 죄가 없어 정결한 자는 아무도 없습니다. 모든 사람이 죽음을 맞이하듯이 모든 사람은 부정하고 모든 사람은 죄인입니다.

죄인임을 알기에 우리가 날마다 우리 죄를 자백하면 미쁘시고 의로우신 하나님이 우리의 모든 죄를 사하시고 모든 불의에서 깨끗하게 하십니다(요일 1:9). 예수님의 십자가 피를 믿고 자백하면 정결하게 되어 빛이신 예수님을 담는 그릇이 됩니다.

　빛이신 예수님을 담는 그릇이 되면 자기중심으로 생각하지 않고, 하나님의 형상이 되어 아낌없이 주고 베푸는 삶을 살 수 있습니다. 이름도 없이 빛도 없이 주고 섬기며 사랑하면 그 자체가 만족이고 기쁨이고 행복입니다. 오른손이 하는 것을 왼손이 몰라도 하나님이 아시기에 행복합니다. 때로는 예수님의 말씀을 따르다가 핍박과 박해를 받지만, 기뻐하고 즐거워하는 것은 하나님이 상을 주실 것을 믿기 때문입니다.

　예수님의 십자가의 피는 우리를 모든 부정과 죄에서 깨끗하게 합니다. 우리가 우리 죄를 자백하면 모든 불의에서 우리를 깨끗하게 하여 하나님을 가까이하는 기적과 같은 복을 누리게 합니다. 정결하게 하는 법을 믿음으로 적용하여 하나님을 가까이 하는 복을 누리길 바랍니다.

## 2. 생수와 생명을 주시는 예수님을 통해 힘과 통찰력을 얻습니다

　이스라엘은 정결하게 되는 율례를 받은 후 다시 약속의 땅으로 출발합니다. 신 광야 가데스에 이르렀을 때 선지자 미리암이 죽습니다(민 20:1). 벌써 광야 생활 40년이 차가는 시점입니다. 그곳에는 물이 없어 사람들은 다시 모세와 다투며 원망합니다.

　광야 생활 40년이 지나가는 시점이지만, 물이 없으면 여전히 원망할 수밖에 없음이 우리의 신앙한계입니다.

　목마름의 갈증이 있지 않습니까?

　속에서 타오르는 인생 갈증은 사람의 힘으로 해결할 수 없습니다. 먹을 것과 입을 것이 차고 넘쳐도 인생 갈증은 해결할 수 없습니다. 인생 갈증을 느낄 때는 하나님을 찾아야 합니다.

회중이 물이 없다고 원망할 때 모세는 회중과 다투지 않고 회중 앞을 떠나 회막 문에 엎드렸습니다. 모세가 엎드릴 때 하나님의 영광이 나타나서 희한한 명령을 하십니다.

> 지팡이를 가지고 네 형 아론과 함께 회중을 모으고 그들의 목적에서 너희는 반석에게 명령하여 물을 내라 하라 네가 그 반석이 물을 내게 하여 회중과 그들의 짐승에게 마시게 할지니라(민 20:8).

여호와 하나님은 지팡이를 가지고 회중을 모으고 반석에게 명령하여 물을 내게 하라고 모세에게 말씀하셨습니다. 반석에게 명령하라(다바르-דבר)는 것은 반석에게 간청하며 말하라는 것입니다. 반석에게 간청하여 말하면 반석이 물을 주어 회중과 짐승이 마시게 될 것이라고 하셨습니다. 생수는 반석에게 간청하여 말하면 줍니다.

그러나 모세는 반석에게 명령하지 않았습니다. 모세의 손에는 지팡이가 있었습니다. 이전에는 하나님이 지팡이로 반석을 치면(출 17:6) 물이 나온다고 하셨고, 모세가 지팡이로 반석을 칠 때 생수가 나왔습니다. 그런데 40년이 지난 후에는 반석에게 간청하여 말하면 생수가 주어진다고 하셨습니다.

모세는 하나님의 명령대로 반석에게 간청하여 말한 것이 아니라 지팡이로 반석을 두 번이나 쳤습니다. 생수가 나와 회중과 짐승의 갈증은 해결되었지만, 말씀대로 순종하지 않은 모세와 아론은 약속의 땅에 들어가지 못한다고 하셨습니다. 모세와 아론이 여호와를 믿지 않고 여호와의 거룩함을 이스라엘 회중에게 나타내지 아니하였기 때문이라고 하셨습니다.

반석(셀라-סֶלַע)은 단순히 큰 바위가 아니라 바위산과 같은 어마어마한 바위입니다. 생수를 내는 반석은 예수 그리스도를 보여주는 그림자이고 생수는 예수님이 주시는 성령의 충만함입니다.

> 다 같은 신령한 음료를 마셨으니 이는 그들을 따르는 반석으로부터 마셨으매 그 반석은 곧 그리스도시라 (고전 10:4).

출애굽기 17장에서 반석을 치라는 것은 예수 그리스도의 십자가를 통해 생수와 같은 성령을 주신다는 것이고, 민수기 20장에서 반석에게 간청하여 말하라는 것은 십자가를 지시고 부활 승천하신 예수님께 간청하면 성령의 생수를 주신다는 것입니다.

예수 그리스도의 십자가 사건은 반복되는 것이 아니라 단번에 자신을 드림으로 모든 죄를 사하시고 성령을 선물로 주신 것입니다. 인생 갈증을 느낄 때 예수 그리스도의 십자가 복음을 믿고 믿음으로 간청하고 구하면 성령을 선물로 주십니다(눅 11:13). 믿음으로 구하면 가장 좋은 선물인 성령을 주십니다.

모세와 아론은 인생 갈증을 해결하기 위해 간구하는 자에게 성령을 선물로 주심을 믿지 않았기에 약속의 땅에 들어가지 못했습니다. 믿지 않음이 여호와의 거룩함을 나타내지 않는 것입니다.

살아계신 하나님은 지금도 믿음으로 간구하며 구하는 성도들에게 성령을 주십니다. 인생 갈증으로 답답할 때마다 주님께 나와 간청하면 생수와 같은 성령을 부어 주십니다.

생수와 같은 성령으로 충만할 때 광야를 살아갈 힘을 얻습니다. 생수와 같은 성령으로 충만할 때 광야의 삶에서 지혜와 통찰력을 얻게 됩니다.

생수로 인생 갈증을 해결하고 힘을 얻은 이스라엘은 다시 약속의 땅으로 가기 위해 일어났습니다. 약속의 땅으로 가려면 에돔이라는 나라에 있는 넓은 대로인 왕의 대로를 통과해야 합니다. 이스라엘은 에돔 왕에게 사신을 보내어 왕의 대로로 통과함을 허락해 달라고 요청했습니다. 에돔 왕은 허락하지 않고 사람들과 함께 큰 길을 막았습니다(민 20:14-21). 이스라엘은 할 수 없이 왕의 대로를 포기하고 다른 길로 돌아갈 수밖에 없었습니다.

이스라엘이 왕의 대로를 포기하고 에돔 변경에 있는 길을 따라 호르 산에 왔을 때 대제사장 아론이 죽습니다(민 20:22-29). 아론이 죽은 후 약속의 땅을 향해 계속 갈 때 가나안 사람 아랏의 왕이 이스라엘을 쳐서 몇 사람을 사로잡았습니다. 이스라엘은 하나님께 서원하기를 적들을 넘기시면 적들의 성읍을 멸망시키겠다고 하였습니다. 하나님이 그들의 음성을 들으셨고 용기를 다하여 싸워 적들을 멸하였습니다. 그곳이 호르마입니다(민 21:1-3).

적들을 물리쳤지만, 험한 길로 인하여 마음이 상하여 다시 원망합니다. 원망할 때 하나님은 불 뱀을 보내 물게 하심으로 죽은 자가 많았습니다. 백성은 깨닫고 회개하며 모세에게 중보 기도를 요청합니다. 모세가 기도하니 하나님은 희한한 명령을 다시 하십니다.

> 여호와께서 모세에게 이르시되 불 뱀을 만들어 장대 위에 매달아라 물린 자마다 그것을 보면 살리라 모세가 놋 뱀을 만들어 장대 위에 다니 뱀에게 물린 자가 놋 뱀을 쳐다본즉 모두 살더라(민 21:8, 9).

불 뱀에 물려 죽어갈 때 놋으로 불 뱀을 만들어 달고 그것을 쳐다보면 살리라고 하셨습니다. 상식적으로 이해할 수 없는 명령이고 의학적으로 말도 되지 않는 처방이지만, 모세가 순종하여 놋으로 불 뱀을 만들어 달았고, 하나님의 말씀을 믿고 순종하는 사람들이 그것을 쳐다 볼 때 살아났습니다. 하나님의 말씀은 이해가 되지 않아도 순종하면 복이 됩니다.

장대에 달린 놋 뱀도 예수 그리스도의 십자가 사건을 보여주는 그림자입니다.

> 모세가 광야에서 뱀을 든 것 같이 인자도 들려야 하리니 이는 그를 믿는 자마다 영생을 얻게 하려 하심이니라(요 3:14, 15).

예수님도 장대에 달린 놋으로 된 뱀처럼 들리게 됩니다. 십자가에 못 박히심으로 땅에서 들리게 되고, 하늘로 승천하심으로 땅에서 들리게 됩니다. 믿음으로 놋 뱀을 쳐다보는 사람들이 살아난 것처럼 예수님의 십자가와 부활 승천을 믿는 사람들은 영생을 얻습니다. 예수님이 생수와 영원한 생명을 주십니다.

암송아지의 재, 반석, 놋 뱀은 예수님을 보여주는 그림입니다. 십자가에서 죽으시고 부활 승천하신 예수님을 믿고 간구하면 죄도 사해 주시고, 생수와 같은 성령도 주시고 영원한 생명도 주십니다. 예수님을 믿음으로 죄 사함을 받고, 생수와 같은 성령을 받고, 영원한 생명인 영생을 받으면 광야의 삶을 살아갈 힘과 지혜와 통찰력을 가지게 됩니다.

생수와 생명의 은혜를 받은 이스라엘은 힘과 용기를 얻어 다시 약속의 땅을 향해 출발합니다. 여러 곳을 지나 비스가 산꼭대기에 이르렀습니다. 에돔의 변경을 지나 다시 넓은 길인 왕의 대로로 가기 위해 아모리 왕 시혼에게 사신을 보내 왕의 대로로 지나가게 해 달라고 간청합니다. 아모리 왕은 허락하지 않을 뿐 아니라 백성을 모아 이스라엘을 쳤습니다. 어쩔 수 없이 전쟁이 일어났고 이스라엘은 아모리의 모든 땅과 바산의 모든 땅을 점령하게 됩니다(21:21-35).

생수와 생명의 은혜를 받았기에 힘을 얻고 싸워 승리한 것입니다. 이상한 것은 에돔의 왕이 왕의 대로로 가는 것을 허락하지 않을 때는 돌아서 갔는데 아모리의 왕이 왕의 대로로 가는 것을 허락하지 않을 때는 전쟁을 하여 그들의 땅을 빼앗습니다.

왜 어떤 나라와는 전쟁하지 않고 어떤 나라와는 전쟁할까요?

우리가 피해야 할 싸움은 무엇이고 반드시 싸워 승리해야 할 싸움이 무엇일까요?

아모리(에모리-אמרי)라는 말은 나의 말(아마르-אמר)이라는 뜻도 됩니다. 나의 말과 싸워야 합니다. 광야에서 큰 어려움을 당한 것은 거의 말 때문입니다. 섞여 사는 사람들이 악한 말을 하고(민 11:1), 광야에게 기력이 쇠하여 죽겠다고 하니(민 11:6) 많은 사람이 하루 종일 울며 한탄하다 많은 사람이 죽었습니다. 말 때문입니다. 영적 지도자인 선지자 미리암이 모세를 비방하는 말을 하여 나병에 걸렸습니다(민 12:1, 2). 말로 인해 고생한 것입니다. 열 명의 정탐이 정탐한 땅은 거주민을 삼키는 땅이라고 악평할 때에 많은 사람이 통곡하며 원망하였고(민 13:32, 14:1) 그것으로 인해 40년 광야 생활을 해야만 했습니다. 레위 사람 고라도 말로 대적하다(민 16:3) 산 채로 스올에 갔습니다.

말로 인해 큰 아픔을 겪었습니다. 비방과 원망과 불평의 말을 보여주는 민족이 아모리 민족입니다. 그들과 싸워 승리한 것입니다. 나의 말과 싸워 말을 잠재워야 약속의 땅에 들어갑니다. 비방과 원망과 악평과 불평의 말과 싸워 승리해야 합니다. 주님이 주시는 생수와 생명의 은혜로 자신의 말과 싸워 믿음으로 승리하기를 바랍니다.

# 7장

## 발락(발라크 בָּלָק)
### (민 22:1-6)

이스라엘의 광야 40년은 어느 순간 흘러갔습니다. 몇 사건을 겪으면서 금방 흘러가 약속의 땅으로 들어가기 직전입니다. 세월은 빠릅니다. 우리 인생도 어느 순간에 하나님 앞에 설 것입니다.

아무리 좋은 시절이 와도 200년, 300년을 살 수 있겠습니까?

80세나 90세가 되면 불편한 것이 한두 가지가 아닌데 200년 300년을 요양원에서 보낼 수는 없지 않습니까?

세월은 빨라 어느 순간에 하나님 앞에 서게 됩니다. 즐거운 것도 잠깐이고 고통도 잠깐입니다. 하나님 앞에 설 때까지 교정되고 훈련되어야 할 것들이 있습니다. 탐욕과 비방과 원망을 무덤으로 보내는 일, 열 명의 정탐의 관점과 고라의 관점을 스올로 보내는 훈련을 해야 합니다. 또한, 십자가의 피로 정결하게 되는 훈련과 성령의 생수를 사모하는 훈련도 해야 합니다.

성경은 우리의 훈련을 위해 주신 말씀입니다. 민수기 11-21장까지는 이스라엘의 내적 문제로 우리 내면을 어떻게 훈련해야 되는지 보여줍니다.

내면의 훈련으로 모든 것이 끝나는 것은 아닙니다. 외부의 공격도 있습니다. 이번 주에 읽을 토라의 말씀은 민수기 22:1-25:9까지로 외부에서 일어난 문제입니다. 제목은 발락(발라크 בלק)입니다.

발락은 모압 왕이었습니다. 아모리 왕 시혼과 바산 왕 옥이 이스라엘과 전쟁을 했는데 이스라엘이 대승리를 했습니다. 그 소식을 들은 발락은 두려워서 당대의 최고 선지자인 발람을 초청하여 이스라엘을 저주하고자 합니다. 모압 장로들과 미디안 장로들이 복채를 가지고 발람 선지자에게 보냄을 받아 발락 왕의 말을 전합니다. 발람 선지자가 기도하니 하나님이 이스라엘은 복을 받은 민족이니 그들과 함께 가지도 말고 그 백성을 저주하지도 말라고 하셨습니다.

사신들이 빈손으로 돌아오니 모압 왕 발락은 앞선 사람들보다 더 높은 사람들을 더 많이 보내며 백지수표를 줍니다. 발람 선지자가 원하는 것은 무엇이든 시행하리니 이스라엘을 저주해 달라고 합니다. 다시 기도하고 발람 선지지가 아침 일찍 일어나 나귀에 안장을 지우고 나귀를 타고 발락에게 가고자 합니다. 하나님은 진노하셔서 그를 막기 위해 하나님의 사자를 보냅니다. 발람은 불의한 삯에 눈이 멀었기에 천사가 보이지 않았지만, 발람을 태운 나귀는 눈이 열려 천사를 보고 세 번이나 길에서 벗어납니다. 발람 선지자는 나귀를 돌이키기 위해 채찍으로 때립니다. 하나님은 나귀의 입을 열어 말을 하게 합니다. 나귀가 말하기를 "내가 당신에게 무엇을 하였기에 세 번이나 때리느냐?"라고 합니다. 발람 선지자가 나귀에게 말하기를 "네가 나를 거역하였기 때문이니 내 손에 칼이 있었더라면 곧 너를 죽였으니라"라고 합니다. 나귀는 다시 말을 합니다.

> 나귀가 발람에게 이르되 나는 당신이 오늘까지 당신의 일생동안 탄 나귀가 아느냐 내가 언제 당신에게 이같이 하는 버릇이 있었더냐 그가 말하되 없었느니라 (민 22:30).

여기에 나오는 나귀(아톤-אתון)는 암나귀입니다. 암나귀는 광야 길을 묵묵히 걷는 가축입니다. 처음부터 마지막까지 묵묵하게 걸어갑니다. 답답하고 갈증이 절로 나는 광야 길을 주인의 짐을 지고 묵묵히 걸어가는 가축이 나귀입니다. 나귀는 일생 주인과 주인의 짐을 짊어지고 원망과 불평 없이 걷습니다. 나귀처럼(아톤-אתון) 원망과 불평 없이 묵묵히 걸어가는 여정 속에 기적(오톹트-אתות)이 나타납니다. 나귀는 묵묵히 자기 길을 걸어가는 동물입니다.

나귀가 발람에게 한 질문은 "일생동안 내가 당신이 가자고 할 때 거부하는 버릇이 있었느냐?" 입니다. 좋으나 싫으나 주인이 가자고 하면 나귀는 거부하지 않았습니다. 힘들고 지쳐도 주인과 주인이 지운 무거운 짐을 지고 걸어갔습니다. 다만 칼을 뺀 천사가 나타나서 주인을 죽이려고 하였기에 옆으로 돌이킨 것인데 왜 채찍으로 때리냐고 반문한 것입니다.

어쩌면 나귀의 이 말은 이스라엘이나 우리를 부끄럽게 하는 말입니다. 이스라엘은 축복의 길이지만, 묵묵히 가지 못했습니다. 조금만 힘들고 조금만 지치면 원망하고 악평하고 비방하였습니다. 마음이 상하고 화가 나면 원망하고 투덜거림이 버릇이요, 습관이었습니다. 나귀도 주인의 짐을 지고 주인의 목숨을 위해 살고 있는데 이스라엘이나 우리는 주님의 영광을 생각하지 않았습니다. 내가 힘들고 지치면 불평하고 아우성을 칩니다. 일생 충성한 나귀의 말은 이스라엘과 우리를 부끄럽게 합니다.

발람 선지자가 죽지 않은 것은 나귀 때문입니다. 여호와께서 발람 선지자의 눈을 밝히니 발람은 천사 앞에 엎드립니다. 그 때 천사가 말을 합니다.

> 보라 내 앞에서 네 길이 사악하므로 내가 너를 막으려고 나왔더니 나귀가 나를 보고 세 번을 돌이켜 내 앞에서 피하였느니라 나귀가 돌이켜 피하지 아니하였다면 내가 벌써 너를 죽이고 나귀를 살렸으리라(민 22:32, 33).

겉으로 어떻게 포장하였던 발람 선지자는 하나님이 원치 않으심을 알았지만, 백지수표를 보고 욕심으로 발락 왕에게 가고 있었습니다. 사악함을 사람 앞에서는 포장할 수 있어도 하나님은 아십니다. 그래서 천사가 죽이려고 왔는데 나귀가 목숨을 살린 것입니다. 충성스러운 암나귀(아톤-אתון)를 타고 갔기에 발람 선지자는 목숨을 건진 것입니다.

아침 일찍 나귀를 타고 간 사람은 또 있습니다. 아브라함입니다. 하나님이 이삭을 번제로 드리라고 할 때 아브라함은 아침 일찍 숫나귀(하모르-חמור)에 안장을 지우고(창 22:3) 모리아 산으로 갔습니다. 예수님도 십자가를 지시기 위하여 예루살렘으로 가실 때 겸손하여 나귀를 타고 들어가셨습니다(마 21:7). 예수님이나 아브라함은 하나님께 순종하기 위하여 나귀를 타고 갔지만 발람 선지자는 하나님의 뜻을 거역하고 불의한 삯을 위하여 나귀를 타고 갔습니다.

동일하게 나귀를 타고 가도 목적은 달랐습니다. 동일하게 하나님의 말씀을 듣고 믿어도 목적은 다릅니다. 어떤 사람은 예수님이나 아브라함처럼 가장 귀한 목숨을 드리기까지 순종하며 따르지만, 어떤 사람은 발람 선지자처럼 경건으로 포장은 하여도 마음은 자기 욕심을 채우기 위해 따릅니다.

어떤 동기로 따르든지 주님을 따르면 나귀가 채찍으로 맞으면서 발람 선지자를 살린 것처럼 주님은 우리를 교정하여 복의 길을 걷게 하십니다. 예수님을 믿고 따르며 주님을 섬기되 순종으로 섬기면 복이 됩니다.

모압 왕 발락과 선지자 발람의 스토리를 통하여 우리에게 주시는 하나님의 메시지가 있습니다.

## 1. 하나님 백성 됨의 정체성을 알아야 흔들림 없이 믿음으로 살아갑니다

하나님은 발람 선지자에게 단단히 경고하셨습니다. 모압 왕 발락에게 가기는 가되 마음대로 말하지 말고 하나님이 주시는 말만 전하라고 하셨습니다. 하나님의 경고를 받은 발람 선지자는 가서 하나님이 주신 예언의 말씀을 전합니다.

발람 선지자는 기럇후숏(22:39)에 있는 바알의 산당에서 이스라엘의 진 끝을 보고(22:41) 예언합니다. 기럇후솟(קִרְיַת חֻצוֹת)은 바깥의 도시, 외곽의 도시라는 뜻입니다. 모압의 외곽에 있는 도시의 바알 산당에서 이스라엘을 저주하게 합니다. 그 때 여호와 하나님이 임하여 발람 선지자에게 말씀을 주셨는데 이스라엘을 저주하는 말씀이 아니라 축복의 말씀입니다.

> 내가 바위 위에서 그들을 보며 작은 산에서 그들을 바라보니 이 백성은 홀로 살 것이라 그를 여러 민족 중의 하나로 여기지 않으리로다(민 23:9).

발람 선지자는 이스라엘이 홀로 살 것이라고 예언합니다. 하나님이 이스라엘을 여러 민족 중 하나로 여기지 않고 특별하게 여기시기에 다른 민족이 다 멸망해도 이스라엘은 홀로 생존합니다.

이스라엘을 축복하는 발람 선지자의 말을 듣고 화가 난 발락 왕은 이스라엘의 끝만 보이는 뒤편에 있는 다른(아헤르-אַחֵר, 뒤쪽) 곳으로 발람 선지자를

데리고 가서 저주하게 합니다. 그곳이 소빔 들에 있는 비스가 꼭대기입니다
(민 23:14). 다시 하나님이 임하여 이스라엘을 축복하는 말씀을 주셨습니다.

> 야곱의 허물을 보지 아니하시며 이스라엘의 반역을 보지 아니하시는도다
> 여호와 그들의 하나님이 그들과 함께 계시니 왕을 부르는 소리가 그 중에
> 있도다(민 23:21).

하나님은 이스라엘의 허물과 반역을 보지 않으십니다. 이스라엘은 수없는 허물이 있습니다. 광야에서 반역도 많이 하였습니다. 금송아지 사건, 고라 사건 등 수많은 허물과 반역을 행하였지만, 하나님은 그들을 용서하십니다. 반역할 때마다 죄 사함의 방법을 가르쳐 주십니다. 속죄 제사를 통해 죄를 사하시고, 아사셀 염소를 통해 죄를 사하시고, 붉은 암송아지의 재를 통해 부정에서 깨끗하게 하십니다. 모든 허물을 용서할 방법을 주셨고 모든 죄를 용서할 방법을 주셨습니다. 그들의 허물과 반역을 용서하시고 여호와 하나님이 그들과 함께 하십니다. 그러니 그들의 힘은 들소와 같고, 이스라엘을 해할 점술이나 복술이 없습니다. 이스라엘은 암사자와 수사자같이 일어납니다. 이스라엘에게 행하신 하나님의 은혜가 얼마나 큰지 모릅니다.

발락은 발람 선지자를 통하여 이스라엘을 저주하려고 했지만, 하나님은 이스라엘의 모든 허물과 반역을 용서하시고 그들과 함께 하신다는 말씀을 주셨습니다.

하나님 백성 됨의 복을 아십니까?

예수님을 믿으면 하나님의 자녀가 됩니다. 하나님의 자녀라고 완벽하지는 않습니다. 허물도 있습니다. 그럼에도 하나님은 그의 백성이 자백하고

회개하면 모든 죄를 사하시고 정결하게 하십니다. 다시 은혜를 주시고 다시 복을 주시고 다시 일어나게 하십니다.

하나님 백성 됨의 정체성을 알 때 흔들리지 않습니다. 마귀가 미혹해도 넘어지지 않습니다. 죄를 고발하며 하나님이 버리실 것이라고 해도 흔들리지 않습니다.

하나님은 영원한 생명을 주시기 위하여 예수 그리스도를 통하여 우리를 구원하셨습니다. 하나님은 수없는 허물과 죄를 해결할 수 있도록 예수 그리스도의 보혈을 우리에게 주셨습니다. 언제든지 예수님의 이름을 의지하고 하나님께 나아가 자백하고 회개하면 긍휼을 베풀어 주십니다.

하나님 자녀 됨의 복이 얼마나 큰지 모릅니다. 하나님 백성 됨의 복이 얼마나 큰지 모릅니다. 하나님 백성 됨의 정체성을 분명하게 인식하면 흔들리지 않고 일어나 다시 시작합니다. 마음과 생각에 어떤 미혹을 하여도 "사탄아, 물러가라"고 외치며 일어나 달려갑니다.

발람 선지자가 두 번이나 이스라엘을 저주하지 않고 축복했지만, 발락 왕은 포기하지 않습니다. 발람 선지자를 광야가 보이는 브올산 꼭대기로 데리고 가서 이스라엘을 저주하라고 합니다.

이스라엘이 지파별로 천막 친 것을 발람 선지자가 볼 때 하나님의 영이 임하여 예언의 말씀을 주셨습니다. 이스라엘은 지파별로 질서 정연하게 진을 치고 있었습니다.

하나님께서 보시기에 얼마나 아름답겠습니까?

발람 선지자는 다시 축복의 예언을 합니다.

> 야곱이여 네 장막들이 이스라엘이여 네 거처들이 어찌 그리 아름다운고 그 벌여짐이 골짜기 같고 강가의 동산 같으며 여호와께서 심으신 침향목들 같고 물가의 백향목들 같도다(민 24:5, 6).

이스라엘의 거처가 아름다움을 노래합니다. 이스라엘의 진영은 골짜기같이 넓게 벌어져 있고, 그들은 강가의 동산 같아 울창한 숲의 나무처럼 번창하게 될 것을 예언합니다. 물통에서 물이 넘침같이 복이 차고 넘치며, 물가의 씨앗처럼 열매가 가득할 것이라고 합니다.

발락이 발람 선지자를 통하여 하나님의 백성을 저주하려고 할수록 하나님의 백성이 얼마나 큰 복을 받았는지 드러납니다. 하나님이 영원히 살게 하실 것이고, 모든 허물과 반역을 용서하실 것이고, 번성하게 하실 것이라고 예언합니다.

하나님의 자녀, 곧 성도가 되었다는 것은 엄청난 축복입니다. 영생과 용서와 번성의 복을 받을 존재입니다. 하나님 백성 됨의 정체성을 확실히 알고 흔들림 없이 믿음으로 살아가길 바랍니다.

## 2. 한 별로 예언된 예수 그리스도 안에 있을 때 백성 됨의 복을 누립니다

발람 선지자가 이스라엘을 세 번이나 축복하자 발락 왕이 화가 나서 돌아가라고 합니다. 발람 선지자는 이스라엘의 후일(아하리트-אחרית), 곧 종말의 마지막 때 일어날 일을 예언합니다.

> 내가 그를 보아도 이때의 일이 아니며 내가 그들 바라보아도 가까운 일이 아니로다 한 별이 야곱에서도 나오며 한 규가 이스라엘에게서 일어나서 모압을 이쪽에서 저쪽까지 쳐서 무찌르고 또 셋의 자식들을 다 멸하리로다(민 24:17).

발람 선지자는 그를 보았습니다. 메시아를 보았습니다. 모세의 때가 아니라 종말에 나타날 메시아를 보았습니다. 메시아는 한 별과 같습니다. 한 별이 야곱에게서 나오고 한 규가 이스라엘에게서 나오는 것을 보았습니다. 여기서 규란(쉐베트-שבט)은 왕의 지팡이, 곧 통치권을 말합니다. 메시아는 왕의 통치권을 가진 한 별로 나타납니다.

놀랍게도 메시아 예언이 발락과 발람의 스토리를 통하여 나타납니다. 이스라엘을 저주하려고 했던 발락, 불의의 삯을 사랑한 사악한 선지자 발람의 스토리를 통하여 메시아 예언이 나타납니다. 하나님이 발람을 강권적으로 사용하여 메시아 예언을 하게 합니다.

한 별처럼 나타나는 메시아는 종말에 모압을 무찌르고 셋의 자식들을 멸하고, 주권자로서 남은 자를 다 멸합니다(민 24:17-19). 민족들의 으뜸으로 여겨졌던 아말렉도 종말에 멸망하고, 견고한 겐 족속도 나중에는 앗수르의 포로가 되고 결국 앗수르도 멸망하게 될 것이라는 예언입니다(민 24:20-24). 오직 하나님의 백성만 홀로 존재하게 됩니다.

발람 선지자가 예언한 한 별은 예수 그리스도이십니다. 예수님이 베들레헴으로 오실 때 동방의 박사들이 한 별을 보고 예루살렘에 와서 말합니다.

> 유대인의 왕으로 나신 이가 어디 계시냐 우리가 동방에서 그의 별을 보고 그에게 경배하러 왔노라(마 2:2).

동방의 박사들은 유대인의 왕으로 오신 예수 그리스도의 별을 보고 예수님께 경배하기 위해 왔습니다. 황금과 유황과 몰약을 가지고 영원한 백성의 왕을 경배하기 위해 왔습니다. 그 왕은 자기 백성의 허물과 죄를 사하기 위해 십자가를 지셨습니다. 한 별로 예언된 예수 그리스도를 믿으면 하나님의 백성이 됩니다.

한 별로 오신 예수 그리스도는 종말에 규, 곧 주권자의 통치권을 가지고 다시 오십니다. 그 때 모든 대적을 멸하시고 심판하시고 하나님 백성에게 영생을 주십니다.

예수님은 한 별처럼 나타나셨습니다. 별은 어두움이 짙을수록 강하게 빛이 납니다. 세상은 점점 더 어두워지고 있습니다. 더 타락할 것이고 더욱 죄가 넘쳐날 것입니다. 죄를 죄로 여기지 않는 시대가 올 것입니다. 한 별과 같은 예수님을 믿는 성도들은 세상이 어두울수록 별이 되어 어두운 세상을 비추어야 합니다. 예수님을 모신 교회는 별과 같습니다. 한 별과 같은 예수님이 우리 안에 있으면 하나님의 백성을 저주하려는 모압을 제압합니다. 하나님의 백성을 삼키려는 아말렉도 정복합니다.

예수 그리스도 안에 있으면 승리를 누립니다. 그래서 사탄은 예수 그리스도에게서 멀어지도록 온갖 방법으로 유혹합니다. 깨어 있어야 합니다. 사탄이 유혹하는 방법 중 하나가 음행입니다.

이스라엘이 싯딤에 머물러 있을 때 이스라엘을 저주하려고 했던 모압 여인들과 음행을 합니다. 여자들이 자기 신들에게 제사할 때 이스라엘 백성을 청하매 그들이 먹고 마시고 모압의 신들인 우상에게 절하고 음행합니다. 브올에 있는 바알에 속한 자가 됩니다.

한 별로 나타날 메시아를 소망하지 않고 스스로 우상에게 절하고 음행함으로 바알에게 속한 이스라엘에게 하나님은 진노하셔서 수령들을 잡아 태양을 향해 목매어 죽이라고 하셨습니다. 항상 깨어 있어야 합니다. 예수 그리스도 안에 있어야 합니다. 예수 그리스도 안에 거하면 백성 됨의 복을 누립니다.

한 별로 오시는 메시아의 비밀이 이방인인 발람 선지자에 의해 알려지고 이방인인 동방의 박사들에 의해 경배를 받음이 신비입니다. 우리는 혈통적으로 이스라엘 사람이 아니지만, 여전히 한 별로 오신 예수님을 믿고 있습니다.

# 8장

## 비느하스
(민 25:10-13)

   신앙의 승리를 위하여 이겨야 할 싸움이 있습니다. 자신과의 싸움, 죄와의 싸움에서는 반드시 이겨야 합니다. 다른 싸움에는 목숨까지 걸 필요성이 없지만, 죄와 싸울 때는 피 흘리기까지 싸워 이겨야 합니다. 죄는 암보다 더한 독소가 있어 죄에게 지면 죄의 종이 되기에 죄와 싸워 이겨야 합니다.
   믿음의 성도들은 죄와 싸워 이긴 승리자들입니다. 그들은 지금도 하늘에서 예수님과 함께 응원하고 있습니다.

   구름 같이 둘러싼 허다한 증인들이 있으니 모든 무거운 것과 얽매이기 쉬운 죄를 벗어 버리고 인내로써 우리 앞에 당한 경주를 하며 믿음의 주요 또 온전하게 하시는 이인 예수를 바라보자 … 너희가 죄와 싸우되 아직 피 흘리기까지 대항하지 아니하고 (히 12:1, 2, 4).

사람들이 질수 없을 정도의 무거운 죄는 사람들을 옭아매어 믿음의 경주를 하지 못하게 합니다. 믿음의 경주에서 승리하려면 무거운 것과 얽매이기 쉬운 죄를 벗어버려야 합니다. 꽉 붙어서 떨어지지 않으려는 죄를 발로 차버리고 믿음의 주요, 온전하게 하시는 예수님을 바라보아야 믿음의 승리자가 됩니다.

예수님은 앞에 있는 기쁨을 위하여 십자가의 부끄러움을 개의치 아니하시더니 하나님 보좌 우편에 앉으셨습니다. 십자가를 통과하시고 하나님 보좌 우편에 앉으신 예수님을 바라보며 죄와 싸워야 믿음의 승리자가 됩니다.

죄와 싸워 승리한 허다한 증인이 있습니다. 그 중 한 명이 비느하스입니다. 이번 주에 읽을 토라의 말씀은 민 25:10-29장으로 제목은 비느하스(פינחס)입니다.

비느하스는 대제사장 아론의 손자입니다. 민수기 25장에는 이스라엘의 죄로 인해 하나님이 크게 진노하신 사건이 나옵니다. 이스라엘이 싯딤에 머물러 있을 때 모압 여인들과 음행하였는데 모압 여인들은 자기 신들(엘로헤이헨- אלהיהן)의 제사에 이스라엘 남자들을 초청하여 그들로 모압의 신들에게 엎드려 절하게(솨하-שחה) 함으로 바알브올에 가담하게 되었습니다(민25:1-3). 모압의 신은 바알입니다. 바알브올에 가담되었다(차마드-צמד)는 것은 브올에 있는 바알 신에게 묶여 바알 신에게 소속되었고 바알신과 연합되었다는 뜻입니다. 모압 여인들과 즐김이 끝이 아니라 모압 여인들의 신들에게 연합되어 우상숭배자가 되었습니다.

발람 선지자가 이스라엘을 저주하려고 할 때 하나님이 발람 선지자에게 임하여 이스라엘을 축복하도록 하셨는데 이스라엘은 얼마 지나지 않아서 하나님의 은혜를 잊고 우상에 가담하였습니다. 하나님은 크게 진노하셔서 바알에게 절하고 우상을 섬기는 일에 앞장선 지도자들을 목매어 달라고 하셨습니다(민 25:4). 이미 염병으로 사람들이 죽어가고 있었습니다. 하나님은 바알브올을 따른 모든 사람을 멸망시켰습니다(신 4:3).

모세와 온 회중이 슬퍼하며 하나님을 섬기는 회막에 모여 울고 있을 때 시므온 지파의 지도자인 시므리(민 25:14)가 미디안 여인 고스비(민 25:18)를 데리고 왔습니다. 시므리와 고스비는 모세와 온 회중의 눈앞에서 보란 듯이 이방 여인과 공개적으로 음행을 하며 죄를 지었습니다. 그들은 하나님을 섬기는 회막 앞에서 죄를 지었습니다.

이러한 모습을 보고 제사장 비느하스가 창을 들고 그들의 막사에 들어가 죄를 짓고 있는 시므리와 고스비의 배를 꿰뚫어 죽였더니 염병이 그쳤습니다. 염병으로 죽은 자가 2만4천 명이었습니다.

제사장 비느하스가 죄를 멈추게 하였을 때 저주도 멈추어져 염병이 그쳤습니다. 죄를 깨닫고 죄를 심각하게 여기며 죄와 싸워야 합니다. 죄는 저주를 초청하는 초대장과 같기에 반드시 죄와 싸워야 합니다. 죄는 믿음을 무너뜨리는 암과 같기에 피 흘리기까지 싸워야 합니다. 죄와 싸워 승리하면 믿음의 승리자가 됩니다. 죄와 싸워 승리하면 하나님의 복을 받습니다.

죄와 싸워 승리하는 자가 받을 복은 무엇일까요?

## 1. 죄를 미워하고 죄를 죽이는 자에게 평화의 언약을 주십니다

하나님은 회막 앞에서 공개적으로 죄를 즐기는 시므리를 죽임으로 죄를 멈추게 한 비느하스를 칭찬하셨습니다.

> 비느하스가 내 질투심으로 질투하여 이스라엘 자손 중에서 내 노를 돌이켜서 내 질투심으로 그들을 소멸하지 않게 하였도다 그러므로 말하라 내가 그에게 평화의 언약을 주리니 그와 그의 후손에게 영원한 제사장 직분의 언약이라(민 25:11-13).

제사장인 비느하스가 공동체를 소멸에서 구하였습니다. 비느하스는 하나님의 질투심으로 질투하였습니다. 하나님만 섬겨야 하는 회막 앞에서 바알의 여인과 놀아나는 것을 보면서 하나님을 위한 질투심이 일어났습니다. 시므리는 시므온 지파의 지도자였지만, 하나님만을 사랑하고 섬겨야 하는 회막 앞에서 바알의 여인과 놀아나는 것을 도저히 묵과할 수 없었습니다.

이스라엘이 40년간 광야 생활을 한 원인은 하나님을 거역했기 때문입니다. 하나님을 거역하던 이전 세대가 거의 다 죽고 이제 곧 약속하신 축복의 땅으로 들어가기 직전인데 다시 사탄에 속아 죄를 짓는 것을 보면서 하나님을 향한 거룩한 질투심이 생겼습니다.

사탄은 마지막까지 포기하지 않습니다. 사탄의 세력들은 마지막에 패배하여 영원한 불 못에 들어갈 것을 알면서도 할 수만 있으면 하나님의 백성을 한명이라도 더 유혹하여 죄에 빠지게 합니다. 사탄은 실패하고 실패해도 포기하지 않고 다시 성도들을 유혹합니다. 발람 선지자를 통하여 이스라엘을 저주하는 것은 실패했지만, 포기하지 않고 다른 방법을 통하여 넘어지게 합니다. 미인들을 통하여 음행으로 유혹하여 하나님을 거역하고 바알을 숭배하게 하였습니다.

지금도 사탄은 육체의 정욕인 음행을 통하여 교회를 타락시킵니다. 지도자였던 시므리와 고스비가 모세와 온 회중 앞에서 보란 듯이 죄를 지으며 하나님을 거역하였던 것처럼 오늘날 교회 안에서도 사탄의 유혹을 받아 죄를 죄로 여기지 않는 분위기를 만드는 지도자들이 있습니다. 교회가 세속화되어 타락하면 이스라엘이 염병으로 2만4천 명이 죽었던 것처럼 하나님의 진노를 받을 것을 알기에 사탄은 지도자들을 통하여 교회를 타락시킵니다.

제사장인 비느하스는 하나님을 위한 질투심으로 죄와 싸워 이스라엘이 소멸되지 않게 하였습니다. 질투심(킨아-קנאה)이란 열심, 시기, 질투라는 의미가 있습니다. 제사장인 비느하스는 하나님을 위한 열심이 있었기에 시므온 지파의 지도자가 죄를 짓지 못하게 싸웠던 것입니다.

열심과 질투심은 뜨겁게 사랑할 때 생기는 것입니다. 하나님을 뜨겁게 사랑하면 골리앗 같은 대적들이 하나님을 욕되게 하면 참을 수가 없습니다. 약하지만 물 맷돌 몇 개 들고 거인과 같은 골리앗과 싸우는 것입니다. 하나님을 뜨겁게 사랑하는 열정과 질투심 때문입니다.

주님의 교회를 뜨겁게 사랑하면 누군가 교회를 무시하고 무너뜨리려고 할 때 가만히 있지 않습니다. 아내나 자식들을 뜨겁게 사랑하면 깡패들이 해하려고 해도 가만히 있지 않습니다. 약한 것을 알지만 달려들어 물어뜯어서라도 처자식을 건져내려고 합니다.

처자식이 깡패에게 사로잡혔는데 강 건너 불구경 하듯 한다면 뜨겁게 사랑하지 않는 것입니다. 하나님께 죄를 지어 2만4천 명이 죽어감에도 죄를 가볍게 여긴다면 하나님을 뜨겁게 사랑하지 않는 것입니다.

오늘날도 하나님의 질투심으로 질투하여 죄와 싸우는 비느하스와 같은 성도들이 일어나야 합니다. 하나님의 열심으로 죄와 싸워 공동체를 소멸하지 않게 한 비느하스에게 하나님은 복을 주셨습니다.

> 내가 그에게 평화의 언약을 주리니 그와 그의 후손에게 영원한 제사장 직분의 언약이라 그가 하나님을 위하여 질투하여 이스라엘 자손을 속죄하였음이니라(민 25:12-13).

하나님을 위한 열심으로 이스라엘을 속죄한 비느하스에게 평화의 언약을 주셨습니다. 그와 그의 후손에게 영원한 제사장 직분의 언약입니다. 대대로 제사장이 되어 평화를 가져오는 사역을 하게 하였습니다.

평화(샬롬-שלום)는 복입니다. 개인의 마음이든, 가정이든, 교회이든, 나라이든 평화가 있으면 복입니다. 마음에 평강이 없다면 조그마한 일이 생겨도 초조하고 불안하여 우울증에 걸립니다. 가정에 평화가 없어 매일같이 전쟁이라면 집에 들어갈 마음이 사라집니다. 교회와 나라도 마찬가지입니다.

하나님이 죄와 싸우는 비느하스에게 평화의 언약을 주셨습니다. 비느하스가 가는 곳은 평화가 생깁니다. 비느하스에게 주신 평화는 제사장 직분을 통한 평화입니다. 사람들은 여전히 죄를 지어 하나님의 진노를 받고 재앙을 받을 수밖에 없지만, 제사장이 속죄 사역을 잘 감당하면 다시 평화를 누릴 수 있습니다. 제사장 직분은 평화를 만드는 일을 합니다.

비느하스가 죄와 싸워 죄를 속죄하고 죄를 멈추게 하였을 때 2만4천 명이나 죽게 하였던 염병이 그쳤습니다. 질병이란 면역체계가 파괴되어 생기는 것입니다. 새로운 질병은 없습니다. 이름은 새롭게 붙이지만, 사실 이전부터 있었던 것인데 면역 체계가 파괴되어 나타나는 것입니다.

마지막 시대가 될수록 사람들은 죄를 더욱 많이 지을 것이고, 그럴수록 면역체계가 파괴되어 질병은 더욱 많아질 것입니다. 아무리 새로운 약을 개발해도 계속 질병은 늘어날 것입니다.

면역 체계를 살아나게 하는 것이 평화(샬롬-שלום)입니다. 하나님과의 관계에서 오는 평화는 면역체계를 살아나게 합니다. 하나님이 주시는 평화는 재앙과 질병을 멈추게 합니다.

하나님은 죄를 미워하고 죄를 증오하며 죄와 싸우는 성도들에게 재앙과 질병을 멈추게 하는 평화의 언약을 주십니다. 평화의 언약은 예수 그리스도 안에서 완성되었습니다.

> 이로 말미암아 그는 새 언약의 중보자시니 이는 첫 언약 때에 범한 죄에서 속량하려고 죽으사 부르심을 입은 자로 하여금 영원한 기업의 약속을 얻게 하려 하심이라(히 9:15).

예수님은 새 언약의 중보자로 죄를 속량하고 평화를 주시기 위해 죽으셨습니다. 예수님은 모든 사람의 죄를 대신하여 죽으셨기에 누구든지 예수님을 주와 그리스도로 믿으면 새로운 피조물이 되어 하나님과 화목하게 됩니다(고후 5:19; 엡 2:14-18). 새 언약의 중보자이신 예수님 안에서 죄와 싸우며 평화를 누리길 바랍니다.

## 2. 약속하신 복을 누릴 수 있는 새로운 세대로 준비되어야 합니다

비느하스의 사건으로 염병이 그쳤을 때 하나님은 다시 20세 이상으로 전쟁에 나갈만한 모든 자를 계수하라고 하셨습니다. 시내 산을 출발할 때 계수하였는데 그들은 여호수아와 갈렙을 제외하고 광야 40년 동안 모두 죽었습니다. 다시 계수하니 601,1730명이었습니다(민 26:51). 광야 40년 동안 소멸될 것 같았지만 별로 줄어들지 않았습니다(603,3550명 - 60 1,730

명 = 1,820명). 한 달 이상 된 레위인들도 계수했는데(민 26:62) 조금 늘었습니다(22,273명 - 23,000명 = 772명).

시내 산에서 계수함을 받은 사람들은 광야에서 죽었지만 모압 평지에서 새롭게 계수함을 받은 사람들은 약속의 땅에서 약속하신 복을 누릴 새로운 세대입니다. 하나님은 새로운 세대를 세웠습니다. 약속의 복을 누릴 새로운 세대의 특징이 있습니다.

첫째는 성령의 사람이 되는 것이요, 둘째는 하나님과 함께 살아갈 사람이 되는 것입니다.

약속의 땅으로 들어갈 사람들을 계수하라고 한 후 하나님은 모세에게 마지막을 준비하라고 하셨습니다. 아바림 산에 올라가서 이스라엘에게 줄 땅을 바라보라고 하셨습니다. 모세에게는 축복의 땅을 바라보는 것만 허용되었고 들어가서 누리는 것은 허락되지 않았습니다. 왜냐하면 회중과 분쟁할 때 하나님의 명령을 거역하고 하나님의 거룩함을 나타내지 않았기 때문입니다. 모세가 순종하며 수고한 것이 많지만, 하나님을 거역하고 하나님의 거룩하심을 나타내지 않은 것은 잘못이기에 약속의 땅으로 들어갈 수 없다고 하셨습니다.

모세는 자기를 대신할 지도자를 세워 달라고 간청합니다. 하나님은 여호수아를 지명하셨는데 그는 성령의 사람이기 때문입니다.

> 여호와께서 모세에게 이르시되 눈의 아들 여호수아는 그 안에 영이 머무는 자니 너는 데려다가 그에게 안수하고 (민 27:18).

여호수아의 여러 장점이 있었겠지만 새로운 세대의 지도자로 여호수아를 지명한 이유는 그 안에 하나님의 영인 성령이 머물기 때문이었습니다.

약속의 땅에서 약속의 복을 누릴 새로운 세대는 성령의 사람들입니다. 한두 번 성령의 충만함을 받았던 사람들이 아니라 항상 성령이 머무는 사람들만이 성령의 인도함에 순종합니다. 요단강으로 들어가라고 하면 들어가고, 여리고 성을 돌라고 하면 순종합니다.

광야를 마무리하고 약속의 땅에서 약속의 복을 누리기를 사모하는 새로운 세대의 특징은 성령의 사람들이 되는 것입니다. 예수님도 승천하시기 전에 제자들에게 성령의 세례를 받을 것이니 예루살렘을 떠나지 말라고 하셨습니다. 성령이 임하여 권능을 받으면 땅 끝까지 이르러 복음의 증인이 될 것이라고 하셨습니다. 성령의 사람이 새로운 세대의 특징입니다.

성령이 우리 안에 머물기를 사모합니까?
새로운 세대의 복을 누리길 사모합니까?
성령의 세미한 이끄심에 민감합니까?
성령이 주시는 말씀에 순종하고 있습니까?

설령 모세처럼 반석에서 물을 낸다고 하여도 하나님의 명령을 그대로 따르지 않고 거역한다면 새로운 세대의 사람으로는 합당하지 않습니다. 순간적인 분노로 하나님의 거룩하심을 나타내지 못한다면 새로운 세대의 사람으로 합당하지 못합니다.

새로운 세대에 합당한 사람은 성령이 머무는 사람, 성령의 인도함으로 하나님의 명령을 그대로 따르는 사람, 성령을 따라 하나님의 거룩하심을 드러낼 사람입니다. 성령이 머무는 사람이 새로운 세대의 복을 누릴 자들입니다.

새로운 세대의 또 다른 특징이 있습니다. 하나님과 함께 살아갈 사람들입니다. 하나님은 하나님께 바치는 헌물에 관하여 말씀을 주셨습니다.

이스라엘 자손에게 명령하여 그들에게 이르라 내 헌물 내 음식인 화제물

> 내 향기로운 것은 너희가 그 정한 시기에 삼가 내게 바칠지니라(민 28:2).

민수기 28장, 29장은 정한 시기에 하나님께 바치는 것에 대한 명령입니다. 하나님의 헌물, 하나님의 음식인 화제물, 하나님께 향기로운 것을 정한 시기에 바치라고 하셨습니다. 헌물(코르반-קרבן)이란 제단 가까이로 가져가는 제물인데, 불로 태워 드리는 화제물이고, 불태울 때 올라가는 향기로운 냄새가 하나님의 음식입니다.

약속하신 축복의 땅에서 성령의 사람들이 하는 일은 하나님께 음식을 드리는 것입니다. 그것도 어쩌다 한 번 드리는 것이 아니라 매일 두 번 하나님이 기뻐 받으시는 음식을 드려야 합니다. 아침저녁으로 일 년 된 흠 없는 숫양을 한 마리씩 드리되 가루 조금과 기름과 포도주를 겸하여 불태워 향기로운 냄새가 올라가게 하라고 명령하셨습니다(민 28:3-8).

매일 아침저녁으로 음식을 드릴뿐 아니라 안식일에는 그것 외에 일 년 된 흠 없는 숫양 두 마리를 동일한 방식으로 드려야 하고(민 29:9, 10), 매월 첫날에는 수송아지 두 마리, 숫양 한 마리, 일 년 되고 흠 없는 숫양 일곱 마리를 같은 방식으로 드리고, 숫염소 한 마리를 속죄제로 별도로 드려야 합니다(민 28:11-15).

정해진 절기가 있는데 1월 14일 유월절과 1월 15일부터 칠 일간 이어지는 무교절에는 수송아지 두 마리와 숫양 한 마리와 일 년 된 숫양 일곱 마리를 매일 같은 방식으로 드리고 속죄제로 숫염소 한 마리씩 드려야 합니다(민 28:16-25). 칠칠절에도 똑같이 수송아지 두 마리와 숫양 한 마리와 일 년 된 숫양 일곱 마리를 매일 같은 방식으로 드리고 속죄제로 숫염소 한 마리씩 드려야 합니다(민 28:16-25).

가을 절기인 7월 1일 나팔절에는 수송아지 한 마리, 숫양 한 마리, 일 년 되고 흠 없는 숫양 일곱 마리를 같은 방식으로 드리고 역시 숫염소 한 마리를 속죄제로 드려야 합니다(민 29:1-6). 7월 10일 대속죄일에도 수송아지 한 마리, 숫양 한 마리, 일 년 되고 흠 없는 숫양 일곱 마리를 드리고 숫염소 한 마리를 속죄제로 드려야 합니다(민 29:7-11). 7월 15일부터 8일간 이어지는 초막절에는 매일 드리는 제물이 다릅니다. 첫날에는 수송아지 열세 마리, 숫양 두 마리, 일 년 된 흠 없는 숫양 열네 마리를 같은 방식으로 드리고 속죄제로 숫염소 한 마리를 드려야 합니다. 둘째 날부터는 다른 것은 같고 수송아지가 한 마리씩 줄어들어, 일곱째 날에는 수송아지가 일곱 마리이고 다른 것은 동일합니다. 여덟째 날에는 수송아지와 숫양이 한 마리이고 일 년 되고 흠 없는 숫양 일곱 마리를 같은 방식으로 드리고, 속죄제로 숫염소 한 마리를 드려야 합니다(민 29:12-38). 다른 것은 같습니다.

민수기 28장과 29장은 하나님께 불태워 드릴 화제, 향기로운 냄새인 하나님의 음식을 매일 드리고, 안식일, 초하루, 정한 절기에 드리라고 하셨습니다. 하나님이 드실 음식을 상세히 가르쳤습니다.

누가 매일 함께 밥을 먹습니까?

절기뿐 아니라 매일같이 밥을 함께 먹는 사람은 부부입니다. 결혼을 하면 매일 함께 밥을 먹습니다. 결혼을 하면 아내들이 남편을 위해 매일 밥을 합니다. 딸들이 결혼하기 전에는 반찬을 잘 만들지 못해 부모들이 걱정을 하지만, 결혼을 하면 절대 굶지 않습니다. 어디서 정보를 얻었는지 매일같이 밥을 해서 잘 먹고 잘 삽니다. 결혼을 하여 부부가 되면 함께 밥을 먹고 삽니다.

하나님이 절기뿐 아니라 매일같이 하나님께 향기로운 냄새로 제물을 불태워 드리는 것이 음식이라고 한 것은 하나님이 부부처럼 함께 살아가신다는 말씀입니다. 신부인 교회가 신랑인 예수 그리스도와 함께 살아가면서 음식을 같이 먹는다는 것은 교회의 복입니다.

약속의 땅인 가나안에서 살아갈 새로운 세대는 하나님과 함께 살아가는 세대입니다. 날마다 함께 밥을 먹는 사랑하는 부부처럼 하나님께 매일 음식을 드리며 살아가는 축복의 세대입니다.

새로운 세대는 신랑이 되신 예수님이 어디로 가시든지 함께 따라가는 신부의 삶을 삽니다. 예수님이 십자가를 지시면 함께 십자가를 지고, 예수님이 하나님의 보좌 우편으로 가시면 함께 영광을 누릴 세대입니다.

> 이는 죄를 위한 짐승의 피는 대제사장이 가지고 성소에 들어가고 그 육체는 영문 밖에서 불사름이라 그러므로 예수도 자기 피로서 백성을 거룩하게 하려고 성문 밖에서 고난을 받으셨느니라 그런즉 우리도 그의 치욕을 짊어지고 영문 밖으로 그에게 나아가자(히 13:11-13).

예수님이 자기 피로 우리를 거룩하게 하시려고 예루살렘 성문 밖에서 고난을 받으시고 죽으셨습니다. 우리도 당연히 고난과 치욕을 당하더라도 예수님을 따라가며 합니다. 이 땅에서 우리가 하나님께 드릴 음식이 있습니다.

> 우리는 예수로 말미암아 항상 찬송의 제사를 하나님께 드리자. 이는 그 이름을 증언하는 입술의 열매니라 오직 선을 행함과 서로 나누어 주기를 잊지 말라 하나님은 이 같은 제사를 기뻐하시느니라(히 13:15, 16).

기쁨의 찬양과 선을 행함과 나누어 주는 삶은 향기로운 냄새이며 하나님께서 받으시는 제사입니다. 찬양과 선을 행함과 나누어 주는 제사로 주님과 함께 살아가는 새로운 세대가 되길 바랍니다.

## 9장

## 지파의 수령들에게

(민 30:1-5)

한 사람에게 있는 세포(cell)의 숫자가 70조에서 100조에 이른다고 합니다. 셀 수 없을 정도로 많습니다. 사람 자체가 신비입니다. 음식을 소화하는 위만 생각해보아도 신기입니다. 어떤 음식이라도 위는 모든 것을 분해하여 몸에 필요한 에너지를 만들어 보내고 나머지는 배설합니다. 사람 뱃속에 있는 위는 우리가 다 이해하지 못하는 위대한 일을 매일 하고 있습니다. 사람 자체가 신비이기에 사람을 소우주라고 합니다. 우주에 있는 모든 신비가 사람 속에 있다는 것입니다. 사람이 소우주인 것은 하나님이 사람을 창조하실 때 하나님의 형상으로 지으셨기 때문입니다.

하나님이 자기 형상 곧 하나님의 형상대로 사람을 창조하시되 남자와 여자를 창조하시고 하나님이 그들에게 복을 주시며 하나님이 그들에게 이르시되 생육하고 번성하여 땅에 충만하라 땅을 정복하라 바다의 물고기와 하늘의 새와 땅에 움직이는 모든 생물을 다스리라 하시니라(창 1:27, 28).

태초에 하나님이 하나님의 형상으로 사람을 창조하시고 복을 주셨습니다. 사람 안에는 하나님의 형상이 있습니다. 하나님에게 있는 모든 것의 그림자가 사람 안에 있습니다. 그래서 사람은 소우주입니다.

하나님의 형상으로 지음 받은 사람이 사탄의 꼬임에 빠져 타락할 때 하나님의 형상의 일부를 상실했지만 여전히 하나님의 형상의 일부는 남아 있습니다. 사람 속에는 하나님의 형상뿐 아니라 타락 이후에 들어온 죄성(罪性)도 있습니다. 사람 속에 있는 죄성(罪性)을 교정(矯正)하는 곳이 광야입니다.

그래서 하나님은 언약 백성인 이스라엘을 애굽에서 구원하여 시내 산으로 이끌어 언약을 맺으신 후 광야 훈련을 시킵니다. 광야 훈련의 내용이 민수기입니다. 이번 주에 읽을 토라의 말씀은 민수기 30-36장입니다.

제목은 지파들(마토트-מטות)입니다(윤년이면 민수기 30-32장, 민수기 33-36장-노정들, 마쎄이-מסעי로 읽습니다). 민수기 마지막에서는 지파의 수령들에게 말씀을 주십니다. 그동안의 여정들을 가르치며 말씀을 주십니다. 마지막에 가르치는 말씀은 고차원의 가르침입니다. 유치원에서는 기초를 가르치지만, 대학교에서는 고차원의 전문적인 것을 가르치듯이 마지막의 가르침은 고차원의 가르침입니다.

민수기의 마지막 가르침은 무엇일까요?

## 1. 서원을 잘 인식하고 내 안에 있는 대적을 몰아냄이 복입니다

민수기 30-32장은 열두 지파의 지도자인 수령들에게 명령한 말씀입니다(민 30:1). 이전에는 주로 모세나 제사장들에게 명령의 말씀을 주셨는데 민수기 30장에 오면 지파의 지도자들인 수령들에게 명령의 말씀을 주십니다. 지파의 수령들에게 가장 먼저 주신 명령은 서원에 관한 말씀입니다.

> 사람이 여호와께 서원하였거나 결심하고 서약하였으면 깨뜨리지 말고 그가 입으로 말한 대로 다 이행할 것이니라(민 30:2).

서원(네데르-נדר)이란 하나님께 대한 약속이고 결심하고 서약(쉐부아-בועה)한 것으로 맹세한 것입니다. 사람이 서원하고 서약했으면 깨뜨리지 말고 말한 대로 이행하라는 것이 지파의 수령들에게 주신 명령입니다.

민수기 30:3부터는 여자가 서원이나 서약을 했을 경우 아버지가 아무 말이 없으면 지켜야 하지만, 아버지가 허락하지 않으면 무효입니다. 결혼한 여인이 서원이나 서약을 했을 때는 남편이 아무 말이 없으면 지켜야 하지만, 남편이 허락하지 않으면 무효가 됩니다.

민수기 30:2의 사람(이쉬-איש)은 가정의 대표인 남편을 말합니다. 여자(잇사흐-אשה)는 남편이나 아버지의 뜻에 따라 서원이 취소될 수 있지만, 가정을 대표하는 남편인 남자가 서원이나 서약을 했으면 깨뜨리지 말고 말한 대로 다 행하라(아솨흐-עשה)는 명령을 지파의 수령들에게 주셨습니다.

남편인 남자는 서원하고 맹세한 것을 다 지킬 수 있을까요?

성경에서 제일 먼저 서원한 사람은 야곱입니다. 야곱이 벧엘에서 꿈을 꾸고 서원하기를 다시 고향으로 돌아오게 하시면 기둥으로 세운 돌이 하나님의 집이 될 것(창 28:10-22)이라고 합니다. 하나님의 집을 세우겠다는 서원입니다.

야곱이 하나님의 집을 세웠을까요?

하나님의 집을 세운 사람이 있습니다. 예수 그리스도이십니다. 예수님이 하나님의 집, 하나님의 나라를 세웠습니다. 서원을 지킨 한 사람(남성, 단수)은 예수 그리스도이십니다.

하나님의 집을 세운다는 것은 하나님이 오셔서 거하시는 거처를 마련한다는 의미입니다. 하나님이 거하시는 집은 아무나 세우지 못합니다. 영광스러운 하나님은 거룩하시기에 죄를 해결하지 못하면 하나님의 집을 세우지 못합니다. 아담의 타락 이후 누구도 스스로 하나님의 집을 세우지 못했습니다. 하나님이 명령하신 대로 성전을 건축하기도 했지만, 성전에서도 타락하였기에 하나님은 예루살렘 성전에서 떠나셨습니다(겔 10:18, 11:23). 헤롯이 46년 동안 웅장한 건물 성전을 건축했지만, 여전히 타락하여 하나님의 집을 도적의 소굴로 만들었습니다.

예수님이 예루살렘 성전에 가셔서 성전에서 소란을 피우셨습니다. 노끈으로 채찍을 만들어 양과 소를 성전에서 쫓아내시고 돈 바꾸는 사람들의 상을 엎으셨습니다. 제자들은 주의 전을 사모하는 열심이 나를 삼키리라는 말씀을 기억하였습니다(요 2:17). 사람들은 표적을 구하였고 예수님은 "이 성전을 헐라. 내가 사흘 동안에 일으키리라"(요 2:20)라고 하셨습니다. 예수님이 말씀하신 "이 성전"이란 건물 성전이 아니라 자기 육체, 곧 십자가의 죽으심을 말씀하신 것입니다.

하나님의 집, 하나님 나라를 세우시기 위하여 예수님은 서원하셨습니다. 십자가의 사건을 구체적으로 묘사하고 있는 메시아 시편 중 하나가 시편 22편입니다.

> 내 하나님이여 내 하나님이여 어찌 나를 버리셨나이까(시 22:1).

> 나는 사람의 비방거리요 백성의 조롱거리니이다(시 22:6).

> 나를 보는 자는 다 나를 비웃으며 입술을 비쭉거리고 머리 흔들고(시 22:7), 악한 무리가 나를 둘러 내 수족을 찌르고(시 22:16), 내 겉옷을 나누며 속옷을 제비 뽑나이다(시22:18).

시편 22편은 십자가의 사건을 예언한 시편인데 메시아의 서원이 나옵니다.

> 큰 회중 가운데서 나의 찬송은 주께로부터 온 것이니 주를 경외하는 자 앞에서 나의 서원을 갚으리이다(시 22:25).

메시아가 서원을 갚을 때 놀라운 일이 일어납니다.

> 땅의 모든 끝이 여호와를 기억하고 돌아오며 모든 나라의 모든 족속이 주의 앞에 예배하리니 나라는 여호와의 것이요 여호와는 모든 나라의 주재이심이로다(시 22:27, 28).

예수님은 서원하신대로 십자가에서 죽으심으로 하나님의 나라를 세우셨고 세상의 모든 족속이 주님 앞에 예배할 수 있는 길을 만드셨습니다.

하나님이 거하시는 집인 하나님의 나라를 세우려는 열심이 예수님을 삼켰습니다. 하나님의 나라를 세우려는 열정이 십자가로 이끈 것입니다. 예수님의 목적은 이스라엘의 원조상인 야곱이 서원한 하나님의 집, 하나님의 나라를 세우는 것입니다. 예수님은 하나님의 집, 하나님의 나라를 세우기 위해 모든 사람의 죄를 대신 지시고 십자가에서 죽으셨고 삼일 만에 부활하여 믿는 자들을 의롭게 하셨습니다. 믿음으로 죄 용서함을 받고 의롭게 된 성도들은 하나님의 집이 되었고 하나님이 거하시는 성전이 되었습니다. 하나님의 나라를 세우는 야곱의 서원은 예수님만 지킬 수 있고 지켰습니다.

교회는 예수님의 신부입니다. 예수님의 신부인 교회가 서원이나 맹세를 할 때는 하나님 아버지나 신랑이신 예수님이 허용하시는 것만 지킬 수 있습니다. 하나님 아버지나 신랑이신 예수님이 허락하지 않으시면 무효가 됩니다.

그래서 예수님은 맹세하지 말라고 하셨습니다. 하늘로도 맹세하지 말고 땅으로도 맹세하지 말고 예루살렘으로도 맹세하지 말라고 하셨습니다(마 5:33-37). 하나님의 나라를 세우는 서원과 맹세(쉐부아-שבועה)는 사람이 감당할 수 없습니다. 오직 예수님이 서원과 맹세를 다 이루셨습니다.

신부인 교회가 해야 할 서원과 맹세가 있습니다. 민수기 30:2에 나오는 "남자가 이행하라"(아사흐-עשה)는 단어는 "행하다, 만들다"를 의미하는 단어입니다. 반면, 민수기 30:4, 7에 나오는 "여자는 아버지나 남편이 허락하면 서원과 맹세를 이행(쿰-קום)하고 지키라(쿰-קום)" 할 때 단어는 "일어나라"를 의미하는 단어입니다. 부활을 의미합니다. 신부인 교회가 해야 할 맹세와 서원은 부활의 복음을 전하는 것입니다. 신부인 교회는 예수님이 만들어 완성하신 하나님 나라의 복음인 십자가와 부활의 복음을 전하기 위해 서원하고 맹세할 수는 있습니다.

지파의 수령들에게 명령하신 고차원의 말씀은 서원에 관한 것입니다. 인류를 대표하는 한 사람인 예수님이 하나님 나라를 세우는 서원을 완성하실 것이고 그를 따르는 신부인 교회가 부활의 복음을 전하게 됨을 가르칩니다.

우리는 예수님의 신부인 교회가 되었습니다. 예수님이 완성하신 하나님의 집, 하나님의 나라의 복음인 십자가와 부활의 복음을 전하기 위해 서원하고 맹세하면 주님이 허락하시고 감당할 능력을 주십니다. 성령을 주시고 은사를 주시고 능력을 주셔서 부활의 증인으로 쓰임 받게 합니다. 부활의 증인이 되길 바랍니다.

민수기 30장은 서원에 대한 가르침이고 민수기 31장은 미디안을 치라는 명령입니다.

> 이스라엘 자손의 원수를 미디안에게 갚으라 그 후에 네가 네 조상에게로 돌아가리라(민 31:2).

민수기는 광야 이야기입니다. 광야에서 여러 사건이 있었습니다. 광야에서 만난 사건은 옛날 이야기가 아니고 내 안에 있는 타락한 모습입니다. 내 안에는 사랑과 진리인 하나님의 형상만 있는 것이 아니라 타락한 모습도 많습니다. 고난이라는 광야 훈련을 통하여 내 안에 있는 죄성(罪性)을 교정(矯正)해야 약속하신 축복의 땅을 누리게 됩니다.

섞여 사는 사람들로 인한 탐욕을 무덤으로 보낸 것처럼(민 11장) 내 안에 있는 탐욕을 무덤으로 보내는 훈련을 해야 하고, 하나님의 뜻을 모르고 자기 생각으로 비방하였던 선지자 미리암을 진영 밖으로 내보낸 것처럼(민 12장) 내 안에서 하나님의 뜻을 모르고 비방하는 죄성(罪性)을 먼 곳으로 보내는 훈련을 해야 합니다.

하나님의 목적을 믿지 못하고 보여주신 땅을 악평하여 백성을 방종하게 하였던 열 지파의 열 명의 지도자를 제거한 것처럼(민 13, 14장) 내 안에서 악하게 평가하는 죄성(罪性)을 죽이는 훈련을 해야 하고, 성소를 섬기라고 주신 레위 지파의 자리를 넘어 제사장의 자리를 구하여 산 채로 스올에 간 고라처럼(민 16장) 내 안에서 예수님의 자리를 탐하는 이단적인 죄성(罪性)를 스올로 보내야 하고, 이스라엘을 저주하려고 한 발락과 발람처럼(민 22-24장) 내 안에서 하나님 나라를 무너뜨리려고 하는 죄성(罪性)을 제거해야 합니다.

내 안에 있는 죄성 가운데 가장 교만한 죄성은 미디안입니다. 미디안은 교묘하게 숨어 있어 잘 보이지 않지만, 치명적인 타격을 줍니다. 미디안은 매력적인 미인(美人) 여인들을 통하여 이스라엘을 유혹하여 우상인 바알에게 절하게 함으로 순식간에 24,000명이 재앙으로 죽게 하였습니다.

약속의 땅으로 들어가기 직전 순식간에 치명적인 타격을 입힌 죄가 미디안입니다. 하나님의 복을 받기 직전 복을 쏟아버리게 한 죄가 미디안입니다. 탐욕과 열 명의 정탐과 고라와 발락과 발람과 비교할 수 없는 죄가 우리 안에 숨어 있는 미디안입니다.

미디안(미디아니-מדיני)은 은근히 싸움(마돈-מדון)과 불화와 경쟁을 조장하는 세력입니다. 여호와 하나님은 이스라엘 자손의 원수를 미디안에 갚으라고 하셨습니다. 모세가 죽기 전에 할 마지막 싸움입니다. 모세는 각 지파에서 1,000명씩 보냅니다. 그들이 미디안의 다섯 왕과 남자들을 죽이고 여자들은 사로잡아 옵니다. 모세는 왜 미디안과 싸워야 하는지 확인시켜 줍니다.

> 보라 이들이 발람의 꾀를 따라 이스라엘 자손을 브올의 사건에서 여호와 앞에 범죄하게 하여 여호와의 회중 가운데서 염병이 일어나게 하였느니라 (15, 16).

발락이 발람 선지자를 통하여 이스라엘을 저주하려고 했으나 하나님이 허락하지 않으셨습니다. 발람은 돌아갔지만 돈이 생각나 이스라엘을 타락시킬 꾀를 가르쳐 줍니다. 매력적인 미인들을 통하여 이스라엘 남자들을 꾀어 브올에 있는 바알 우상에게 절하게 합니다. 하나님 앞에 스스로 죄를 짓게 합니다.

우리 속에 숨어 있는 미디안이란 육체를 즐기기 위해 말씀의 계명을 버리고 죄를 짓고 우상을 받아들이는 것입니다. 교묘하게 숨어 있는 미디안은 우상이지만 우상이 아니라고 합니다. 안목의 정욕과 육체의 정욕을 채우기 위한 미인들을 얻은 것은 하나님의 축복이라고 합니다. 궁극적으로 계명을 버리게 합니다.

사람들이 보기에는 축복처럼 보이지만 계명의 말씀을 버리는 것은 미디안과 같은 죄입니다. 미디안을 제거하는 일이 모세가 죽기 전에 할 일이었습니다. 미디안을 제거할 때 많은 전리품을 얻었습니다. 반은 싸움에 나갔던 군인들이 차지하고 반은 남아 있는 사람들에게 줍니다(민 31:27).

미디안을 친 후 르우벤 지파와 갓 지파와 므낫세 지파의 반이 모세를 찾아와 요단강 동편에서 얻은 땅, 곧 이전의 아모리, 바산, 미디안의 땅을 유업으로 달라고 합니다. 그들은 요단강을 건너 가나안 땅에 가서 목숨을 걸고 앞장서서 싸울 것이고 그 후에 요단강 동편 땅에 살겠다고 합니다. 모세는 허락합니다.

하나님은 하나님의 나라를 위하여 살면서 땅에서 복을 구하면 주십니다. 하나님의 나라를 위하여 열심히 싸우면서 땅에서 복을 구하면 주십니다. 우리 안에 있는 미디안을 제거하고 믿음으로 복을 구하여 누리길 바랍니다.

## 2. 인생의 여정을 인식하고 약속을 소망함이 복입니다

민수기 33장은 광야의 여정입니다. 광야에서 이사하며 진을 친 곳입니다.

> 모세가 여호와의 명령대로 그 노정을 따라 그들이 행진한 것을 기록하였으니 그들이 행진한 대로의 노정은 이러하니라(민 33:2).

애굽을 떠난 첫해에 열한 곳에 캠프를 쳤고, 광야 삶의 마지막인 40년째에 여덟 곳에 캠프를 쳤습니다. 이년 동안 열아홉 번 이사를 한 것입니다. 나머지 38년은 어떻게 흘러갔는지 모릅니다. 여정 중에 죽음도 있고 아픔과 재앙, 목마름과 질병도 있었지만 흘러갔습니다.

인생은 쭉 가는 여정입니다. 언약 백성이 가는 여정의 끝은 약속의 땅입니다. 약속의 땅에 이르기까지 형통할 때도 있고 곤고할 때도 있습니다. 평안할 때도 있고 가슴 아플 때도 있습니다. 그런데 지나가는 여정입니다. 축제 같은 잔치도 지나가지만, 슬픔과 아픔도 지나가는 여정입니다.

인생이 지나가는 여정임을 깨달으면 수없이 일어나는 풍랑을 담담하게 맞이합니다. 지나가는 과정으로 받아들입니다. 발락이나 미리암 등 수많은 원수가 일어나 공격하여도 담담하게 맞이합니다. 훈련을 위하여 지나가는 과정으로 받아들입니다.

인생이 여정임을 알면 궁극적으로 가야 할 목적지를 소망합니다. 광야 백성이 가야 할 궁극적 목적지가 약속의 땅입니다. 그들은 약속의 땅을 소망합니다.

> 이스라엘 자손에게 말하여 그들에게 이르라 너희가 요단강을 건너 가나안 땅에 들어가거든 그 땅의 원주민을 너희 앞에서 다 몰아내고 그 새긴 석상과 부어 만든 우상을 다 깨뜨리며 산당을 다 헐고 그 땅을 점령하여 거기 거주하라 내가 그 땅을 너희 소유로 너희에게 주었음이라(민 33:51, 53).

하나님은 지나온 여정을 인식하고 약속의 땅을 소망하라고 하셨습니다. 약속의 땅에서 복을 누리려면 죄를 제거해야 합니다. 모든 우상을 깨뜨리고 산당을 헐고 그곳에 거주하라고 하셨습니다.

하나님의 백성이 살아가야 할 곳은 하나님만 섬기는 거룩한 곳이 되어야 합니다. 복을 줄 것처럼 생각하는 우상을 제거함으로 하나님만 신뢰하는 믿음의 자리가 되어야 합니다. 하나님만 신뢰하고 하나님만 섬기면 하나님이 복을 주십니다.

민수기 34장은 그들이 살아갈 땅의 경계선입니다. 살아갈 곳을 미리 지정하셨습니다. 힘이 있다고 경계선을 넘어 남은 땅을 빼앗지 말고 주어진 땅을 잘 가꾸어 풍요롭게 하라는 말씀입니다.

민수기 35장은 각 지파가 땅 분배 받으면 그 중 일부를 레위인들에게 주라고 하셨습니다. 레위 지파는 따로 땅을 받지 않았습니다. 하나님을 섬기며 말씀을 가르치는 일에만 집중하게 하셨습니다.

민수기 35장에서는 도피성을 정하라고 하셨습니다. 도피성은 악의 없이 우연찮게 사람을 죽였을 때 피할 곳입니다. 하나님은 피할 곳을 미리 마련하셨습니다.

민수기 36장은 아들이 없어 아버지의 유산을 대신 받은 딸은 자기 지파 남자와 결혼을 하라고 하셨습니다. 각 지파의 기업이 다른 지파로 넘어가서 분쟁이 일어나는 일이 없도록 하라는 것입니다.

민수기의 마지막 부분은 약속의 땅에서 어떻게 살아갈지 가르칩니다. 지나온 여정은 지나갔습니다. 아픔과 괴로움도 지나갔습니다. 지나간 것에 얽매이지 말고 궁극적으로 이르러야 할 곳인 약속의 땅을 소망함이 복입니다.

하나님이 약속하신 것을 주실 때 어떻게 살아야 할지를 배움이 복입니다. 어떤 곳에서 어떤 일을 해야 할지 경계선을 알아감이 복이고, 부지 중 실수 하였을 때 피할 수 있는 도피성을 알아감이 복이고, 하나님이 주신 기업을 유지하는 법을 배워감이 복입니다. 지나온 여정을 인식하고 이루어질 약속을 소망하는 지혜가 있기를 바랍니다.

# 10장

## 말씀들이라
### (신 1:1-8)

    신명기는 유대력으로 아브월 9일 직전 안식일부터 읽기 시작합니다. 아브월 9일은 열두 명의 정탐이 돌아와 부정적인 보고를 함으로 하나님을 거역한 날이고(주전 1435), 바벨론에 의해 솔로몬 성전이 파괴된 날이고(주전 587), 또한, 헤롯 성전이 파괴된 날(주후 71)입니다. 이스라엘 역사에서 비통하고 슬픈 일이 가장 많이 일어난 날입니다. 랍비들은 아브월 9일에 사탄의 세력이 가장 강하게 역사하여 하나님의 백성이 영적으로 곤고해지는 날이라고 합니다.

    유대 달력에는 아브월 9일 직전에 있는 안식일을 샤밧 하존(sbabbat Chazon)으로 표시하고 있습니다. 실체를 보는 안식일이라는 뜻입니다. 이전까지 그림자로 보다가 실체를 본다는 의미입니다. 실체를 보는 안식일에 신명기를 읽기 시작합니다. 신명기를 읽음으로 하나님과 하나님의 아들의 실체를 보게 됩니다.

    사탄의 세력이 강력하게 역사하여 사탄의 세력이 이기는 것처럼 보이는 성전 파괴의 날에 아들에 대한 계시가 열립니다. 메시아에 대한 계시가 신명기를 통하여 드러납니다. 성전이 비참하게 파괴된 것처럼 하나님의 아들이 비참하게 십자가에서 죽으셨지만, 그것이 메시아로서 우리를 구원하는 길이라는 것을 보게 됩니다. 예수님이 사탄에게 시험을 받으실 때 사용하신 말씀도 신명기의 말씀입니다.

히브리 성경의 책 제목은 우리와 다릅니다. 히브리 성경에서 신명기의 책 제목은 말씀들(데바림-דברים)입니다.

> 이는 모세가 요단 저쪽 숩 맞은편의 아라바 광야 곧 바란과 도벨과 라반과 하세롯과 디사합 사이에서 이스라엘 무리에게 선포한 말씀이니라(신 1:1).

신명기는 모세가 선포한 말씀인데 두 번째 선포한 말씀입니다. 모세가 하나님께 받아 첫 번째로 선포한 토라(율법)는 민수기에서 마칩니다. 출애굽 세대는 하나님의 말씀인 토라를 들었지만 하나님께 반역하여 말씀을 순종하지 않다가 광야에서 다 죽었습니다.

그래서 하나님은 다음 세대를 위하여 이전에 주신 토라(율법)를 모세를 통하여 다시 가르칩니다. 신명기란 다시 받은 토라, 곧 복사본이라는 뜻입니다. 이스라엘에서 왕이 될 때 왕은 율법서의 등사본을 레위 사람 제사장 앞에서 기록하여 자기 옆에 두고 읽어 하나님 경외하기를 배우며 율법의 모든 말과 규례를 행해야 합니다(신 17:18, 19). 왕이 자기 손으로 필사한 등사본(미쉬네-משנה)이라는 말이 복사한 두 번째 말씀이라는 뜻입니다. 여기서 신명기라는 말이 나왔습니다.

이번 주에 읽을 토라의 말씀은 신명기 1:1-3:22로 제목은 말씀들(데바림-דברים)입니다. 하나님은 약속의 땅으로 들어가기 전 모세를 통하여 다시 말씀을 주셨습니다. 복을 주시기 전에 말씀을 다시 주십니다. 이전 세대는 말씀을 받았지만 말씀을 귀담아 듣지 않았고 말씀대로 살지 않았기에 38년간 광야생활을 하다 다 죽었습니다. 하나님은 다음 세대에 다시 말씀들을 주시면서 말씀대로 살아냄이 복임을 가르칩니다.

어떻게 해야 말씀을 받고 말씀대로 살아내어 복을 받을까요?

## 1. 사람들의 말들에 묶이지 않아야 하나님이 주시는 약속의 말씀을 받을 수 있습니다

모세가 이스라엘 무리에게 말씀을 선포한 장소는 요단 저쪽 아라바 광야(신 1:1) 모압 평지입니다. 여호와께서 이스라엘을 위하여 주신 명령을 모세가 선포한 때는 광야 40년째 11월 1일(신 1:3)입니다. 모세가 율법을 다시 설명하기 전에 일어난 사건이 하나 있습니다.

> 그때는 모세가 헤스본에 거주하는 아모리 왕 시혼을 쳐 죽이고 에드레이에서 아스다롯에 거주하는 바산 왕을 쳐 죽인 후라 모세가 요단 저쪽 모압 땅에서 이 율법을 설명하기 시작하였더라(신 1:4, 5).

아모리 왕 시혼과 바산 왕을 쳐 죽인 후 율법을 설명하기 시작하였습니다. 이스라엘이 출애굽하여 약속의 땅으로 금방 들어갈 수 있었는데 38년 동안 광야에서 고난을 받은 것은 아모리 족속과 연관이 있습니다.

이스라엘은 출애굽하여 처음 일 년은 시내 산에 도착하여 율법의 말씀을 받고 성막을 만들었습니다. 일 년이 지나자 하나님은 방향을 돌려 아모리 족속의 산지로 가라고 하십니다(1:7). 하나님은 약속의 땅으로 들어가 그 땅을 차지하라고 하셨습니다(1:8). 이스라엘은 각 지파에서 천부장과 백부장을 세워 지혜롭게 재판을 하도록 하고(1:9-18) 시내 산에서 출발하여 광야를 지나 열하루 만에(2절) 아모리 족속의 산지 가데스 바네아(1:19)라는 곳에 이릅니다.

모세는 아모리 족속의 산지 가데스 바네아에서 명령하기를 하나님이 약속하신 땅으로 들어가 차지하라(1:20, 21)고 하십니다.

그러나 백성은 정탐을 먼저 보내자고 제안하였고 모세도 동의합니다(1:22, 23). 정탐들은 돌아와서 땅은 좋다고 하면서 약속의 땅으로 올라가기를 원치 아니하고 하나님의 명령을 거역하고 원망하면서 하는 말이 "여호와께서 우리를 아모리 족속의 손에 넘겨 멸하시려고 우리를 애굽에서 인도하여 내셨도다(1:27)"라고 합니다. 모세는 여호와께서 싸우실 것이니 아모리 족속을 두려워하지 말라고 하나 백성은 하나님을 믿지 않았습니다(1:28-38). 그들은 모세를 죽이고 다른 지도자를 세워 애굽으로 돌아가려고 합니다.

이스라엘이 아모리 족속을 보고 겁을 먹고 하나님의 말씀을 거역하였기에 38년을(2:14) 광야에서 고난을 받았습니다. 광야 생활 38년이 거의 끝나갈 때인 출애굽 한지 40년이 되었을 때 하나님은 약속의 땅이 있는 북쪽으로 가라(2:3)고 하셨습니다. 가면서 길목에 있는 에서의 자손이나 모압과 암몬과는 다투거나 싸우지 말라(2:4-23)고 하셨기에 그들을 피하여 아르논 골짜기까지 옵니다. 아르논 골짜기를 건너자 아모리 왕 시혼과 싸워 그 땅을 차지하라고 하십니다(2:24).

희한하지 않습니까?

에서의 자손인 에돔과 롯의 자손인 모압과 암몬과 다투거나 싸우지 말라고 하시면서 아모리 족속과 싸우라고 하셨습니다.

모세는 아모리 족속에게 사자를 보내 아모리 족속의 땅을 통과하여 가나안 땅으로 가고자 하니 허락하여 달라고 하나 아모리 왕은 완고하여 모든 백성과 함께 나와서 모세를 대적하였기에 그들과 싸워서 그들의 성읍을 빼앗습니다(2:24-37). 이어서 이스라엘을 대적하는 바산 왕 옥과도 싸워 그들의 땅을 빼앗아(3:1-11) 르우벤과 갓과 므낫세 반 지파에게 줍니다(3:12-22).

왜 하나님은 약속의 땅으로 들어가기 전에 시혼 왕이 다스리는 아모리 족속과 싸워서 그 땅을 차지하라고 하셨을까요?

아모리 족속을 넘지 못하면 약속의 땅으로 들어갈 수 없습니다. 오래 전 정탐들이 아모리 족속을 보고 겁에 질려 스스로 메뚜기처럼 생각하며 하나님을 반역하고 애굽으로 돌아가려고 하다가 40년 동안 광야 고난을 받았습니다. 아모리 족속을 넘지 못하면 축복의 땅을 밟을 수 없습니다. 그래서 하나님은 아모리 왕 시혼과 싸워 그 땅을 차지하라고 하신 것입니다.

우리 안에 아모리 족속이 있습니다. 아모리(에모리-אמרי)란 말(아마르-אמר)이라는 뜻이고 끝의 리(י,-1인칭, 공성, 단수)는 '나'라는 뜻입니다. 아모리 족속이 의미하는 것은 나의 말입니다.

하나님이 약속하신 복을 누리지 못하고 소유하지 못하는 것은 말 때문입니다. 열 명의 정탐이 "아모리 족속은 장대하고 우리는 메뚜기 같다"고 말할 때 사람들의 마음은 바람에 날려 다니는 나뭇잎처럼 흔들렸습니다. 모세에게 속았다고 생각하며 모세를 죽이고 애굽으로 돌아가자고 합니다.

사람들의 생각에서 나오는 말을 정복해야 약속의 복을 누릴 수 있습니다. 사람들의 말에 매이면 하나님이 약속하신 선물을 받을 수 없습니다. 사람들의 말에 매이면 믿음이 떨어집니다. 사람들의 말에 매이면 한 발자국도 움직이지 못합니다. 광야에서 헤매는 것 밖에 없습니다.

사람들의 말을 극복하고 넘어가야 하나님의 복을 받습니다. 사람들의 말에 매여 하나님의 말씀을 버리면 하나님도 버리십니다.

> 여호와께서 너희의 말소리를 들으시고 노하사 맹세하여 이르시되 이 악한 세대 사람들 중에는 내가 그들의 조상에게 주기로 맹세한 좋은 땅을 볼 자가 하나도 없으리라(신 1:34, 35).

아모리 족속이 거인이기에 약속의 땅으로 들어갈 수 없으니 하나님을 거역하고 다시 세상으로 돌아가자고 하는 말을 들으시고 하나님이 노하셨습니다. 사람들의 말에 매여 하나님을 믿지 못하고 세상으로 돌아가려고 한 사람들은 한 명도 좋은 땅인 약속의 땅을 보지 못하였습니다. 오직 사람들의 말에 매이지 아니하고 믿음으로 살려고 한 갈렙은 그 땅을 보고 밟고 누릴 것이라고 하셨습니다(신 1:36).

사람들의 말을 묵상하지 말고 하나님의 말씀을 묵상해야 합니다. 많은 사람이 열 명의 정탐의 말을 생각하고 또 생각하고 반복하여 생각하며 마음에 새겼습니다. 우리는 메뚜기 같으니 포기하고 세상으로 돌아가서 쉬자는 말을 묵상하였습니다.

그러나 믿음의 사람 갈렙과 여호수아는 사람들의 말을 쓰레기 버리듯이 버리고 하나님의 말씀을 생각하고 또 생각하고 반복하여 생각하며 믿음으로 선포하였습니다. 하나님이 함께 하시니 능히 그들을 이길 수 있으니 두려워하지 말라고 합니다.

사람들의 말에 매이지 않으려면 사람들의 말을 묵상하지 말아야 합니다. 무슨 말을 하더라도 사람들의 관점에서 나온 말을 생각하지 말아야 합니다. 하나님 말씀으로 사람들의 말을 덮어야 합니다. 말씀을 묵상하고 새겨야 약속하신 복을 받습니다. 사람의 말에 매여 뒤로 물러서면 하나님이 약속하신 복을 소유할 수 없습니다. 사람들의 생각에서 나온 말은 쓰레기와 같습니다. 하나님 말씀만 진리입니다.

아모리 왕의 이름이 시혼(סִיחוֹן)인데 쓰레기, 오물(시히-סִיחִי)이라는 의미가 있습니다. 사람들의 생각에서 나온 말은 쓰레기와 같습니다.

누가 쓰레기를 냉장고에 보관하겠습니까?

누가 오물을 차에다 싣고 다니겠습니까?

쓰레기는 빨리 버리려고 합니다. 사람들의 관점과 생각에서 나온 말은 쓰레기와 같기에 새기지 말아야 합니다. 설령 미리암처럼 선지자라고 할지라도 사람들의 관점에서 나온 말이라면 쓰레기와 같기에 버려야 합니다. 혹은 고라나 열 명의 정탐처럼 지파의 지도자라 할지라도 사람의 관점에서 나온 말이라면 오물과 같기에 버려야 합니다. 사람들의 관점에서 나온 말을 잊어버려야 약속의 복을 향하여 달려갈 수 있습니다.

아모리 왕 시혼과 싸워 극복하지 못하면 그들은 장대한 거인과 같기에 언제든지 세상으로 돌아가려고 하며 뒤로 물려나려고 합니다. 사람들의 말을 극복하지 못하고 매이면 언제든지 포기하고 뒤로 물러나 침륜에 빠지고 평생 광야 훈련만 하게 됩니다. 그래서 하나님은 아모리와 싸워 극복하려고 하신 것입니다. 이스라엘이 아모리 왕 시혼을 쳐 죽인 후 모세가 율법의 말씀을 설명하기 시작하였습니다(신 1:4, 5). 사람들의 관점과 생각에서 나온 말을 오물 버리듯이 버리고 사람들의 말에 얽매이지 않을 때 하나님의 말씀이 다시 들리기 시작합니다. 사람들의 말에 매이지 않을 때에 약속하신 복을 누릴 수 있습니다. 아모리 왕 시혼을 죽였을 때 다시 율법의 말씀을 주신 것처럼 사람들의 관점과 생각에서 나온 말을 극복할 때 하나님은 다시 말씀을 주십니다. 사람들의 관점과 생각에서 나온 말을 극복함으로 하나님의 말씀을 받길 바랍니다.

## 2. 위로부터 내려오는 말씀이신 예수님을 받아야 약속의 복을 누립니다

사람들의 관점과 생각에서 나오는 말을 극복하면 하나님의 말씀을 받는데, 하나님의 말씀은 세상이 창조되기 전부터 있었습니다.

> 태초에 말씀이 계시니라 이 말씀이 하나님과 함께 계셨으니 이 말씀은 곧 하나님이시니라 그가 태초에 하나님과 함께 계셨고 만물이 그로 말미암아 지은 바 되었으니 지은 것이 하나도 그가 없이는 된 것이 없느니라 그 안에 생명이 있었으니 이 생명은 사람들의 빛이라 빛이 어둠에 비치되 어둠이 깨닫지 못하더라(요 1:1-5).

말씀은 세상이 창조되기 이전인 태초부터 계셨습니다. 말씀은 하나님과 함께 계셨습니다. 이 말씀이 하나님이십니다. 천지의 모든 것은 말씀을 통하여 창조되었습니다. 여기서 말씀(로고스-λoγoς)은 예수님이십니다. 예수님은 천지의 모든 것이 만들어지기 전에 성부 하나님과 함께 계셨습니다. 말씀이신 예수님을 통하여 천지가 만들어졌습니다. 세상에 존재하는 모든 것은 말씀에서 나왔고 말씀을 통하여 형성 되었습니다. 말씀이 천지의 모든 것을 결정하셨고 말씀이 창조 세계를 주관하셨습니다.

세상에 존재하는 모든 것이 왜 존재하고 무엇을 위해 존재하는지 말씀이신 예수님이 정하셨습니다. 존재하는 모든 것은 목적이 있습니다. 스마트폰의 목적이 있고 의자나 마이크의 목적이 있습니다. 목적을 알고 목적대로 쓰임이 행복입니다. 존재의 목적도 모르고 목적대로 쓰임 받지 못함이 고통입니다. 스마트폰을 망치처럼 사용하면 존재 목적을 모르는 것입니다. 존재하는 모든 것은 존재 목적대로 쓰임 받음이 복입니다.

사람이 왜 사는지 존재 목적을 알지 못함이 혼돈입니다. 하나님이 왜 이 시대에 이곳에 보냈는지 알지 못함이 혼돈입니다. 말씀이신 예수님을 통해서만 왜 존재하는지 깨닫게 됩니다. 그래서 예수님이 오셨습니다. 예수님을 영접하면 어둠에 있는 사람들이 생명의 빛을 발견합니다. 왜 사는지 존재 목적을 깨닫게 되고 생명을 얻게 됩니다.

그런데 사람들은 말씀이신 예수님이 오셨을 때 예수님을 영접하지 않았습니다. 예수님을 영접해야 빛이 되어 존재 목적을 아는데 예수님을 영접하지 않았기에 여전히 어둠 가운데 있습니다. 존재는 하는데 존재 목적을 알지 못합니다.

존재 목적은 아무나 정하는 것이 아니라 만들려고 한 사람이 이미 기능을 정했습니다. 스마트폰을 만들려고 기획한 팀에서 어디에 어떻게 사용할지 기능을 정하였고 기능하도록 만들었습니다.

말씀이신 예수님이 천지를 창조하실 때 모든 존재 목적을 정하셨습니다. 예수님을 주와 그리스도로 영접하면 인생의 존재 목적을 깨닫게 됩니다.

예수님을 거부하는 것은 기능을 알려주는 메뉴얼을 찢어 버리는 것과 같습니다. 익숙하게 사용하던 기계는 메뉴얼이 없어도 이미 상식으로 알고 있기에 사용할 수 있지만, 전혀 사용한 적이 없는 위험한 물질인 핵폭탄이나 미사일을 메뉴얼도 모르고 아무렇게 다루면 위험합니다.

예수님을 영접하지 않으면 인생 존재 목적을 모릅니다. 어둠입니다. 말씀이신 예수님을 영접하지 않고 거부하는 것은 이스라엘의 출애굽 목적을 알려주는 율법의 말씀을 버리고 사람들의 말을 따른 것과 같습니다. 아모리를 보고 겁을 먹고 약속의 땅을 포기한 것은 말씀을 버린 것입니다. 메뉴얼과 같은 말씀을 찢어버리고 자기 나름의 생각으로 살겠다는 것은 하나님과 관계하지 않고 살겠다는 것입니다. 그것이 타락입니다.

하나님과 관계가 단절되면 어둠입니다. 영이 죽어 있기에 왜 태어났고 왜 사는지 존재 목적을 알지 못합니다. 마치 이스라엘이 애굽에 사는 것과 같습니다. 애굽은 자유가 없습니다. 물질적인 것이 전부입니다.

오늘날 사람들은 물질을 더 많이 가지면 존재의 목적을 이룬 줄 착각합니다. 그래서 더 많이 가지려고 합니다. 더 많이 배우고 더 많은 것을 가지면 행복할 줄 알고 더 많이 배우고 더 많이 가졌는데 여전히 고통이고 허무입니다.

하나님은 애굽에서 잘 먹고 잘 살도록 모세를 보낸 것이 아닙니다. 애굽에서 벗어나 약속의 땅에 이르도록 모세를 보내셨습니다. 말씀이신 예수님이 오신 것도 단지 잘 먹고 잘 살도록 함이 아닙니다. 왜 존재하는지 존재 목적을 가르쳐주시기 위해 내려오셨습니다.

> 말씀이 육신이 되어 우리 가운데 거하시매 우리가 그의 영광을 보니 아버지의 독생자의 영광이요 은혜와 진리가 충만하더라(요 1:14).

말씀으로 계시면서 천지의 모든 것을 목적에 맞게 창조하신 예수님이 육신이 되어 내려오셔서 우리 가운에 거하십니다. 말씀이신 예수님은 은혜와 진리가 충만합니다.

하늘에서 내려온 말씀을 영접할 때 인생의 존재 목적을 알게 되고 은혜와 진리를 넘치게 받게 됩니다. 왜냐하면, 예수님은 이 세상에 속한 분이 아니라 창세 전에 모든 것을 존재하게 하신 분이기 때문입니다.

> 예수께서 이르시되 너희는 아래에서 났고 나는 위에서 났으며 너희는 이 세상에 속하였고 나는 이 세상에 속하지 아니하였느니라(요 8:23).

우리는 아래에서 나서 아래의 진리만 알지만, 예수님은 위에서 나셨기에 위에 있는 진리를 가지고 계십니다. 우리는 세상에 속하였기에 세상의 사고방식으로 살지만, 예수님은 세상에 속하지 아니하셨습니다.

이 세상만 존재하는 것이 아니라 위의 세계가 있습니다. 세상을 움직이는 것은 위의 세계에서 결정합니다. 아말렉의 공격을 받을 때 모세가 손을 들면 이겼고 손을 내리면 졌습니다. 뭔가 세상을 움직이는 근본적인 힘은 다른데 있습니다. 위의 세계가 있습니다.

세상은 내 마음대로 될 것 같지만, 내 마음대로 되지 않습니다. 어떻게든 굴러가기는 굴러가는 데 내가 원하는 방향으로 가지 않습니다. 위의 세계가 있습니다. 위의 세계에서 이미 정한 존재 목적이 있습니다. 기계들도 만든 사람이 기능을 정한대로 시행하면 그대로 되듯이 하나님의 말씀을 순종하면 그대로 됩니다. 위의 세계에 속한 진리를 알려 주시기 위해 예수님이 내려오셨습니다. 위에서 내려오신 예수님을 영접하면 말씀이 열립니다.

모세가 하나님의 말씀을 선포한 곳이 요단 저편(베에베르 하야르덴-הירדן בעבר)입니다(1:1). 요르단(הירדן)이란 내려오다(야라드-ירד)에서 나온 말로 그가 내려 오다는 의미입니다. 요르단 강은 헬몬 산에서 사해까지 내려가는 강입니다. 신명기 1:1의 요단(하야르덴 הירדן)에서 내려온 사람을 유추해 볼 수 있습니다.

건너편(베에베르-בעבר)이라는 말은 건너다(이브리-עבר)는 의미가 있는데, 아들(바르-בר)을 보는(ב) 것으로 유추하여 생각할 수도 있습니다. 요단 저편에서 선포한 말씀은 내려온 자, 곧 아들을 보는 것 안에서(ב) 선포한 말씀이라고 유추 할 수도 있습니다.

말씀이신 예수님이 육신이 되어 내려오셔서 요단강에서 세례를 받으실 때 "내 사랑하는 아들이라"고 하나님이 선포하셨습니다. 내려오신 아들을 보고 아들 안에 있는 말씀을 들으면 영생입니다.

약속에 땅으로 들어가려면 반드시 요단을 건너야 합니다. 이스라엘이 요단강을 건널 때의 말씀입니다.

> 위에서부터 흘러내리던 물이 그쳐서 사르단에 가까운 매우 멀리 있는 아담 성읍 변두리에 일어나 한 곳에 쌓이고 아라바의 바다 염해로 향하여 흘러가는 물은 온전히 끊어지매 백성이 여리고 앞으로 바로 건널새(수 3:16).

이스라엘이 요단 강을 건너기 위하여 언약궤를 멘 제사장들이 요단 강에 발을 잠글 때 위에서 흘러내리던 물이 그쳤습니다. 그쳤다(아마드-עמד)는 것은 섰다는 의미입니다. 제사장들이 발을 담글 때 위에서 흘러서 내려오던 물이 섰습니다. 사람이 서는 것처럼 섰습니다. 위에서 내려오신 예수님이 이 땅에 서신 것처럼 위에서 내려오던 물이 섰습니다. 그 때 물이 쌓이기 시작하였고 길이 생겼고 그 길로 이스라엘의 백성이 약속의 땅으로 들어갔습니다.

흘러내리던 물이 선 곳은 사르단에서 가깝고 매우 멀리 있는 아담 성읍 변두리입니다. 아담 성읍은 아담과 연관이 있을 것입니다. 아담이 에덴에서 추방된 후 살았던 곳이든, 아니면 아담을 생각하면서 만든 도시이든 아담과 연관이 있을 것입니다. 아담의 성읍이 매우 멀리 있었는데 그곳의 변두리에 흘러내리던 물이 쌓였습니다.

멀리 있는 아담입니다. 우리는 아담에게서 태어나 아담의 존재 의식을 가지고 있지만, 아담이 성취하려고 하였던 것은 멀리 있습니다. 아담이 타락함으로 하나님의 형상을 잃었기에 하나님의 형상과 모양을 회복하려고 하는 사람들은 거의 없습니다. 멀리 있는 아담입니다. 하나님이 정하신 존재 목적에서 멀어져 땅에 속한 물질적 소유를 추구하는 존재로 살아갑니다. 본래 하나님이 정하신 목적에서 멀어졌습니다.

그러나 내려온 물이 섰을 때 물이 아담의 변두리까지 일어나 한 곳에 쌓여서 약속의 땅으로 들어가는 길이 만들어졌습니다. 물이 일어났다(쿰-םיק)는 말에서 부활을 바라볼 수 있습니다. 내려온 물이 일어나 쌓일 때 약속의 땅으로 가는 길이 열린 것처럼 내려오신 예수님이 부활하심으로 구원의 길이 열렸고 존재 목적을 깨달을 수 있게 되었습니다.

내려오신 예수 그리스도를 영접하면 약속의 땅으로 가는 길이 열리는 것처럼 하나님의 형상으로 회복되는 길이 열립니다.

신명기는 말씀에 대한 책입니다. 말씀이 육신이 되어 내려오신 분이 하나님의 아들 예수님이십니다. 말씀이 육신이 되어 내려오신 예수님을 마음으로 영접하면 하나님의 자녀가 되어 약속의 복을 누립니다. 말씀은 살아 있고 운동력이 있어 영과 혼과 심령과 관절을 찔러 쪼갭니다(히 4:12).

요단 강을 건너 약속의 땅으로 들어간 세대처럼 말씀이 육신이 되어 내려오신 예수님을 경험하고 따르길 바랍니다. 말씀을 경험하고 하나님이 정하신 존재 목적을 깨닫고 존재 목적에 맞게 살아 행복을 누리길 바랍니다.

# 11장

## 간구합니다
(신 3:23-29)

이번 주에 읽을 토라의 말씀은 신명기 3:22-7:11로 제목은 간구하였다(바에트하난-ואתחנן)입니다. 광야 생활 40년을 마칠 때 모세가 하나님께 간구한 기도입니다.

> 그 때에 내가 여호와께 간구하기를 주 여호와여 주께서 주의 크심과 주의 권능을 주의 종에게 나타내시기를 시작하였사오니 천지간에 어떤 신이 능히 주께서 행하신 일 곧 주의 큰 권능으로 행하신 일 같이 행할 수 있으리이까 구하옵나니 나로 건너가게 하사 요단 저쪽에 있는 아름다운 땅 아름다운 산과 레바논을 보게 하옵소서(신 3:23-25).

간구하다(바에트하난-ואתחנן, 히트파엘, 재귀동사)의 뜻은 은혜(에트 하난 חנן את)를 베풀어 달라고 탄원하고 간청하며 기도하다는 것입니다. 간구의 기도는 모세의 마지막 기도로 높은 차원의 기도입니다(재귀동사, 히트파엘은 능동태와 수동태가 합쳐 놓은 것). 모세는 주 여호와(full name-아도나이 야웨 아타-아타(אדני יהוה אתה)께 기도하되 자기 자신을 위해 기도하는 것 같지만, 사실 이스라엘을 위하여 약속의 땅을 보고 싶다는 강청기도를 합니다.

모세가 강청 기도를 할 수 있었던 이유는 하나님이 세 가지를 나타내기 시작하셨기 때문입니다. 하나님이 세 가지를 보이셨습니다. 주의 종을 (에트 에베드카-את עבדך) 나타내셨고, 주의 크심(에트 고델카-את גדלך)을 나타내셨고, 주의 권능(에트 야드카 하하자카하-את ידך החזקה)을 나타내셨기에 간청 기도를 합니다. 여호와 하나님이 모세에게 주의 종과 주의 크심과 주의 권능을 보여주셨기에 모세는 강청하며 기도합니다.

요단 저쪽(베에베르 하야르덴-בעבר הירדן)이라는 표현이 암시하는 것처럼 내려온 자, 곧 아들을 보았기에 강청 기도합니다. 주의 종과 주의 크심과 주의 강한 손이 나타나 보이면 강청 기도를 합니다.

모세가 기도한 내용은 건너가게 하사 요단 저쪽에 있는 아름다운 땅, 아름다운 산과 레바논을 보게 해 달라는 것입니다. 모세는 건너가서(아바르-עבר) 요단(하하르덴-הירדן,내려온 자) 건너편(에베르-עבר,아들 보는 것)에 있는 아름다운(토브-טוב) 땅과 산을 보게 해 달라고 간구하였습니다. 아름답다는 표현은 하나님이 천지를 창조하시고 좋았더라(토브-טוב)고 하신 표현과 같은 표현입니다. 모세가 간구한 것은 창조의 회복을 보여주는 땅과 산을 보고 싶다는 열망입니다. 창조의 회복을 위해 강청하며 기도한 것입니다.

창조 회복을 갈망하며 하나님의 은혜를 구하면 하나님은 기뻐하십니다. 하나님은 강청하며 기도하는 사람을 찾으십니다. 사무엘상에 나오는 한나(한나-חנה, 신약 안나)도 통곡하며 오래 기도하되 속으로 간구하였습니다(삼상 1:10, 12, 13). 한나의 간구를 들으시고 사무엘을 주셨고 사무엘이 혼돈 속에 있는 이스라엘을 견고하게 세우는 선지자가 됩니다.

예수님은 주기도를(눅 11장) 가르치신 후 강청함의 기도를 가르치시면서 구하면 주실 것이요, 찾으면 찾아 낼 것이요, 문을 두드리면 열릴 것이라고 하셨습니다. 또한, 하늘 아버지는 구하는 자에게 가장 좋은 선물인 성령을 주실 것이라 약속하셨습니다(눅 1:8, 9, 13).

강청 기도를 하면 하나님은 좋은 것을 선물로 주십니다.

강청 기도하여 받는 복은 무엇일까요?

## 1. 강청 기도는 예수님을 통한 창조 회복의 뜻을 알게 합니다

모세가 건너가서 요단 저편에 있는 아름다운 땅과 산을 보게 해 달라고 간구할 때 하나님이 주신 말씀입니다.

> 여호와께서 너희 때문에 내게 진노하사 내 말을 듣지 아니하시고 내게 이르시기를 그만해도 족하니 이 일로 다시 내게 말하지 말라 … 너는 여호수아에게 명령하고 그를 담대하게 하며 그를 강하게 하라 그는 이 백성을 거느리고 건너가서 네가 볼 땅을 그들이 기업으로 얻게 하리라(신 3:26, 28).

얼핏 보면 하나님이 모세의 간구를 거절하신 것처럼 보입니다.

그러나 거절이 아니고 응답입니다. 진노하셨다(이트아베르-יתעבר, 3인칭, 남성, 단수, 재귀동사, 히트파엘)의 가장 기본적인 의미는 그가 스스로 건너다(아바르-עבר)입니다. 모세가 아름다운 땅과 산을 보도록 건너가게 하여 달라고 간청하니 여호와(아도나이-יהוה)께서 내 안에서(비이-בי) 스스로 아름다운 땅과 산으로 건너가시겠다고 응답하십니다. 내가 건너가는지, 여호와께서 건너가시는지 모릅니다. 마치 내가 그리스도와 함께 십자가에 못 박히면 내 안에 그리스도가 사시는 것과 같습니다. 내가 사는 것인데 그리스도가 사시는 것입니다. 모세가 아름다운 땅과 산을 보도록 건너가게 하여 달라고 기도하니 하나님의 응답은 그가 건너간다는 것입니다. 하나님이 심히 좋았다고 하신 창조 회복을 주실 것이라는 약속입니다.

너희 때문이라(마안켐-מענכם)는 기본적 의미는 유의하다는 뜻입니다. 모세의 강청 기도를 들으시고 이스라엘을 유의하여 주시하시며 여호와께서 건너실 것이라는 응답을 주셨습니다. 모세는 광야에서 백성을 이끄는 사명을 충분히 감당했으니 아름다운 땅을 보고자 다시 말하지 않아도 된다고 하시면서 여호수아가 이 백성을 거느리고 건너가서 네가 볼 땅을 그들이 기업으로 얻게 하리라고 하셨습니다.

여호수아는 예수님의 예표입니다. 예수(예수아-ישוע)는 구원하다의 의미이고 여호수아(יהושוע)는 여호와께서 구원하다는 의미입니다. 예수님을 예표 하는 여호수아가 모세가 간구한 대로 이 백성과 함께 요단을 건너 아름다운 땅과 산을 보게 될 것이라고 응답하셨습니다.

모세가 아름다운 땅과 산을 보기 위하여 간구하며 기도한 것처럼, 여호수아가 예표 하는 예수님이 이 땅에 내려오셔서 하나님의 뜻을 이루기 위하여 겟세마네 동산에서 강청하시면서 기도하셨습니다.

> 기도하여 이르시되 내 아버지여 만일 내가 마시지 않고는 이 잔이 내게서 지나갈 수 없거든 아버지의 원대로 되기를 원하나이다(마 26:42).

피를 흘리며 해산하는 여인처럼 예수님이 땀이 피가 되기까지 세 번이나 기도한 기도는 아버지의 원대로 이루어지기를 구한 것입니다. 하나님 아버지의 뜻, 곧 하나님 아버지의 원하심은 보시기에 좋았더라고 하신 창조 회복입니다.

아담이 사탄에게 속아 타락하기 이전에는 모든 것이 보시기에 좋았습니다. 하늘과 땅의 만물과 사람들은 하나님이 보시기에 좋았습니다. 아름다운 땅과 아름다운 산, 아름다운 동물과 아름다운 식물, 아름다운 사람이었습니다. 보시기에 좋았습니다.

그러나 사탄에 속아 타락한 후 사람들은 죄를 지었습니다. 자기 욕심을 채우기 위해 미워하고 증오하고 죽이기 시작하였습니다. 모든 것이 사악해졌습니다.

예수님이 오셔서 겟세마네 동산에서 강청하며 기도하신 것은 아버지의 뜻이 이루어지기 위함입니다. 창조 회복을 통하여 보시기에 좋은 세상을 만드는 것입니다.

예수님은 창조 회복을 위하여 스스로 저주의 잔을 마시는 기도를 하셨습니다. 사람들의 죄로 인한 저주의 잔을 마시기 위하여 기도하셨습니다. 예수님이 저주의 잔을 마심으로 사람들에게서 저주가 풀어지면 사람들은 구원을 받아 하나님이 보시기에 좋은 자가 됩니다.

여호수아가 흘러내리는 요단 강을 건너 아름다운 땅과 산으로 백성을 이끈 것처럼 하늘에서 내려오신 예수님은 십자가를 통하여 하나님이 보시기에 좋은 창조 회복의 길을 여셨습니다.

간구하는(바에트하난-ואתחנן, 히트파엘, 재귀동사) 강청기도는 창조 회복을 위한 기도입니다. 아름다운 땅과 산을 보기를 원하는 것처럼 창조 회복을 통하여 하나님이 보시기에 좋은 상태가 되기를 기도하는 것입니다. 가정도 죄악이 사라지고 사랑과 평화가 넘친다면 하나님 보시기에 좋을 것이고, 교회도 미움과 시기가 사라지고 사랑과 진리로 충만하면 하나님 보시기에 좋을 것이고, 나라도 부정과 부패가 사라지고 정의와 공의가 넘친다면 하나님 보시기에 좋을 것입니다.

하나님은 보시기에 좋을 정도로 창조 회복이 이루어지도록 은혜를 구하며 강청 기도하는 사람들을 찾으십니다. 예수님이 겟세마네에서 땀이 피가 되기까지 기도하신 것처럼, 모세가 간구한 것처럼, 한나가 간구한 것처럼 기도하면 하나님은 좋은 것을 선물로 주시고 성령을 선물로 주십니다. 보시기에 좋은 것으로 만들기 위하여 고난의 잔을 마시고 고난을 감당할 능력을 주십니다.

모세가 간구의 기도를 할 때 하나님은 여호수아를 주셨고 한나가 간구의 기도를 할 때 사무엘을 주신 것처럼 오늘도 창조 회복을 위하여 기도하면 하나님은 좋은 것을 선물로 주십니다. 가정과 교회와 나라를 위해 강청 기도하는 열정이 일어나길 바랍니다.

## 2. 강청 기도는 하나님을 뜻을 깨닫게 하고 생명의 가르침을 가르치게 합니다

모세가 기도하였더니 하나님이 여호수아를 통하여 약속이 성취될 것이라고 하셨고 모세는 그때부터 가르치기를 시작합니다. 모세는 하나님의 뜻을 알았기에 자기 생애의 마지막 한 달 동안 가르치기를 시작합니다. 하나님이 보시기에 좋을 정도의 창조 회복은 예수님을 통하여 이루어질 것을 알았기에 말씀을 가르칩니다.

이스라엘아 이제 내가 너희에게 가르치는 규례와 법도를 듣고 준행하라.

> 그리하면 너희가 살 것이요 너희 조상의 하나님 여호와께서 너희에게 주시는 땅에 들어가서 그것을 얻게 되리라(신 4:1).

가르치다는 뜻을 가진 단어는 많습니다. 신명기 4:1에 나오는 가르치다(라마드-למד)의 의미는 교육하여 훈련하다는 것입니다. 소모는 막대기로 소를 길들이듯이 바른 길을 가도록 가르치는 것입니다. 제자 훈련이라 할 수 있습니다.

이런 의미로의 가르치다는 말은 여기에 처음 쓰입니다(창 37:6의 가르침은 나가드-נגד, 출 4:12의 가르침은 야라-ירה). 예수님을 통하여 창조 회복을 이루실 하나님의 뜻을 모세가 알고 나서 가르치기를 시작합니다. 하나님의 뜻을 알았기에 교육하고 훈련하여 제자가 되게 합니다.

신명기 4장부터 모세가 가르치는데 하나님의 가르침과 동일합니다. 모세가 말하는 것이 곧 하나님이 말씀하시는 것입니다. 이전에는 무슨 일이 있으면 일일이 하나님께 물어보고 하나님의 지시를 받아 전달했는데 신명기 4장부터는 모세가 말하는 것이 곧 하나님의 말씀입니다. 모세가 1인칭으로 말하는데 하나님의 말씀입니다. 하나님과 완전 하나 됨입니다. 하나님과 완전 하나 되었기에 가르칠 수 있는 것입니다.

신명기 4장부터 가르침은 생명을 위한 가르침입니다. 내가 너희에게 가르치는 규례와 법도를 듣고 준행하면 생명을 유지하며 살게(하야-חיה) 된다고 합니다. 가르침을 배우고 가르침대로 살아내면 약속의 땅을 얻게 됩니다. 가르침을 잘 배우고 가르침대로 살아내면 하나님이 약속하신 축복을 받아 복을 누리는 삶이 됩니다.

신명기 4장부터 가르침은 생명을 위한 가르침입니다. 참된 생명은 가르침을 통하여 이루어집니다. 생명을 위하여 가르치는 자가 되려면 강청 기도를 통하여 하나님의 뜻을 알아야 합니다. 하나님의 뜻을 바로 알아야 자녀도 가르치고 다른 사람도 가르칠 수 있습니다.

생명을 누리고 참된 복을 누리려면 가르침을 잘 받아 가르침대로 지켜 행하여야 합니다. 하나도 더하거나 빼지 말고(신 4:2) 하나님의 명령을 그대로 지켜 행하여야 생명과 복을 받습니다. 하나님의 가르침을 그대로 지켜 행하는 것이 지혜요 참된 지식입니다(신 4:5, 6). 하나님의 가르침을 배워 하나님을 경외하고 자녀들에게 전수하면(신 4:10) 약속하신 복을 계속 누리게 됩니다(신 4:14).

생명에 이르는 가르침의 내용이 신명기 4장부터 이어집니다.

신명기 4장의 가르침은 우상을 만들거나 섬기지 말라는 것입니다. 남자나 여자의 형상이든지, 사람의 형상이든지, 짐승이나 새의 형상이든지, 곤충이나 어족의 형상을 만들지 말고(신 4:15-18) 해와 달과 별과 같은 천체를 섬기지 말아야 합니다(신 4:19, 23). 만약 약속의 땅에 들어간 후에라도 우상을 만들어 섬기면 속히 망하고 전멸되어 여러 나라에 흩어져 환난을 당하게 됩니다.

그러나 환난 중에라도 깨닫고 돌아오면 회복시켜 주십니다(신 4:25-31). 생명에 이르는 가르침을 배우고 자녀들에게 전달해야 합니다. 여호와 하나님 외에 다른 신이 없습니다(신 4:35, 39). 우상을 만들거나 섬기지 말고 말씀의 가르침을 잘 배워 지켜 행하면 자손들이 복을 받고 생명을 얻습니다(신 4:40).

신명기 5장의 가르침은 십계명입니다. 십계명의 말씀을 잘 듣고 하나님을 경외함으로 지켜 행하면(신 5:1) 복을 영영히 받게 된다고 약속하셨습니다(신 5:29).

> 너희 하나님 여호와께서 너희에게 명령하신 대로 너희는 삼가 행하여 좌로나 우로나 치우치지 말고 너희 하나님 여호와께서 너희에게 명령하신 모든 도를 행하라 그리하면 너희가 살 것이요, 복이 너희에게 있을 것이며 너희가 차지한 땅에서 너희 날이 길리라(5:32, 33).

십계명의 가르침은 짐이 아닙니다. 좌우로 치우치지 말고 명령하신 모든 말씀을 지켜 행하면 생명을 얻고 복을 받고 약속의 누리게 됩니다.
신명기 6장의 가르침도 생명을 위한 것입니다.

> 이는 곧 너희의 하나님 여호와께서 너희에게 가르치라고 명하신 명령과 규례와 법도라. 너희가 건너가서 차지할 땅에서 행할 것이니 … 이스라엘아 듣고 삼가 그것을 행하라 그리하면 네가 복을 받고 네 조상들의 하나님 여호와께서 네게 허락하심같이 젖과 꿀이 흐르는 땅에서 네가 크게 번성하리라(신 6:1, 3).

하나님이 규례의 말씀을 주신 궁극적 목적은 기록하여 보관하기 위함도 아니고 연구하기 위함도 아니라 가르침을 받아 지켜 행함으로 생명을 얻고 복을 누리기 위함입니다. 가르침을 지켜 행하면 복을 받고 크게 번성하리라고 약속하셨습니다.
신명기에 나오는 가르침의 핵심은 신명기 6:4, 5 입니다.

> 이스라엘아 들으라 우리 하나님 여호와는 오직 유일한 여호와이시니 너는 마음을 다하고 뜻을 다하고 힘을 다하여 네 하나님 여호와를 사랑하라(신 6:4, 5).

신명기 6:4, 5 말씀은 쉐마(쉐마-שמע)기도의 핵심입니다. 우리 하나님 여호와는 오직 유일한 하나님이십니다(아도나이 엘리히누 아도나이 에하드-אהה יהוה אלהינו יהוה).

세상에 다른 신은 없습니다. 하나님은 유일하십니다. 하나이십니다. 하나님의 유일하심을 아는 것이 최고의 신앙입니다. 유일하신 하나님이시기에 마음을 다하고 뜻을 다하고 힘을 다하여 사랑하면 생명과 복을 받습니다. 이 말씀을 마음에 새기고 자녀들에게 부지런히 가르치면 자녀들이 생명과 복을 받습니다. 집에 앉았을 때, 길을 갈 때, 누워 있을 때, 일어날 때 이 말씀을 강론하면 생명과 복을 받습니다. 이 말씀을 손에도 붙이고 문에도 붙여 기억하고 지켜 행하면 생명과 복을 받습니다.

이 말씀을 지켜 행하면 하나님이 말씀을 통하여 약속하신 복을 받습니다. 건축하지 아니한 성읍을 얻게 하시고, 아름다운 물건이 가득한 집을 얻게 하시고, 파지 아니한 우물을 차지하게 하시고, 심지 아니한 포도원을 차지하게 하십니다(6:10, 11).

가르침을 잘 배워 유일한 하나님을 경외하면 필요할 때 필요한 모든 것을 주신다는 약속입니다. 그의 나라와 그의 의를 구하면 모든 것을 더하여 주십니다(마 6:33).

가르침의 목적은 짐을 지우는 것이 아니라 우리의 복을 위함입니다.

> 여호와께서 우리에게 이 모든 규례를 지키라 명령하셨으니 이는 우리가 우리 하나님 여호와를 경외하여 항상 복을 누리게 하기 위하심이며 또 여호와께서 우리를 오늘과 같이 살게 하려 하심이라 … 삼가 지킴이 우리의 의로움이라(6:24, 25).

신명기의 말씀은 복을 누리고 생명을 누리기 위한 가르침입니다. 생명과 복을 누리는 길은 가르침을 부지런히 배워 가르침대로 살고, 자녀들과 다른 사람들에게 가르치는 것입니다. 신명기의 가르침대로 살면 말씀대로 이루어지는 것을 봅니다. 필요할 때 필요한 것을 희한하게 공급하여 주십니다. 큰 것이던 작은 것이던 주님이 채워주십니다. 가르침을 받아 제자가 되고, 제자를 삼기 위해 살아갈 때 하나님은 필요한 것을 채워주십니다.

## 12장

## 듣고 지켜 행하면
(신 7:12-16)

　사람들의 관점과 하나님의 관점은 다릅니다. 사람들은 외모를 보고 큰 것을 보지만, 하나님은 중심을 보시고 작은 것을 보십니다. 주님께 속한 자라 하여 냉수 한 컵을 대접하면 작은 것이지만, 천국에서 상을 잃지 않습니다(막 9:41). 예수님을 믿는 소자(少者)중 한 명을 하찮게 보고 실족하게 한다면 차라리 연자 맷돌을 목에 매고 바다에 빠지라(막 9:42)고 하셨습니다. 지극히 작은 것에 충성하면 큰 것에도 충성되고, 지극히 작은 것에 불의하면 큰 것에도 불의 합니다(눅 16:10). 지극히 작은 것에 충성한 자에게 열 고을 권세를 주십니다(눅 19:17). 하나님은 작은 것을 귀하게 보십니다. 생명에 이르는 길은 좁고 협착하여 찾는 이가 적은데, 멸망의 길은 크고 넓어 찾는 이가 많습니다(마 7:13, 14).
　사람들은 큰 것을 보다가 작은 것을 놓치지만 하나님은 작은 것을 보고 큰 것을 맡깁니다. 작은 것을 보고 작은 자로 사는 관점을 가지면 하나님의 큰 은혜를 받습니다.

> 너희가 이 모든 법도를 듣고 지켜 행하면 네 하나님 여호와께서 네 조상들에게 맹세하신 언약을 지켜 네게 인애를 베푸실 것이라(신 7:12).

하나님이 주시는 최고의 복 중 하나가 인애(仁愛)입니다. 인애(헤세드-הסד)의 개념은 넓고 깊기에 한두 단어로 표현할 수 없습니다. 그래서 한글 성경은 인애, 인자, 긍휼, 사랑, 자비, 자애, 은혜, 은총 등 다양하게 번역을 하였습니다. 하나님이 주시는 엄청난 복입니다.

이번 주에 읽을 토라의 말씀은 신명기 7:12-11:25 입니다. 제목은 모든 법도를 듣고 지키고 행하는 결과를 말하는 에하게브(עקב)입니다. 모든 법도를 듣고 지키고 행하면 하나님은 조상들에게 맹세하신 언약을 지키어 인애(仁愛)를 베푸십니다. 모든 법도를 듣고 지키고 행한 결과는 인애(仁愛)의 복을 받는 것입니다.

어떤 것의 결과를 말하는 에하게브(עקב)의 원래 의미는 발뒤꿈치입니다. 발은 제일 밑에 있습니다. 뒤꿈치는 보이지 않습니다. 제일 밑에 있고 보이지 않기에 가장 작은 것이라 할 수 있습니다. 머리와 얼굴은 보이기에 손질하지만 발뒤꿈치는 잘 보이지 않기에 손실하지 않습니다. 보이지 않는 곳에서 아무도 알아주지 않는 일을 하는 작은 자입니다. 공동체에서 가장 작은 자이지만, 하나님은 알아주십니다.

야곱이라는 이름이 여기서 나왔습니다. 에하게브(עקב)에 일점(요드-י)을 붙이면 야곱(יעקב)이 됩니다. 야곱은 에서의 발뒤꿈치를 잡고 나왔습니다. 야곱은 뱃속에서부터 작은 자라고 하였습니다. 작은 자는 종이라고 생각하기에 주님이 무슨 말씀을 하셔도 듣고 지키고 행합니다. 주님이 무슨 말씀을 하셔도 '예' 하고 순종합니다. 주님이 말씀만 하시면 '말씀 하옵소서, 종이 듣겠습니다.' 하며 순종합니다. 작은 자로 존재(하야 에하게브-חיה עקב)

할 때 어마어마한 복을 받습니다.

야곱은 작은 자였습니다. 작은 자는 혼자 큰일을 감당하지 못합니다. 야곱이 에서의 문제를 해결하지 못하여 간구할 때 하나님은 야곱의 이름을 이스라엘(ישראל)로 바꾸어주십니다. 이스라엘이란 하나님(אל)과 함께 싸워(싸라-שרה) 이기는 자입니다. 야곱처럼 작지만 말씀을 듣고 지키고 행하는 자와 하나님은 함께 하십니다. 함께 싸워주시고 함께 하시기에 승리하며 복을 받는 것입니다. 이스라엘은 작은 나라였지만, 승리한 것은 하나님이 함께 하시기 때문입니다.

하나님이 앞서 가시면서 헷, 기르가스, 아모리, 가나안, 브리스, 히위, 여부스 족속, 곧 많고 힘이 센 족속을 쫓아내십니다(신 7:1). 함께 하시는 것입니다. 하나님이 함께 하는 삶을 살려면 그들과 언약하지 말고 모든 우상을 깨뜨리고 불살라 버려야 합니다(신7:2-5). 하나님이 함께 하시는 삶을 살아야 합니다.

하나님이 이스라엘을 택하신 것은 큰 민족이기 때문이 아닙니다.

> 너는 여호와 하나님의 성민이라 여호와께서 지상 만민 중에서 자기 기업의 백성으로 택하신 것은 다른 민족보다 수효가 많기 때문이 아니니라 너희는 모든 민족 중에서 가장 적으니라 여호와께서 다만 너희를 사랑하심으로 말미암아 또는 너희의 조상들에게 하신 맹세를 지키려 하심으로 말미암아 자기의 권능의 손으로 인도하여 내시되(7:6-8).

이스라엘은 모든 민족 중에서 가장 적었습니다. 인구가 얼마 되지 않습니다. 지금도 이스라엘 땅에 사는 자는 많지 않습니다. 땅도 얼마 되지 않습니다. 이스라엘이 인구가 많고 강하여서 택한 것이 아니라 작지만 하나님이 사랑하시고 아브라함과 이삭과 야곱과 더불어 언약하신 것이 있기에 택하여 젖과 꿀이 흐르는 땅을 주셨습니다. 작지만 하나님을 사랑하고 하나님의 계명을 지키면 1,000대까지 복을 주시고 영원히 언약을 지키시고 인애를 베풀어 주십니다. 작은 자로 존재하면서 모든 법도를 듣고 지키고 행하면 엄청난 복을 받습니다.

작은 자로 살지만 언약을 듣고 지키고 행하면 어떤 복을 받을까요?

## 1. 말씀으로 사는 작은 자들은 언약 안에 있는 인애의 복을 받습니다

작은 자로 존재하면서 법도를 듣고 지켜 행하는 자에게 하나님은 인애의 복을 주십니다. 인애의 복이란 언약 때문에 받는 복입니다. 아브라함과 이삭과 야곱에게 하신 언약이 있습니다. 아브라함의 씨에서 메시아가 나올 것이고, 메시아로 말미암아 하나님의 백성이 하늘의 별처럼 많아질 것이고, 메시아가 대적의 성문을 차지할 것이며, 아브라함의 씨로 말미암아 천하 만민이 복을 받으리라고 언약하셨습니다(창 12, 창 22).

작은 자로 존재하면서 말씀을 듣고 지켜 행하면 언약 안에 있는 복을 받습니다. 천하 만민을 복되게 하는 메시아 사역에 쓰임 받습니다. 인애(仁愛)의 복을 받을 때 나타나는 열매입니다.

> 곧 너를 사랑하시고 복을 주사 너로 번성하게 하시되 네게 주리라고 네 조상들에게 맹세하신 땅에서 네 소생들에게 은혜를 베푸시며 네 토지소산과 곡식과 포도주와 기름을 풍성하게 하시고 네 소와 양을 번식하게 하시리니 … (신 7:12, 13).

작은 자로 존재하면서 말씀을 듣고 지키고 행하면 하나님이 사랑하시고 복을 주십니다. 번성하게 하십니다. 약속의 땅에서 소생들, 곧 후손들에게 은혜를 베푸십니다. 토지 소산과 곡식과 포도주와 기름을 풍성하게 하시고 소와 양도 번식하게 하십니다.

작은 자로 존재하면서 말씀을 듣고 지키고 행하면 자녀들이 하나님의 은혜를 받아 하는 사업이 형통하게 됩니다.

작은 자로 존재하면서 말씀을 듣고 지키고 행하면 세상의 어떤 사람들과 비교할 수 없을 정도의 복을 받습니다(신 7:14). 질병도 떠나게 하십니다(신 7:15).

또한, 작은 자로 존재하면서 말씀을 듣고 지키고 행하면 강한 대적을 쫓아주십니다. 애굽에서 행한 것처럼 행하여 대적을 쫓아 버립니다(신 7:17-26). 인애의 복은 엄청난 복입니다. 천하 만민을 복되게 하는 메시아 사역에 참여합니다. 이러한 인애의 복은 그냥 받는 것이 아니라 작은 자로 존재하면서 말씀을 잘 듣고 지키고 행할 때 주십니다.

작은 자로 존재하면서 천하 만민을 복되게 하는 메시아 사역에 쓰임 받으려면 말씀을 잘 들어야(샤마-שמע)합니다. 나 혼자 잘 먹고 잘 살 정도가 아니라 천하 만민을 복되게 하는 메시아 사역에 쓰임 받으려면 야곱처럼 말씀을 잘 듣고 지켜 행하여야 합니다.

말씀을 잘 듣고 지켜 행하는 자는 작은 자입니다. 야곱처럼 작은 자, 종처럼 작은 자, 발뒤꿈치처럼 작은 자만이 무슨 말씀을 하셔도 '예' 하고 순종합니다. 큰 자, 내가 제일인자, 내 힘으로 무엇을 하려고 하는 자는 모든 말씀을 듣고 지켜 행하지 않습니다. 이해되는 것만 따르고 이득이 있는 것만 따릅니다.

모든 말씀을 잘 듣고 지켜 행하는 자는 작은 자입니다. 작은 자가 하나님이 함께 하시고 작은 자는 천하 만민을 복되게 하는 메시아 사역에 쓰임 받습니다.

세상에서 가장 작은 것은 원자입니다. 원자는 잘 보이지 않습니다. 원자는 원자핵과 전자로 구성되었는데, 원자핵과 전자 사이의 공간이 99.999% 입니다. 원자는 거의 보이지 않는 존재입니다. 그런데 원자핵이 터지면 엄청납니다. 가장 작지만 가장 강합니다. 거의 전체가 빈공간인 작은 원자는 가장 강합니다. 전체가 빈 공간처럼 작은 자가 될 때 하나님의 뜻을 이룰 자로 복을 받습니다.

부활하신 예수님은 문이 닫혀 있는 곳으로 오셔서 제자들을 보내시면서 성령을 받으라고 하셨습니다(요 20:19). 문이 닫혀 공기만 통과할 수 있는 곳으로 예수님이 오셔서 제자들을 보내시면서 온 세상에 복음을 전하라고 하셨습니다. 큰 자는 들어가는 입구가 넓어야 가지만, 작은 자는 아주 작은 공간만 있어도 들어갑니다. 작은 자로 존재하지만 성령을 받으면 온 세상에 가서 복음을 전하여 온 세상을 복되게 합니다. 아무리 성읍이 크고 견고해도 작은 자는 공기처럼 그곳을 통과하여 복음으로 정복할 수 있습니다. 아무리 아낙 자손처럼 장대하고 완전무장한 대적이라도 공기처럼 작은 자는 작은 틈으로 들어가 원자핵과 같은 복음을 터뜨려 복음으로 세상을 정복합니다.

작은 자로 존재함이 복입니다. 자기를 추구하지 않고 어디에 들어가도 하나님의 뜻을 이루려고 하는 작은 자에게 성령을 주십니다. 하나님은 적은 무리에게 하나님 나라 주시기를 기뻐하십니다(눅 12:32).

작은 자로 존재하는 자는 모든 말씀을 듣고 지키고 행하여 인애의 복을 받습니다. 작은 자로 존재하는 자는 말씀을 갈망하고 사모합니다. 작은 자로 존재하는 자는 말씀을 듣는 자(티쉐므온-תשמעון)입니다. 어쩌다 듣는 것이 아니라 듣는 것이 목적과 목표요, 들은 말씀을 신실하게 순종함이 삶입니다.

하나님은 작은 자로 존재하면서 말씀을 듣고 지켜 행하여 천하 만민을 복되게 하는 메시아 사역에 쓰임 받으려는 자들에게 말씀을 주십니다.

> 그가 그의 말씀을 야곱에게 보이시며 그의 율례와 규례를 이스라엘에게 보이시는도다(시 147:19).

장막에 거하며 작은 자로 말씀을 배우고자 한 야곱에게 말씀을 보이셨고(사 43:12) 말씀이신 예수 그리스도를 보여주시고, 작은 무리였지만 인도함을 따라 광야로 나온 이스라엘에게 율례와 규례를 보여주셔서(나가드-גגד, 전해주다) 무엇이든 이루게 하십니다.

지금도 천하 만민을 복되게 하는 메시아 사역에 쓰임 받을 사람들은 작은 자로 존재하면서 말씀을 사랑하고 사모합니다.

> 주의 말씀이 심히 순수하므로 주의 종이 이를 사랑하나이다 내가 비천하여 멸시를 당하나 주의 법도를 잊지 아니하였나이다(시 119:140, 141).

말씀을 사모하고 주님 법도를 잊지 아니하는 자는 비천하여 멸시를 당하는 것 같으나 천하 만민을 복되게 하는 메시아 사역을 위한 복의 통로로 쓰임 받습니다.

발꿈치를 상하게 하는 마귀는(창 3:15) 말씀을 듣고 지켜 행하는 작은 자를 무서워하며 작은 자를 공격하여 작은 일을 하지 못하게 합니다.

그러나 예수님은 작은 자, 곧 야곱의 왕으로 오셨고(눅 1:33), 하나님은 작은 자로 존재하는 자를 기뻐하시고 작은 자에게 하나님 나라를 주십니다. 큰 일은 몇 명만 합니다. 세계적인 일은 배우고 갖추고 능력이 있어야 합니다.

그러나 작은 일은 누구나 할 수 있습니다. 웃어주고, 손잡아 주고, 떨어진 휴지를 줍고 하는 것은 누구나 할 수 있습니다. 작은 자로 존재하는 자는 언제나 말씀을 듣고 지키고 행합니다. '예'하고 순종합니다. 작은 자로 말씀을 듣고 지키고 행하는 자는 언약 안에 있는 모든 복을 받습니다. 하나님의 사랑, 자비, 능력, 은혜를 받아 천하 만민을 복되게 하는 메시아 사역에 쓰임 받습니다. 작은 자로 말씀을 듣고 지켜 행하여 복의 통로로 쓰임 받길 바랍니다.

## 2. 겸손의 훈련을 통하여 말씀을 청종하면 엄청난 복을 받습니다

하나님은 이스라엘이 말씀을 잘 듣지도 않고 지켜 행하지도 않을 때 광야 훈련을 받게 하셨습니다. 광야 훈련은 낮아지는 훈련, 겸손의 훈련입니다. 낮아지는 겸손의 훈련을 받으면 말씀을 듣고 지켜 행하며 청종할 수 있고, 말씀을 듣고 지켜 행할 때 엄청난 복을 받습니다.

모든 명령을 지켜 행하면 생명을 얻고, 번성하고, 약속의 복을 누리게 됩니다(신 8:1). 하나님은 생명과 복을 받는 삶이 되도록 광야 훈련을 시켰습니다. 40년간 광야 길을 걷게 하신 것은 낮추고 시험하여 마음이 어떠한지 명령을 지키는지 알려 하심입니다(신 8:2).

우리를 낮추시는 광야 훈련은 하나님의 시험입니다. 말씀을 지키는지, 지키지 않는지 시험(test)하십니다. 겸손하여 말씀을 지키면 시험을 통과하는 것이고 계속 나 중심이 되면 시험에 불합격하는 것입니다. 낮추시는 겸손의 훈련은 하나님의 시험입니다.

> 너를 낮추시며 너를 주리게 하시며 또 너도 알지 못하며 네 조상들도 알지 못하던 만나를 네게 먹이신 것은 사람이 떡으로만 사는 것이 아니요 여호와의 입에서 나오는 모든 말씀으로 사는 줄 네가 알게 하려 하심이니라 이 사십년 동안에 네 의복이 해어지지 아니하였고 네 발이 부르트지 아니하였느니라(신 8:3, 4).

낮추실 때는 먹을 것이 만나 밖에 없습니다. 만나는 무엇인지 아직도 아무도 모릅니다. 어떻게 만들어지고 어떤 영양가가 있는지 모릅니다. 광야에서는 하나님이 주시는 것만으로 살아야 합니다. 그것을 먹지 않으면 주려야 합니다. 하나님이 만나만 주신 것은 사람이 떡으로만 사는 것이 아니라 하나님의 입에서 나오는 모든 말씀으로 사는 것을 가르치기 위함입니다.

말씀만 듣고 지켜 행하면 하나님이 광야의 삶을 책임져 주십니다. 40년 동안 광야의 훈련을 받을 때 옷이 해어지지 않았고 신이 없어 발이 부르트지 않았습니다.

광야의 훈련은 시험입니다. 낮추고 시험하여 마침내 복을 주시기 위함(신 8:16)입니다. 넘치는 복을 받을 때 기억해야 합니다. 내가 내 능력으로 재물을 얻은 것이 아니라 하나님이 재물 얻을 능력을 주셨기에(신 8:17) 재물을 얻은 것입니다. 왜 재물을 얻을 능력을 주셨는가 하면 조상들에게 맹세하신 언약(신 8:18), 곧 너의 씨로 말미암아 천하 만민이 복을 받을 것이라는 약속의 성취를 위함입니다.

복을 받을 때 내가 내 능력과 내 실력으로 복을 받았다고 착각할 수 있습니다. 내가 복을 받았다고 생각하면 복의 통로가 되지 못합니다. 나만 위해 살다가 끝납니다.

그러나 겸손하고 작은 자가 되어 천하 만민을 복되게 하는 메시아 사역에 쓰시기 위함이라고 생각하면 엄청난 복을 받게 됩니다. 하나님이 주시는 대로 나눌 수 있습니다. 이웃과 열방을 위해 섬길 수 있습니다. 천하 만민에게 복음을 전하고 물질과 사랑을 나누고 필요를 공급하는 복된 자로 쓰임 받습니다.

하나님이 채워주시면 나누고 나누어도 부족함이 없습니다. 하나님의 명령을 지키고 그의 길을 따라 가며 그를 경외하면 샘이 넘치는 비옥한 땅에 이르러 모든 것이 풍족한 곳임을 보게 됩니다. 하나님은 모자람이 없고 부족함이 없도록 복을 주어 하나님을 찬송하게 하십니다(신 8:6-10).

겸손의 훈련을 통하여 말씀을 듣고 지켜 행하면 엄청난 복을 받습니다. 떡으로만 사는 것이 아니라 하나님의 입에서 나오는 말씀으로 살면 엄청난 복을 받습니다. 천하 만민을 복되게 하는 메시아 사역에 쓰임 받습니다. 사탄은 사람을 높여 교만하게 하여 망하게 하지만, 하나님은 계속 낮추셔서 복을 주십니다. 누군가 나를 높여 교만한 마음이 들게 한다면 물리쳐야 합니다. 이단으로 생각해야 합니다. 하나님은 겸손의 훈련을 통하여 복을 주십니다.

작은 자가 되어 겸손히 말씀으로 살려고 하면 이전에 들어가지 못한 강대한 땅인 아낙 자손의 땅을 차지하게 하십니다(신 9:1-2). 여호와께서 앞서 가시면서 강한 대적들을 쫓아내십니다(신 9:3). 하나님이 대적들을 쫓아내실 때 내 능력으로 해결하였다고 하지 말아야 합니다(신 9:4). 하나님이 그들의 악함을 보시고 멸하신 것입니다(신 9:5).

이스라엘이 선하고 능력이 있어 복을 받은 것이 아닙니다. 그들은 악하여 말씀을 받고도 금송아지를 만들어 하나님을 거역하였고 정탐을 하고도 거역한 백성입니다(신 9:6-29). 멸망 받을 수밖에 없었지만 언약에 신실한 하나님이 인애를 베푸셔서 약속의 땅을 주신 것입니다.

　약속의 땅에서 말씀을 청종하면 천하 만민을 복되게 하는 메시아 사역에 쓰임 받는 복의 통로가 됩니다. 여호와를 경외하여 도를 행하고 여호와를 사랑하고 섬기며 규례를 지키고 행하면 복이 됩니다(신 10:12-13). 천지의 주인 되시는 하나님이 인애를 베푸시기에 마음의 할례를 행하고 (신 10:16) 순종하여 섬김이 복이 됩니다.

　말씀을 항상 지키고(신 11:1) 명령을 지키면 강성해 집니다(신 11:8). 말씀을 청종하고 하나님을 사랑하면 풍성하게 하십니다(신 11:13, 14). 말씀을 청종하고 가르치고 강론하면 하나님이 복을 주십니다. 하나님이 주신 경계 안에서 발바닥으로 밟는 곳을 다 소유하게 하십니다(신 11:24). 엄청난 복입니다. 겸손의 훈련을 통하여 말씀을 청종하는 자들에게 엄청난 복을 주십니다. 발바닥으로 밟는 곳, 곧 하고자 하는 모든 것을 할 수 있는 은혜를 주십니다. 불가능하게 보이는 데 하면 됩니다. 하나님이 주신 은사에 따라 정치, 경제, 교육, 문화 등 어떤 영역이든지 밟고 밟고 하고자 하면 하게 하십니다. 복음을 전하기 위하여 하고자 하면 하게 하십니다. 하나님의 영광을 위하여 하고자 하면 하게 하십니다. 생명을 구원하기 위하여 하고자 하면 하게 하십니다. 발로 밟는 곳을 차지하게 하십니다.

　온 세상에 다니며 복음을 전하는 일이 불가능하게 보이나 말씀을 청종하고 가면 됩니다. 하나님이 하게 하시는 것입니다. 아낙 자손과 같은 세상이기에 우리가 하면 불가능하지만 하나님이 하시면 됩니다. 하나님은 나를 위한 떡을 위해 살지 않고 하나님의 말씀으로 사는 자를 통하여 일하십니다. 말씀을 믿고 나가면 감당하게 하십니다. 온 천하 만민이 복을 받는 메시아 사역에 쓰임 받습니다.

## 13장

## 보라
(신 11:26-32)

하나님이 주신 선물을 보는 안목(眼目)이 있으면 감사와 찬양을 드릴 수 있습니다. 생명과 건강과 물질과 가족과 산소와 빛은 우연히 주어진 것이 아니라 하나님이 주신 선물입니다. 그것을 깨달으면 감사와 찬양을 드립니다.

이번 주에 읽을 토라의 말씀은 신명기 11:26-16:17로 제목은 보라(레에-האר)입니다. 하나님이 주신 것을 잘 보고 적용하라는 것입니다. 하나님이 주신 것을 세심하게 잘 보아야 합니다.

(보라) 내가 오늘 복과 저주를 너희 앞에 두나니(신 11:26).

하나님이 "너는 보아라. 내가 너희 앞에 복과 저주를 두었노라"라고 하셨습니다. 하나님은 우리의 완성을 위하여 우리 앞에 복과 저주를 두셨습니다. 복과 저주를 보고 인식하고 생각하고 깨닫고 다루고 적용해야 합니다. 복이 무엇인지 저주가 무엇인지 분명하게 보고 알아야 저주의 길을 피하고 복된 삶을 살 수 있습니다.

복은 무엇이고 저주는 무엇일까요?

## 1. 하나님의 명령을 듣듯이 그리스도로 살아감이 복임을 인식해야 합니다

사람들이 생각하는 복과 하나님이 주신 복은 차이가 있습니다. 사람들은 자기 성공을 통하여 자기의 욕심을 채움이 복이라고 생각하지만, 하나님이 주신 복은 훨씬 고상합니다.

> 너희가 만일 내가 오늘 너희에게 명하는 너희의 하나님 여호와의 명령을 들으면 복이 될 것이요(신 11:27).

하나님이 말씀하시는 복은 여호와의 명령을 듣고 순종하는 그 자체입니다. 여호와의 명령을 듣고 순종한 후 주어지는 어떤 선물도 복이지만, 여호와의 명령을 듣고 순종하는 자체가 복입니다. 마치 아이에게는 엄마가 주는 과자도 복이지만, 사랑하는 엄마가 옆에 있는 자체가 더 큰 복이듯이 여호와의 명령을 듣고 순종하는 자체가 복입니다. 신부에게 복은 신랑이 가진 재물이 아니라 결혼하여 같이 살아가는 신랑 자체가 복이듯이 여호와의 명령을 듣고 순종하는 자체가 복입니다. 신랑과 같이 살면 신랑이 가진 모든 것은 따라오는 선물이듯이 여호와의 명령을 듣고 순종하면 모든 것이 따로 옵니다.

법궤를 메고 요단강을 건너라고 명령할 때 "예"하고 순종하니 넘쳐흐르던 강이 멈추고 길이 생겼습니다. 여리고 성을 6일 동안 매일 한 바퀴 돌고 7일째는 일곱 바퀴를 돌라고 명령하여 "예" 하고 순종하니 여리고 성이 무너졌습니다.

　명령의 말씀을 듣고 순종하는 그 자체가 복입니다. 명령의 말씀을 듣고 순종하면 새로운 길이 만들어지고, 장애물이 무너지고, 필요한 것들이 채워집니다. 복이란 여호와의 명령을 듣고 순종하는 것입니다.

　여호와의 명령은 어려운 것도 아니고 멀리 있는 것도 아닙니다.

> 내가 오늘 네게 명령한 이 명령은 네게 어려운 것도 아니요 먼 것도 아니라 하늘에 있는 것이 아니니 네가 이르기를 누가 우리를 위하여 하늘에 올라가 그의 명령을 우리에게로 가지고 와서 우리에게 들려 행하게 하랴 할 것이 아니요 이것이 바다 밖에 있는 아니니 네가 이르기를 누가 우리를 위하여 바다를 건너가서 그의 명령을 우리에게로 가지고 와서 우리에게 들려 행하게 하랴 할 것도 아니라 오직 말씀이 네게 매우 가까워서 네 입에 있으며 네 마음에 있은즉 네가 이를 행할 수 있느니라(신 30:11-14).

　하나님의 명령은 어려운 것이 아닙니다. 믿음만 있으면 충분히 듣고 순종할 수 있습니다.

　법궤를 메고 요단강에 발을 들여놓는 것이 어려운 것입니까?

　여리고 성을 도는 것이 어려운 것입니까?

　믿음만 있으면 할 수 있습니다. 하나님의 명령은 어렵지 않습니다. 멀리 있지도 않습니다. 태양계를 넘고 우주를 여행하여 하늘에 가서 명령을 받아 오는 것이 아닙니다. 바다를 건너 보물섬에서 보물을 찾듯이 찾는 것도 아닙니다. 하나님이 명령하신 말씀은 매우 가까이 있습니다. 우리의 입에 있고 우리의 마음에 있습니다. 성경을 읽음으로 명령의 말씀을 알 수 있습니다. 들은 말씀은 마음에 있기에 명령을 듣고 순종할 수 있습니다. 명령의 말씀을 듣고 순종함이 복입니다.

사도 바울은 신명기 30장에 나오는 명령의 말씀이 그리스도라고 해석하였습니다.

> 믿음으로 말미암는 의는 이같이 말하되 네 마음에 누가 하늘에 올라가겠느냐 하지 말라 하니 올라가겠느냐 함은 그리스도를 모셔 내리려 하는 것이요. 혹은 누가 무저갱에 내려가겠느냐 하지 말라 하니 내려가겠느냐 함은 그리스도를 죽은 자 가운데서 모셔 올리려는 것이라 그러면 무엇을 말하느냐 말씀이 네게 가까워 네 입에 있으며 네 마음에 있다 하였으니 우리가 전파하는 믿음의 말씀이라 (롬 10:6-8).

신명기 30장에는 명령을 받기 위하여 하늘에 올라가겠느냐고 하지 말라고 하였는데 바울은 그리스도를 모셔 내리기 위하여 하늘에 올라가겠느냐고 하지 말라고 하였습니다. 신명기의 명령이 로마서에서 그리스도로 나옵니다. 신명기는 명령의 말씀이 매우 가까워서 입에 있고 마음에 있다고 하였는데 로마서는 그리스도에 대한 복음의 말씀이 매우 가까워 입에 있고 마음에 있다고 하였습니다.

명령의 말씀이 마음과 입에 있듯이 그리스도에 대한 복음이 입에 있고 마음에 있습니다. 입으로 예수님을 주님으로 시인하고 하나님이 예수 그리스도를 죽은 자 가운데서 살리신 것을 마음에 믿으면 구원을 받습니다. 예수님이 주와 그리스도가 되심을 마음으로 믿어 의에 이르고 입술로 시인하여 구원에 이릅니다 (롬 10:9, 10).

토라의 명령은 그리스도를 나타냅니다. 토라에 나오는 여호와의 명령을 마음으로 듣고 순종함이 복이듯이 명령이 보여주는 예수 그리스도를 마음에 주님으로 모시고 주님의 말씀을 따라 살아감이 복입니다.

명령의 말씀을 듣고 순종함으로 산다는 것은 말씀이신 예수님으로 산다는 것입니다. 내가 그리스도와 함께 십자가에 못 박혔기에 내 안에 내가 사는 것이 아니라 내 안에 예수님이 사시는 것입니다. 내가 육체 가운데 사는 것은 나를 사랑하사 나를 위하여 자신의 목숨을 내어주신 예수님을 믿는 믿음으로 사는 것입니다(갈 2:20). 내 안에 계신 그리스도로 살아감이 복입니다.

육은 음식을 먹어야 살듯이 내 안에 계신 그리스도로 살려면 하나님의 말씀을 먹어야 합니다. 예수님을 믿는 사람들은 떡으로만 사는 것이 아니라 하나님의 입에서 나오는 말씀으로 사는 것입니다.

말씀을 계속 먹고 명령의 말씀을 듣고 순종하는 것은 내 안에 계신 그리스도로 사는 것입니다. 우리 안에 계신 그리스도로 살아가면 명령의 말씀이 달콤합니다. 말씀이 꿀보다 더 달고 기쁨이 됩니다. 참된 진리의 말씀으로 살면 행복을 느낍니다.

그러나 그리스도로 살지 않고 육으로만 살아가면 말씀이 지루하고 졸리고 답답합니다. 하지만 그리스도로 사는 사람은 말씀이 없으면 갈급하여 죽을 것 같습니다. 명령의 말씀을 듣고 순종하는 것은 그리스도로 사는 것입니다.

그리스도로 산다는 것은 내가 내 인생을 움직이는 것이 아니라 내 안에 계신 그리스도께서 내 인생의 주인이 되셔서 내 인생을 움직이는 것입니다. 내가 내 인생을 움직이면 곤고하고 답답하고 구렁텅이에 빠지기도 합니다.

그러나 내 안에 계신 그리스도께서 내 인생을 움직이면 내 힘으로 사는 것이 아니라 그리스도로 사는 것입니다. 나는 은혜로 사는 것입니다.

바울의 고백처럼 나의 나 된 것은 하나님의 은혜(고전 15:10)입니다. 수고를 더 많이 한 것도 내가 한 것이 아니라 내 안에 계신 그리스도께서 하신 것이니 은혜이고, 고난을 더 많이 받으면서 승리한 것도 내가 한 것이 아니라 내 안에 계신 그리스도께서 하신 것이니 은혜이고, 많은 일에 헌신하여 풍성한 열매를 맺은 것도 내가 한 것이 아니라 내 안에 계신 그리스도께서 하신 것이니 하나님의 은혜입니다.

내 안에 계신 예수님이 주와 그리스도가 되십니다. 주가 되신다는 것은 명령하시는 주권자라는 것입니다. 내 안에 계신 예수님이 명령하시면 그 명령을 듣고 순종함이 복입니다. "아가페 사랑을 하라. 용서하라. 하나가 되라. 거룩하여라. 의인으로 살아라" 등 그리스도의 명령을 듣고 순종하면 온 세상의 주가 되신 예수님이 친히 함께 하시면서 일을 이루십니다.

"너희는 가서 모든 민족을 제자로 삼아 세례를 주고 내가 분부한 모든 것을 가르쳐 지키게 하라"라고 명령하신 예수님의 명령을 듣고 순종하면 예수님이 친히 함께하시면서 이루게 하십니다. 명령의 말씀을 듣고 순종함이 인생의 가장 큰 복입니다. 예수님의 명령을 듣고 순종함이 복(브리카-ברכה)입니다.

주 안에서 형제 된 성도 여러분, 복을 달라고 기도합니까?

이미 하나님이 주신 복이 앞에 와 있습니다. 그 복을 보는 안목(眼目)이 필요합니다. 아무리 복이 앞에 와 있어도 보이지 않으면 알 수 없습니다. 앞에 있는 복을 보아야 합니다. "너는 보아라. 복과 저주를 두었다"라고 하셨습니다. 복을 보라는 것입니다. 명령의 말씀을 듣고 순종함이 복임을 인식하라는 것입니다. 예수님이 명령하신 말씀을 듣고 순종함이 복임을 깨달으면 복을 누릴 수 있습니다.

예수님 당시 바리새인들은 복이신 예수님이 자기들 앞에 와 계셨음에도 보지 못하였습니다. 바리새인들은 본다고 하였지만, 복이신 예수님을 보지 못하는 시각 장애인과 같았습니다(요 9:41). 예수님이 어디서 와서 어디로 가는지 전혀 알지 못하였습니다(요 8:14). 복이신 예수님을 보지 못하니 영접하지 않았습니다. 오히려 자기들의 생각과 다르다고 복이신 예수님을 죽이려고 합니다.

복을 보아야 합니다. 복은 여호와의 명령을 듣고 순종하는 것입니다. 복은 예수님을 주님으로 영접하고 주님이신 예수님의 명령의 말씀을 듣고 순종하는 것입니다. 온 세상의 주권자이신 예수님으로 살아감이 복입니다.

가끔 시험해 보아야 합니다. 내가 복이신 예수님을 보는 자인지, 보지 못하는 자이지 시험해 보아야 합니다. 예수님을 내 인생의 주인으로 인정하는지, 내가 내 인생의 주인이라고 우기는지 시험해 보아야 합니다. 내가 내 인생의 주인이라고 여긴다면 예수님의 명령을 순종하지 않습니다. 예수님의 뜻을 알아도 절대 순종하지 않고 계산해보고 이득이 있을 때만 순종하려고 합니다. 예수님을 주인으로 인정하지 않으면 명령의 말씀에 순종하지 않습니다.

예수님을 내 인생의 주인으로 모시는지, 내 안에 예수님이 사시는지 그렇지 않은지 시험하고 확인하는 방법이 있습니다. 내가 가진 모든 것이 사라졌을 때 반응을 보면 압니다. 물질, 건강, 가족, 직장, 명예, 힘 등 모든 것이 사라졌을 때 마음을 보면 내가 주인으로 살았는지, 예수님을 주님으로 모셨는지 알 수 있습니다.

내가 가진 모든 것이 사라졌을 때 욱하는 감정으로 "내가 얼마나 봉사하고 헌신하고 충성하였는데 왜 가진 것을 잃게 하였습니까? 내가 뭘 잘

못하였다고 나의 것을 잃게 하였습니까?" 원망하며 한숨을 쉬면서 사명을 내팽개치고 하나님께 등을 돌리며 세상으로 향한다면 예수님을 내 인생의 주님으로 모시지 않은 것입니다. 내 인생의 주인은 나라고 생각하며 예수님은 내 성공을 위한 도움으로 여겼을 뿐입니다.

그러나 아브라함처럼 이삭을 바치라고 명령하면 "예"하고 명령을 듣고 순종하고, 다니엘처럼 총리 자리가 날아가고 사자 굴에서 죽을 위기에 처해도 명령에 순종하고, 다윗처럼 모든 것을 잃고 동굴에서 도피하는 생활을 하여도 믿음으로 감사한다면 예수님을 주인으로 모시고 사는 것입니다. 내 안에 사시는 예수 그리스도께서 명령하면 듣고 순종하는 것이 복된 삶입니다. 내 안에 계신 예수님의 명령을 듣고 순종하는 자체가 최고의 복입니다. 예수님의 명령을 듣고 순종하면 예수님이 함께 하십니다. 장애물이 있으면 무너지게 하시고, 길이 없으면 만드시고, 필요한 것을 공급하여 주십니다. 예수님으로 살아감이 최고의 복입니다. 예수님의 말씀을 듣고 순종함이 최고의 복입니다. 복을 보고, 복을 인식하고, 복을 누리길 바랍니다.

## 2. 그리스도 외에 다른 것으로 살아감이 저주임을 인식해야 합니다

하나님이 우리 앞에 두신 복을 잘 보아야 복을 누릴 수 있습니다. 또한, 하나님이 우리 앞에 두신 저주도 잘 보아야 제거할 수 있습니다.

> 너희가 만일 내가 오늘 너희에게 명령하는 도에서 돌이켜 떠나 너희의 하나님 여호와의 명령을 듣지 아니하고 본래 알지 못하던 다른 신들을 따르

면 저주를 받으리라(신 11:28).

여호와 하나님이 명령하신 길에서 돌이켜 떠나고 명령을 듣지 아니하고 다른 신을 따르는 것이 주저입니다. 명령을 버리는 것, 그리스도를 버리는 것은 저주입니다. 그리스도 외에 다른 것으로 살아감이 저주임을 인식해야 합니다.

그리스도 외에 다른 것으로 살아감이 저주임을 분명하게 인식한다면 다른 것을 제거하고 하나님만 섬깁니다.

그 제단을 헐며 주상을 깨뜨리며 아세라 상을 불사르고 또 그 조각한 신상들을 찍어 그 이름을 그 곳에서 멸하라(신 12:3).

하나님이 주신 약속의 땅에 들어가서 모든 산당을 파멸하고(신 12:2), 우상의 제단을 헐고 주상을 깨뜨리고, 아세라 목상을 불사르고, 조각한 신상들을 찍어 멸하는 것은 저주를 제거하는 것입니다. 세상에 존재하는 모든 우상을 제거하라는 것이 아닙니다. 다른 종교인들이 가지고 있는 그들의 우상을 밟고 제거하라는 것도 아닙니다.

하나님을 섬기는 언약 백성이 사는 곳에는 우상을 두지 말라는 것입니다. 하나님을 예배하는 교회나 믿음의 가정에 우상이나 부적이 있다면 하나님을 가볍게 여김이요, 저주를 자청하는 것입니다.

하나님이 주신 약속의 땅에 들어가서 우상을 제거하고, 여호와께서 자기의 이름을 두시려고 모든 지파 중에서 택하신 곳, 곧 하나님이 계시는 곳으로 가서 번제와 제물과 십일조와 거제와 서원제와 낙헌 예물과 소와 양의 처음 난 것으로 드리고 즐거워하라고 하셨습니다(신 12:5-7).

하나님이 택한 그곳(신 12:14, 18, 26)이 있습니다. 예루살렘의 시온입니다. 그곳에서 예수 그리스도께서 십자가를 지심으로 구원을 완성하셨습니다. 그곳에서만 즐거워하고 그리스도 외에 다른 것으로는 살아가지 말라는 것입니다. 오직 예수 그리스도의 십자가 앞에 나아가 십자가로만 살아감이 복입니다.

여호와 하나님 외에 다른 신들을 탐구하면 올무에 걸리게 됩니다(신 12:30). 설령 선지자나 꿈꾸는 자가 이적을 보이면서 다른 신을 섬기자고 하여도 듣지 말고 그런 자를 죽여 공동체에서 제거하여야 하고(신 13:1-5), 가족이나 친구가 다른 신들을 섬기자고 유혹하여도 듣지 말고 죽여 공동체에서 제거하여야 하며(신 13:6-11), 불량배의 유혹을 받아 마을 사람 전체가 다른 신들을 추종한다면 그들을 죽여 공동체에서 제거하여야 저주를 받지 않습니다(신 13:12-18). 그리스도 외에 다른 것으로 살아감이 저주입니다.

우리는 하나님의 자녀이고 성민(聖民)이기에(신 14:1, 2, 21) 세상의 죄악 된 풍습을 따르지 말며 가증한 것은 먹지도 말고(신 14:1-21) 하나님이 택하신 곳에서 즐거워하며 레위인과 객과 과부와 고아를 배부르게 하고(신 14:22-29) 오직 그리스도로 살아감이 저주를 제거하는 것입니다.

매 칠 년 끝 면제 년에는 빚진 자의 빚을 면제하고 가난한 자에게는 필요한 대로 넉넉하게 꾸어주고 아끼는 마음을 품지 않으면 하나님이 복을 주십니다(신 15:1-11). 안식년에는 육년 동안 섬겼던 종들을 자유롭게 하고 그들에게 넉넉하게 주고, 소와 양의 첫 것은 주님이 말씀하신 규례대로 드리면 하나님이 복을 주십니다(신 15:12-23). 유월절과 칠칠절과 초막절에는 하나님이 택하신 곳으로 와서(신 16:2, 11, 15) 규례대로 섬기면 하나님이 복을 주십니다.

하나님은 복과 저주를 우리 앞에 두셨습니다. 명령의 말씀을 듣고 순종함이 복입니다. 우리 안에 계신 예수 그리스도로 살아감이 복입니다. 예수님의 말씀을 듣고 순종하면 함께 하시는 복을 받습니다.

하나님은 저주도 우리 앞에 두셨습니다. 명령의 말씀을 순종하지 않으면 저주입니다. 하나님이 함께 하시지도 않고 역사하시지도 않기에 저주입니다. 우리 힘으로 인생을 살아야 하기에 저주에 이르게 됩니다.

저주의 길에서 벗어나 함께 하시는 하나님의 복을 누리려면 명령의 말씀을 듣고 순종하여야 합니다. 명령의 말씀을 듣고 순종함으로 하나님이 함께 하시는 복을 누리길 바랍니다.

# 14장

## 재판장이라
(신 16:18-22)

　노예처럼 자유가 없을 때는 억울한 재판을 받아도 방법이 없습니다. 이스라엘이 애굽에 있을 때 모세가 바로를 찾아가 하나님께 예배를 드리기 위한 시간을 달라고 하였으나 바로 왕은 허락하지 않았습니다. 오히려 더 혹독하게 일을 시킵니다. 벽돌을 만들 자재도 주지 않고 이전과 같은 수량을 생산하라고 합니다. 감당하지 못하면 감독자들이 매질을 하였습니다. 매를 맞은 이스라엘 사람들이 바로를 찾아가 항의하니 너희가 게으르기에 예배를 드릴 생각을 한다고 윽박지릅니다. 애굽의 감독들, 재판관들이 말도 되지 않게 판결을 하고 때려도 방법이 없었습니다. 노예처럼 자유가 없을 때는 깡패와 같은 자들에게 억울한 일을 당하여도 방법이 없습니다.

　하나님이 이스라엘을 애굽에서 구원하셨습니다. 그들을 시내 산으로 이끄시고, 그곳에서 언약을 통하여 자기 백성을 삼으시고, 광야의 여정을 통과한 후 약속의 땅을 주셨습니다. 약속의 땅으로 들어가기 직전에 주신 율법의 말씀이 신명기입니다. 이번 주에 읽을 토라의 말씀은 신명기 16:18-

21:9로 제목은 너희 재판장(쇼프팀-שפטים)입니다.

> 네 하나님 여호와께서 네게 주시는 각 성에서 네 지파를 따라 재판장들과 지도자들을 둘 것이요, 그들은 공의로 백성을 재판할 것이니라(신 16:18).

여호와께서 주시는 각 성에 너희를 위하여(레카-לך) 재판장과 지도자를 두라는 말씀입니다. 재판장(쇼프팀-שפטים)은 결정하고 판단하는 자들이고, 지도자(쇼트림-שטרים)는 집행하고 실행하는 경찰들의 역할을 하는 자입니다. 각 성에 너희를 위하여 재판장과 지도자를 두어 그들이 공의로 백성을 재판하라고 하셨습니다. 성(솨아르-שער)이란 문을 의미합니다. 문마다 재판장이 있어야 안전합니다.

사람에게는 일곱 개의 문이 있습니다. 두 눈, 두 귀, 코와 입은 문과 같습니다. 모든 생각의 출입구입니다. 보고 듣고 냄새 맡고 말하는 것은 생각에 영향을 줍니다. 성문에 앉은 재판장이 공의롭게 판단하여야 하는 것처럼 눈과 귀와 입을 통하여 출입하는 모든 생각을 지혜롭게 하여야 합니다. 보고 들었다고 생각 없이 말하면 다른 사람들이 상처를 받고 공동체가 혼란해집니다. 각 성의 문에 재판관과 지도자를 두듯이 생각의 출입구인 눈과 귀와 코와 입에 파수꾼을 두어 잘 보고 잘 듣고 잘 생각하고 잘 말해야 합니다. 보고 들을 것을 통하여 올바르게 결정하는 것이 재판장의 기능입니다.

강도 만난 사람을 보았다면 어떻게 하여야 할까요?

두려워하며 도망가는 것이 옳을까요?

병원으로 옮기고 도와주는 것이 옳을까요?

굶어 죽어 가는 사람의 소식을 들었다면 어떻게 하여야 옳을까요?

힘들어도 아껴서 도와야 할까요?

자기만 생각하고 모른 척 하여야 할까요?

보고 들은 것들을 통하여 올바르게 결정하고 실천하는 능력이 재판장과 지도자를 세우는 것입니다.

더 이상 노예나 식민지 백성이 아니라면 스스로 재판장이 되고 재판장을 두어 공의의 공동체가 되게 하여야 하나님의 복을 받습니다.

이스라엘이 약속의 땅으로 들어갔을 때 제일 먼저 사사 시대가 펼쳐집니다. 재판장과 같은 단어가 사사(쇼파트-שפט)입니다. 약속의 땅에서 제일 먼저 재판장들이 세워졌습니다. 재판장들이 잘 판단하고 결정해야 공동체나 나라가 견고해집니다.

하나님은 토라의 말씀을 주셨지만, 사사시대 사람들은 자기 소견에 옳은 대로 살았습니다. 자기들이 복을 받아 잘 된다면 바알과 아세라 등 우상들도 섬겼고, 육체의 욕망을 억제하지 못하고 성적 방종의 삶을 살았습니다. 심지어 사사시대는 동성애도 행하였습니다. 자기 소견에 좋은 대로 살았습니다. 토라의 가르침대로 살지 않았습니다.

결국, 하나님은 그들을 적들에게 넘겨주어 고난을 받게 합니다. 미디안, 암몬, 블레셋 등 강한 적들에게 심한 고난을 받습니다. 고난을 받으면서 그들이 회개하고 부르짖으면 하나님은 재판장인 사사들을 세워 다시 토라의 말씀을 따라 공의롭게 살게 합니다. 말씀으로 돌아와 공의롭게 살면 이스라엘은 평안합니다. 하나님은 사사시대를 통하여 스스로 공의롭게 사는 훈련을 시켰습니다.

공정한 사회, 공의가 넘치는 공동체가 되어야 나라가 무너지지 않습니다. 불의함과 불공정함이 판을 치면 공동체는 혼란해져 결국 공동체와 나라가 무너집니다. 재판장의 기능이 얼마나 중요한지 모릅니다. 한 나라, 한 교회, 한 공동체를 살릴 수도 있고 무너뜨릴 수도 있습니다.

구원받은 공동체에게 주신 재판장의 기능은 무엇일까요?

## 1. 재판장의 역할을 잘 감당하여 의를 따르면 공동체가 복을 받습니다

하나님이 재판장과 경찰과 같은 지도자를 세우신 목적은 공의로 백성을 재판하여 공의로운 공동체가 되기 위함입니다. 재판과 판결을 공의롭게 하여 죄와 악을 억제하는 것이 재판장과 경찰을 둔 목적입니다.

공의(公義)는 무엇이며 정의(正義)는 무엇일까요?

많은 사람이 공의와 정의를 외치지만 보는 시각에 따라 다릅니다. 자기 입장에서 보면 정의이지만, 반대편에서 보면 엄청난 불의일 수 있습니다. 사람들은 자기 입장이 옳다는 것을 주장하기 위하여 언론과 지식층과 문화계를 동원하여 대중을 선동하고 많은 사람들의 동의(同意)를 얻고자 합니다.

많은 사람들이 동의하면 정의일까요?

대제사장과 서기관과 장로들이 무리들을 선동할 때 많은 사람은 예수님을 십자가에 못 박으라고 외쳤습니다.

많은 사람이 동의하였기에 예수님을 십자가에 못 박은 것이 정의라면 왜 그들은 나중에 우리가 어찌할꼬 하며 통회하고 회개하였나요?

재판장이 공정하게 판결하여 공동체를 공의롭고 정의롭게 하여야 복을 받는데 무엇이 공의이며 정의일까요?

사람들이 생각하는 정의와 하나님이 말씀하시는 정의는 다릅니다.

세상 사람들의 정의는 자기가 기준입니다. 자기들의 생각과 같으면 정의라고 여깁니다. 자기 이익, 자기 사랑, 자기주장에 부합되는 것이 정의라고 여기고 자기 생각과 다르면 정의롭지 않다고 정죄합니다.

그래서 재판관이 필요하고, 경찰이 필요한 것입니다. 재판관은 하나님이 주신 기준을 잘 알아야 합니다. 하나님은 의로운 율법을 주셨는데 의로운 율법의 정신은 이웃 사랑을 통하여 공동체를 세우는 것입니다. 이웃을 자기처럼 사랑하는 것이 정의입니다. 이웃을 사랑함이 자기를 사랑하는 것입니다. 이웃을 자신처럼 사랑하면 하나의 공동체가 됩니다.

재판관이 재판을 잘 하기 위해 할 것이 있습니다.

> 너는 재판을 굽게 하지 말며 사람을 외모로 보지 말며 또 뇌물을 받지 말라 뇌물은 지혜자의 눈을 어둡게 하고 의인의 말을 굽게 하느니라 너는 마땅히 공의만을 따르라 그리하면 네가 살겠고 네 하나님 여호와께서 네게 주시는 땅을 차지하리라 (신 16:19, 20).

재판장은 재판을 굽게 하지 말고 사람을 외모로 보지 말며 뇌물을 받지 말아야 합니다. 재판장이 권력이라 생각하여 자기 이득을 생각하면 뇌물을 받으려고 하고 외모를 보게 됩니다. 자기가 아는 사람, 자기와 세계관이 같은 사람에게 유리하게 판결하는 것은 외모를 보는 것입니다. 뇌물을 받고 외모를 보면 지혜의 눈이 어둡게 되고 의인의 말도 굽게 됩니다. 뇌물을 받고 외모로 판결하면 악을 억제하지 못하고, 악을 억제하지 못하면 결국 하나님의 심판을 받습니다. 재판장과 지도자는 공의롭게 판단하고 결정하여야 나라가 무너지지 않습니다.

하나님은 교회와 성도들에게 재판장의 기능인 결정하고 판단하는 분별력을 주셨습니다. 교회가 토라의 말씀을 잘 배워 이웃 사랑의 기준으로 살아가면 세상에 영향을 주는 소금과 빛이 되지만 그렇지 못하면 교회가 맛을 잃은 소금처럼 세상에 버려져 밟히게 됩니다.

재판장에게 있어 중요한 것은 무엇일까요?

마땅히 공의만(쩨덱 쩨덱 - צדק צדק) 행하는 것입니다. 의롭게 되고 의롭게 되는 것이 재판장의 역할입니다.

교회와 성도들은 항상 토라의 말씀을 잘 배워 잘 결정하고 판단하여 공의와 정의가 넘치게 하여야 합니다. 자기중심으로 살지 말고 이웃 사랑의 삶이 되어야 합니다. 의 자체이신 예수님으로 살아야 합니다. 왜냐하면, 언젠가 모든 사람은 주님의 심판대 앞에 서서 모든 책임을 져야 할 날이 있기 때문입니다. 모든 인류의 최종 재판장이신 예수님 앞에 서야 할 날이 있습니다.

> 하나님 앞과 살아있는 자와 죽은 자를 심판하실 그리스도 예수 앞에서 그가 나타나실 것과 그의 나라를 두고 엄히 명하노니 너는 말씀을 전파하라 때를 얻든지 못 얻든지 항상 힘쓰라 범사에 오래 참음과 가르침으로 경책하며 권하라(딤후 4:1, 2).

살아있는 자와 죽은 자를 심판하실 그리스도의 날이 있습니다. 그때는 인생의 모든 것을 주님 앞에 직고(直告)하여야 합니다. 무심코 던진 말도 심문을 받아(마 12:36) 책임을 져야 하는 날입니다. 그 날이 있기에 공의로운 재판장처럼 잘 생각하여 결정하고 판단해야 합니다. 때를 얻든지 못 얻든지 말씀을 가르치고 전파하기를 힘써야 하고, 오래 참으면서 가르치고 경책하고 권하기를 힘써야 합니다.

토라의 말씀을 배우고 가르치고 적용하여 정의와 공의의 공동체가 되도록 하여야 합니다. 세상 종교가 자기 복을 추구하는 것이라면 토라의 가르침은 이웃을 사랑하여 사랑의 공동체를 만듦이 목적입니다. 재판장의 기능을 가진 우리가 토라를 잘 배워 잘 결정하면 복이 됩니다.

하나님이 세 종류의 일꾼을 주셨습니다. 제사장과 왕과 선지자입니다.

약속의 땅으로 들어가면 재판장의 기능을 가진 제사장들이 할 일들은 많습니다. 아세라 상이나 주상을 세우지 않도록 해야 합니다(신 16:21, 22). 우상을 세우고 따르면 자기의 복만을 추구하기에 하나님이 디자인한 사랑의 공동체가 되지 못합니다. 제사장은 우상을 제거하여야 합니다.

또한, 다른 신들을 섬기는 사람이 있으면 자세히 조사하여 엄벌하여야 (신 17:1-7) 합니다. 마치 이단이 몰래 들어와 교회를 어지럽힐 때 엄벌하지 않으면 교회가 곧 깨어지듯이 다른 신들을 받아들이면 곧 망하기에 다른 신들을 섬기는 자들을 엄벌하여 합니다. 재판장의 기능을 가진 제사장들이 할 일입니다.

만약 각 성에서 일어난 사건 중에 피를 흘리고 다투고 구타하고 서로 고소하여 판결이 어려운 것이 있으면 대법원과 같은 중앙 성소에 있는 제사장들에게 가지고 가서 판결을 받아야 합니다(신 17:8-13). 재판장이 분별하여 잘 판결하여야 하나님의 복을 받습니다.

재판의 기능이 있는 왕을 세울 때도 왕은 병마(兵馬)와 여인과 은금을 많이 두지 말고 오히려 율법을 필사하여 옆에 두고 여호와 경외하기를 배워야(신 17:14-20) 합니다. 왕도 토라의 말씀을 잘 배워 잘 분별하여 판결해야 복을 받습니다.

신명기 18장은 재판의 기능이 있는 제사장과 레위인을 충분히 대우하라(신 18:1-8)고 가르치고, 하나님이 가증하게 여기시는 신접한 자나 무당이나 박수를 용납하지 말 것(신 18:9-14)을 가르칩니다. 이어서 모세와 같은 선지자가 일어나 하나님의 명령을 전할 것이니 듣고 순종하라고 합니다. 만약 거짓 선지자가 일어나 자기 마음대로 말하면 죽이라고 합니다

(신 18:15-20).

하나님이 죄와 악을 억제하기 위하여 왕(신 17)과 제사장(신 18:1-8)과 선지자(신 18:15-22)를 주셨습니다. 그들의 역할은 재판장과 지도자의 역할입니다. 공의로 판결하고 재판하여 공동체가 영원히 복을 누리게 하는 것입니다. 그들이 공의롭지 못하면 나라가 무너질 수밖에 없습니다.

이스라엘의 제사장과 왕과 선지자가 타락하여 재판의 기능이 망가져 공의와 정의가 무너졌기에 결국 하나님의 징계를 받아 나라가 무너지고 바벨론에 포로가 되었습니다. 신명기 법을 가볍게 여겼기 때문입니다.

죄와 악을 억제하지 못하면 심판을 받습니다. 모든 사람이 죄를 범하여 모든 사람이 정죄함을 받고 하나님의 영광에 이르지 못합니다. 그래서 하나님은 구원자이신 예수 그리스도를 주셨습니다.

예수님은 제사장과 왕과 선지자 기능을 완성하셨습니다. 예수님은 모세를 통하여 약속하신 선지자로 오셔서 복음을 전하셨습니다(행 3:22-26). 또한, 영원한 제사장으로 우리 죄를 대속하기 위하여 자기 몸을 단번에 속죄 제물로 드리심으로 우리를 구원하셨습니다(히 4-10장). 부활 승천하신 예수님은 영원한 왕으로 사탄을 발판으로 삼을 때까지 하나님 보좌 우편에 앉아 계십니다(히 1:3). 예수님이 선지자와 제사장과 왕의 기능을 완성하셨습니다.

제사장과 왕과 선지자의 기능을 완성하신 예수님은 죄에서 구원받은 우리에게 재판장처럼 다스릴 권세를 주셨습니다. 예수님이 제자들에게 말씀하시기를 세상이 새롭게 되어 인자가 자기 영광의 보좌에 앉을 때 나를 따르는 자들도 열두 보좌에 앉아 이스라엘 열두 지파를 다스리게(마 19:28, 눅 22:30) 될 것이라고 하셨습니다.

예수 그리스도를 따르는 자들에게 결정하고 판단하는 분별력을 주십니다. 결정하고 판단하는 분별력은 옛날 왕의 기능 중 하나였습니다. 솔로몬이 왕이 되었을 때 두 여인이 죽은 아이와 살아 있는 아이를 데리고 와서 서로 살아 있는 아이가 자기 아이라고 합니다. 솔로몬 왕이 지혜롭게 판결하여 그 때부터 지혜의 왕으로 알려집니다.

예수 그리스도를 따르는 자들에게 분별하고 결정하고 다스리는 왕적 권세를 주셨습니다. 왕권과 같은 권세를 주셔서 땅에서 왕 노릇하게 하십니다(계 5:9, 10). 하나님을 사랑하고 이웃을 자기처럼 사랑하는 왕적인 삶을 살게 하십니다.

예수님은 열 므나를 남긴 종에게 지극히 작은 것에 충성하였으니 열 고을 권세를 차지하라(눅 19:17)고 하셨습니다. 지극히 작은 것에 충성할수록 판단하고 결정하고 분별하는 왕적 권세를 풍성히 주셔서 공동체가 복을 받게 하십니다.

날마다 토라의 말씀을 배우고 묵상하면 의롭게 판단하고 결정하는 능력이 생깁니다. 날마다 성령의 인도함을 받으면 의롭게 살아가는 능력도 생깁니다. 토라의 말씀을 배우고 성령이 머무는 종들이 되어 재판장으로 쓰임 받기를 바랍니다.

### 2. 용서의 은혜를 받았기에 죄와 싸워 승리해야 합니다

하나님은 구원을 받은 우리에게 토라의 말씀을 배움으로 스스로 판단하고 분별하는 지혜를 주셨습니다. 하나님이 주신 자유의지로 자기를 위해 살지 않고 하나님을 사랑하고 이웃을 사랑하며 살 수 있도록 지혜를 주셨습니다.

계속 토라의 말씀을 배우고 말씀대로 살아야 복을 받습니다. 언약 백성이 되었기에 말씀대로 하나님을 사랑하고 이웃을 사랑하는 삶을 살아야 합니다. 죄와 싸워야 합니다.

그러나 부지(不知)중에 실수 할 수 있습니다. 부지(不知)중에 실수하면 하나님이 피할 길을 주십니다. 도피성입니다.

> 네 하나님 여호와께서 네게 기업으로 주신 땅 가운데에서 세 성읍을 너를 위하여 구별하고 네 하나님 여호와께서 네게 기업으로 주시는 땅 전체를 세 구역으로 나누어 길을 닦고 모든 살인자를 그 성읍으로 도피하게 하라 (신 19:2, 3).

계획적이고 고의적이 아니라 우발적인 실수로 죄를 지었다면 도피성으로 피하여 건짐을 받게 됩니다(신 19:1-13). 죄와 싸우고 말씀대로 살려고만 하면 전쟁이 일어나도 하나님이 함께 하십니다. 전쟁에 관한 가르침도 주셨습니다(신 20:1-20). 죄와 싸워야 승리할 수 있습니다. 작은 죄라도 용납하지 말아야 합니다.

예를 들면, 피살된 시체를 발견하고 살인자를 찾지 못하면 재판장들은 나가서 시체를 발견한 곳에서 가장 가까운 마을을 지정해야 합니다. 그 마을의 장로들은 암송아지를 잡아 제사를 드리며 우리가 피를 흘리지 않았다고 고백하면 하나님이 죄를 사하여 주십니다. 어떻게 하든지 죄를 제하여야 복을 받습니다(신 21:1-9).

용서의 은혜를 받은 자들은 죄와 싸워야 하고 부지(不知) 중에 지은 죄라도 제하여야 복을 받습니다. 생각과 마음과 입술과 삶의 죄를 제하여야 복을 받습니다.

행각 다섯 개가 있는 예루살렘의 양의 문 곁에 베데스다 못이 있었습니다(요 5장). 그곳에 많은 병자가 있었고 38년 된 병자도 있었습니다. 38년 된 병자는 종교 생활로 살아가는 병든 교회를 보여주는 그림입니다. 토라의 말씀을 받았어도 순종하지 않아 38년간 광야 생활을 하였던 이스라엘처럼 병든 교회도 모세를 통하여 주신 토라의 말씀을 가지고 있지만 광야 생활입니다.

가끔 천사가 내려와 물이 움직일 때 먼저 들어가면 병이 낫는다는 좋은 소식을 들었지만 38년 동안 스스로 혼자 힘으로는 들어갈 수 없었습니다. 자기 힘으로는 아무것도 할 수 없는 병자에게 예수님은 낫기를 원하는 믿음이 있는지 확인하시고 자리를 들고 걸어가라고 하십니다. 침상에 누운 병자가 가장 못하는 것이 자리를 들고 걸어가는 것이지만, 주님은 걸어가라고 하셨습니다. 그 날이 안식일이라 유대인들은 예수님이 안식일 법을 어겼다고 난리가 났습니다. 예수님이 토라의 법을 어긴 것이 아니라 사람들이 정한 안식일 규례를 따르지 않은 것입니다. 안식일에 자리를 들고 가지 말라는 법을 하나님이 주신 적이 없습니다. 종교적인 사람들은 자기들의 법을 지키지 않았다고 예수님을 죽이려 합니다. 38년 된 병자를 고쳐준 예수님을 죽이려고 합니다. 재판장의 기능을 제대로 하지 못한 것입니다.

예수님은 병이 나은 자에게 오셔서 말씀하셨습니다.

> 네가 나았으니 더 심한 것이 생기지 않게 다시는 죄를 범하지 말라 (요 5:14).

은혜로 용서받고 고침 받았으니 더 심한 것이 생기지 않게 죄를 범하지 말라는 것입니다. 죄를 범하지 말라는 것은 네 안에 죄가 무엇인지 판단하고 분별하는 힘이 있다는 것입니다. 죄와 싸워 죄를 죽일 수 있는 힘이 있다는 것입니다. 은혜로 용서함을 받고 구원을 받았으면 죄를 범하지 말아야 합니다. 죄와 싸워야 합니다. 죄를 범하지 말고 믿음으로 살아가야 합니다. 믿음의 사람은 영생을 얻은 것이고 심판에 이르지 아니하게 되고 사망에서 생명으로 옮기는(요 5:24) 복을 받습니다.

일곱 개의 문인 두 눈, 두 귀, 코와 입을 지켜야 합니다. 보고 들은 것을 잘 분별하고 판단하여 토라의 기준인 하나님 사랑과 이웃 사랑으로 살도록 해야 합니다. 욕구대로 살지 말고 말씀대로 살아 생명의 복을 누리길 바랍니다.

# 15장

## 너희가 나아갈 것이다
(신 21:10-14)

성경은 오묘합니다. 성경은 글을 겨우 아는 사람들도 읽고 은혜를 받는 책이지만, 세계적인 석학들도 깊이를 다 이해하지 못해 실족할 수 있는 하나님의 말씀입니다. 수많은 신학자가 성경을 평생 연구하였지만, 아직도 깊이를 다 터득하지 못한 오묘한 책이 성경입니다. 토라를 비롯한 모든 성경은 메시아이신 예수님을(눅 24:44) 보여줍니다.

토라에서 예수님을 배워가는 단계가 있습니다. 단순한(페티-פתי) 단계로 문자를 통하여 메시아를 볼 수 있습니다. 예를 들면 메시아는 여자의 후손으로 오신다(창 3:15)는 약속과 같습니다. 어린아이들도 이해할 수 있는 차원입니다.

조금 깊은 단계는 언어적인 힌트(레메즈-רמז)나 상징을 통하여 메시아를 보게 됩니다. 예를 들면, 긍휼(라함-רחם)은 엄마의 태(레헴-רחם, 자궁)와 어근이 같다는 것에서 힌트를 얻을 수 있습니다. 태의 특징이 무조건 주는 사랑이듯이 하나님의 긍휼은 엄마의 태와 같음을 알 수 있습니다. 언어적인 힌트를 통하여 메시아를 알 수 있습니다. 더 깊은 단계는 설명이나 해석(미드라쉬-שׁרדמ, 다라쉬, שׁרד-연구하고 추구하다)을 통하여 메시아를 알아갈 수 있습니다. 메시아가 어떤 분임을 구약 성경 곳곳에서 설명되어 있습니다. 아주 깊은 단계는 모든 것을 하나(에하드-אחד)되게 하는 메시아의 비밀(쏘드-סוד)을 아는 것입니다. 모든 성경은 메시아를 보여주는 데 암호와 같은 비밀로 되어 있습니다. 메시아는 원래 하나였던 것을 다시 하나 되게 하시는 분으로 땅과 하늘이 메시아 안에서 통일됩니다(엡 1:9, 10).

메시아에 대한 가르침은 암호와 같은 비밀로 되어 있습니다. 하나님의 비밀인 메시아에 대한 모든 것은 우리의 영광을 위하여 만세 전에 미리 정하여 졌음에도 감추어져 있기에(고전 2:7) 비밀입니다. 비록 메시아를 보여주는 하나님의 비밀이 성경에 기록되어 있지만, 암호와 같은 비밀로 기록되어 있기에 사람의 지혜로는 절대 풀 수 없습니다. 눈으로 보고 귀로 듣고 마음으로 생각해도 절대 알 수 없습니다.

메시아의 비밀은 오직 하나님의 깊은 것까지 통달하시는 성령으로만 알 수 있습니다(고전 2:10). 성령으로 말미암지 않고는 알 수 없는 비밀이기에 서기관들과 대제사장도 예수님이 메시아이심을 보지 못해 십자가에 넘긴 것입니다.

사도 바울 역시 예수님을 만나기 전에도 관원이고 랍비였기에 성경을 수없이 읽고 외우고 가르쳤지만, 구약에서 예언된 메시아가 예수님이라고는 상상도 하지 못하였습니다. 오히려 하나님을 모독하는 거짓 선지자 정도로 여겼기에 예수님을 믿는 사람들을 잡아다가 가두는 역할을 하였습니다. 바울이 예수님을 믿는 사람들을 잡기 위해 다메섹으로 가다가 예수님을 만나고 성령을 받음으로 구약에 기록된 메시아의 비밀을 깨달았고 비로소 목숨과 인생을 드려 메시아 비밀을 전하는 증인이 됩니다.

> 사람이 마땅히 우리를 그리스도의 일꾼이요 하나님의 비밀을 맡은 자로 여길지어다 그리고 맡은 자들에게 구할 것은 충성이니라(고전 4:1, 2).

바울은 하나님의 비밀을 맡은 일꾼으로 충성을 다하였습니다. 인생을 드리고 목숨을 드려 비밀을 전하는 충성된 일꾼이 되었습니다. 바울은 수많은 비밀을 풀어서 가르칩니다. 메시아에 대한 하나님의 비밀(골 1:26, 27; 2:2; 4:3). 하나님의 뜻에 대한 비밀(엡 1:9), 구원 경륜에 대한 비밀(엡 3:1, 3, 9), 믿음의 비밀(딤전 3:9), 경건의 비밀(딤전 3:16), 그리스도와 교회의 관계에 대한 비밀(엡 5:32), 복음의 비밀(엡 6:19), 부활의 비밀(고전 15:51), 이방의 충만함이 찰 때 이스라엘이 회복되는 비밀(롬 11:25), 불법의 비밀(살후 2:7)을 가르칩니다.

성경은 그리스도의 손에 잡힌 일곱별의 비밀(계 1:20), 짐승의 비밀(계 17:7), 하나님 나라의 비밀(눅 8:10)도 가르칩니다. 참된 선지자는 하나님의 비밀을 보고 전하는 자입니다(암 3:7).

성경을 계속 읽고 묵상하면서 성령을 통하여 깨닫도록 기도하면 하나님은 깊은 단계로 이끄십니다. 문자를 통하여 메시아에 대해 배우고, 언어적 힌트와 설명을 통하여 더 깊이 예수님을 알아가고, 암호와 같은 비밀로 되어 있는 그리스도를 알아가게 됩니다.

하나님은 지금도 살아 계셔서 하늘과 땅을 하나 되게 하는 비밀을 알고자 하는 종들에게 성령을 통하여 깨닫게 하시고 하늘의 자원을 부어주어 복음대로 비밀이 이루어지게 하십니다.

복음을 더 깊게 알려면 말씀을 사모해야 합니다. 인생을 드릴 정도의 복음의 비밀을 알려면 성경을 읽고 또 읽으면서 성령으로 깨닫도록 기도하여야 합니다. 성경 말씀은 복음인 메시아에 대한 가르침으로 가득합니다.

이번 주에 읽고 배울 토라의 말씀은 신명기 21:10-25:19로 제목은 너희가 나갈 때(키 테쩨-כי תצא)입니다. 적군과 싸우기 위하여 나갈 때가 있습니다.

우리가 싸울 적군은 누구이고 전쟁에서 승리하면 어떤 복을 받을까요?

## 1. 내 안에 있는 원수와 전쟁하기 위해 나가면 하나님은 은혜를 주십니다

아담 타락 이후 지금까지 인류는 전쟁입니다. 영토를 확장하기 위한 총칼의 전쟁도 있지만, 돈을 더 뺏기 위한 경제의 전쟁, 사상으로 사람들의 마음을 빼앗기 위한 문화와 이념의 전쟁 등 수많은 전쟁 속에 살아가고 있습니다. 영화도 전쟁 영화가 많습니다. 자신을 지키고 평화를 지키기 위하여 적군과 싸우지 않을 수 없을 때가 있습니다. 신명기 21:10부터는 전쟁에 대한 말씀입니다.

> 네가 나가서 적군과 싸울 때에 네 하나님 여호와께서 그들을 네 손에 넘기시므로 네가 그들을 사로잡은 후에 네가 만일 그 포로 중의 아리따운 여자를 보고 그에게 연연하여 아내를 삼고자 하거든 그를 네 집으로 데려갈 것이요(신 21:10-12).

너는 싸우기 위하여 나갈(야차-יצא) 것이라는 예언의 말씀입니다. 싸움(밀하마-מלחמה)이란 전쟁을 말하는데 전쟁(라헴-לחם)은 빵(레헴-לחם)과 같은 어근입니다. 모든 전쟁은 먹는 빵을 더 얻기 위함입니다. 전쟁에서 승리하고 상대방을 진압하면 비옥한 땅을 얻고 조공을 받아 빵이 더 풍성해집니다. 경제 전쟁이나 문화 전쟁에서도 이기면 더 많은 이익을 챙기게 됩니다. 세상의 모든 전쟁은 더 많은 이득을 얻어 배를 채우기 위한 전쟁입니다.

그러나 우리가 싸울 전쟁은 조금 성격이 다릅니다. 나가서 적군과 전쟁해야 합니다. 적군(오예브-איב)이란 원수, 미워하는(아야브-איב) 자입니다. 미워하는 자가 원수이고 원수와 싸우기 위해 나가야 합니다.

미움이라는 것은 밖에 있는 것이 아니라 내 안에 있습니다. 내 마음에 미움이라는 원수가 있습니다. 내 안에 있는 미움이라는 원수는 내 중심으로 생각하는 이기심에서 생깁니다. 이기심이 강하면 강할수록 미움이 커집니다. 이기심이 강하면 강할수록 원수가 많아집니다. 우리 안에 있는 이기심이라는 원수와 전쟁하기 위하여 나가야 합니다. 이기심이 우리 안에 오랫동안 자리 잡고 있기에 분리가 잘 되지 않습니다. 이기심이 나이고 내가 이기심같이 되었습니다. 모든 것의 기준이 내 중심의 이기심입니다.

차로 병원이나 쇼핑을 갈 때 주차장이 협소할 수 있습니다. 주차 공간이 없는데 딱 한 자리가 비어 내가 주차하면 하나님의 은혜라고 생각합니다.

그렇다면 뒤에 오는 사람은 은혜를 받지 못한 것입니까?

만약 앞 사람이 주차하고 주차 공간이 없어 빙빙 돌면 은근히 하나님께 화를 냅니다. 하나님이 나의 주차 공간을 확보하여 주는 비서도 아닌데 하나님께 투정을 부립니다. 얼마나 이기심이 많은지 모릅니다. 내 마음 중심에 이기심에 쌓여 있기에 미운 자가 많고 원수가 많습니다. 내 생각과 뜻대로 따라주지 않으면 원수입니다. 미움이 생깁니다. 내 중심의 이기심을 정복하지 못하면 하나가 되라는 주님의 명령을 이루어낼 수 없습니다.

내 안에 있는 미움이라는 죄와 전쟁하기 위하여 나가라고 합니다.

내 안에 미움뿐이겠습니까?

교만, 시기심, 탐욕, 정욕, 게으름 등 얼마나 많은 적이 내 안에 있는지 모릅니다. 내 안에 있는 죄들과 싸워 죄들을 정복하지 못하면 죄의 노예가 될 수밖에 없습니다. 미움과 교만의 노예, 탐욕과 정욕의 노예, 시기심과 게으름의 노예가 되어 평생 죄의 종으로 살 수 밖에 없습니다.

내 안에 있는 죄와 싸우기 위해 나가야 합니다. 내 안의 있는 죄와의 싸움을 육신과 영의 전쟁이라고 할 수 있습니다. 육신의 생각이 있고 영의 생각이 있습니다. 육신의 생각은 의식의 영역에서 생각하는 것이요, 영의 생각은 토로의 말씀을 따르는 것입니다.

> 육신의 생각은 사망이요 영의 생각은 생명과 평안이니라 육신의 생각은 하나님과 원수가 되나니 이는 하나님의 법에 굴복하지 아니할 뿐 아니라 할 수도 없느니라 육신에 있는 자들은 하나님을 기쁘시게 할 수 없느니라 (롬 8:6-8).

육신의 생각대로 살면 혼돈과 공허요, 사망입니다. 영의 생각을 따르면 생명과 평안을 얻습니다. 육신의 생각은 하나님과 원수입니다. 이기심으로 가득한 육신은 떡으로 살고 싶은데 하나님은 사람이 떡으로만 살 것이 아니라 하나님의 입에서 나오는 말씀으로 살라고 하십니다. 하나님은 배만 채우는 떡만 취하지 말고 생명의 떡이신 예수님을 먹고 마시고 토라의 가르침대로 살라고 하십니다. 이기심을 채우기 위하여 받으려고만 하지 말고 아낌없이 주는 의인의 삶을 살라고 하십니다. 말씀대로 아낌없이 주면 누리고 흔들어 안겨 줄 것이니 주라고 하십니다.

그러나 육신의 생각은 주면 아무것도 없을 것 같아 주지 못합니다. 육신의 생각은 하나님과 원수입니다. 육신은 으뜸이 되기를 원하는데 하나님은 무한대로 섬기는 자가 되라고 하십니다. 머리가 아니라 발꿈치가 되라고 하십니다.

　그러나 육신의 생각은 무한대로 섬기는 발꿈치가 되면 자존심이 상할 것 같아 섬기지 못합니다. 육신의 생각은 하나님과 원수가 됩니다.

　하나님이 "조건 없이 주라. 아가페 사랑을 하라. 용서하라. 거룩하게 살라"라고 명령하시니 육신은 그렇게 명령하시는 하나님이 원수와 같습니다. 그래서 말씀을 읽기 싫어하고 듣기도 싫어합니다. 육신은 하나님의 법에 굴복하지 아니합니다. 자기중심의 이기심으로 사는 육신은 하나님의 가르침인 토라의 말씀에 굴복할 수도 없습니다. 육신에 있는 자는 하나님을 기쁘시게 할 수 없습니다.

　육신의 생각과 영의 생각이 공존할 수 없기에 전쟁하기 위하여 나가야 합니다. 배와 빵을 위한 전쟁이 아니라 영적인 양식인 예수님을 먹고 말씀대로 사는 영적인 전쟁을 하여야 합니다. 육신의 생각을 정복하고 영의 생각인 토라의 말씀대로 사는 전쟁을 하여야 합니다. 이기심을 부추기는 육의 생각으로 살면 사망이지만, 영의 생각인 토라의 말씀대로 살면 생명과 평안과 자유를 누리고 하나님과 친밀함을 누리며 하나님을 기쁘시게 합니다.

　신명기 21:10은 예언입니다. 너희가 영의 생각으로 사는 전쟁을 위하여 나갈 것이라는 예언(익톨 동사-미래)입니다. 원수인 육의 생각인 이기심을 비롯한 여려가지 죄와 싸우기 위하여 나갈 것이라는 예언입니다. 육의 생각과 전쟁하기 위하여 나가면 여호와 하나님이 원수들을 너의 손에 넘겨 그들을 포로로 잡을 것이라는 예언입니다.

　애굽에서 나오듯이 내 안에 있는 죄와 전쟁하기 위하여 나갈 때 하나님은 원수를 넘겨주십니다. 전쟁터로 출전해야 승리를 맛볼 수 있듯이 내 안에 있는 죄와 치열하게 싸울 때 하나님이 친히 오셔서 내 안에 있는 죄를 이길 힘을 주십니다. 내가 죄와 싸울 때 하나님이 오셔서 내 안의 죄를 벌하시고(사 26:21), 타작기계를 통하여 추수하듯이 고난을 통하여 죄를 몰아내고 알곡을 모으십니다. 내 안에 있는 죄와 싸우기 위하여 나갈 때 하나님은 기묘한 하나님의 지혜로 원수를 넘겨주십니다(사 28:28, 29).

하나님이 넘겨주심으로 사로잡은 포로(쉐비-שְׁבִי)라는 단어는 회개하다, 하나님께로 돌아오다(슈브-שׁוּב)는 단어와 어근이 같습니다. 나 중심의 이기심과 게으름, 정욕과 탐욕, 미움과 교만을 깨닫고 회개하고 하나님께로 돌아옴이 원수를 사로잡아 포로로 삼은 것과 유사합니다.

원수를 사로잡듯이 내 안에 있는 원수를 사로잡고 회개하면 아리따운 여인을 아내로 삼고 싶은 것처럼 하나님이 예비하신 아리따운 여인과 같은 선물이 보여집니다. 육의 생각을 정복하면 생명과 평안을 주는 영의 생각을 선물로 받습니다. 토라의 말씀을 따라 아가페 사랑을 함이 복이고, 조건 없이 주는 의인의 삶이 복이고, 용서하고 축복함이 복이고, 거룩함이 복임을 알게 됩니다. 하나님이 주신 아름다운 여인과 같은 선물입니다. 아내로 삼아 함께 살고 싶은 아리따운 여인처럼 의인의 삶과 아가페 사랑과 거룩함이 아름답게 보여 그렇게 살고자 합니다. 내 안에 있는 이기심과 같은 내 중심의 죄들을 회개하면 토라의 가르침이 아름답게 보입니다. 사랑하여 함께 살고 싶은 여인처럼 보입니다. 그것이 하나님의 선물입니다. 영으로 생각하고 영으로 살아 하나님의 기쁨이 되고 생명과 평안과 자유의 복을 누립니다. 내 안에 있는 이기심과 같은 원수와 싸우기 위하여 전쟁터로 나가길 바랍니다.

## 2. 영적 전쟁의 열매인 거룩함과 사랑이 나타나면 하나님의 복을 받습니다

내 육신 안에 있는 이기심과 같은 죄들과 싸워 승리하면 아름다운 열매가 많이 나타납니다. 대표적으로 거룩함과 사랑의 열매입니다. 신명기 21:10에서 25장까지는 613개의 계명 중 74개가 나오는데 거룩함과 사랑의 열매가 많이 나옵니다.

내 안에 있는 죄와 싸울 때 하나님이 함께 하시므로 원수를 넘겨주십니다. 거룩하신 하나님이 함께 하시면서 힘을 주시기를 원한다면 우리도 거룩해야 합니다. 몸도 거룩하게 유지해야 하지만, 마음과 생각도 거룩해야 합니다.

패역한 아들이 부모의 말을 듣지 않고 술에 잠기어 방탕하면 돌로 쳐 죽임으로 악을 제거하라(신 21:18-21)는 것도 거룩함에 대한 가르침이고, 사람이 죽을 죄를 범하여 나무에 달거든 시체를 나무 위에 밤새도록 두지 말라는 것도 하나님이 주신 땅을 더럽히지 말고 거룩하게 하라는 가르침이고(신 21:22, 23), 여자가 남자의 의복을 입지 말고 남자가 여자의 옷을 입지 말라는 것도 거룩함에 대한 가르침이며(신 22:5), 포도원에 두 종자를 섞어 뿌리지 말고 소와 나귀를 겨리하여 갈지 말고 양털과 베실을 섞어 짠 옷을 입지 말라(신 22:9-12)는 것도 거룩함에 대한 가르침이고, 순결에 대한 것(신 22:13-30, 24:1-4)도 거룩함에 대한 가르침이며, 여호와의 총회에 들어갈(신 23:1-8) 자격에 대한 가르침도 거룩함에 대한 가르침이고, 창기와 남창을 있게 하지 말라(신 23:17, 18)는 것도 거룩함에 대한 가르침이며, 전쟁 중 몽설한 자와 화장실은 진영 밖에 있게 하라(신 23:9-13)는 것도 거룩함에 대한 가르침입니다. 거룩함에 힘써야 할 이유가 있습니다.

> 네 하나님 여호와께서 너를 구원하시고 적군을 네게 넘기시려고 네 진영 중에 행하심이라 그러므로 네 진영을 거룩히 하라 그리하면 네게서 불결한 것을 보시지 않으므로 너를 떠나지 아니하시리라(신 23:14).

우리가 우리 안에 있는 죄와 싸울 때 하나님이 죄로 이끄는 원수를 넘기시려고 우리 가운데 거하시기에 거룩해야 합니다. 불결한 것이 보이면 우리와 함께 할 수 없습니다. 하나님께서 함께 하시지 않으면 우리가 죄와 싸울 수도 없고 죄를 이길 수도 없습니다.

하나님이 함께 하시고 힘을 주셔야 사탄과 죄를 이길 수 있습니다. 우리가 거룩해야 하나님이 함께 거하십니다. 거룩함이 있어야 영적인 복을 받습니다.

거룩함과 더불어 사랑이 영적 전쟁의 열매입니다. 이기심을 몰아내면 사랑의 열매가 나타납니다. 사랑하는 아내와 미워하는 아내가 있는데 장자가 미움 받는 아내의 아들이라도 장자의 권리를 인정하여 두 몫을 주라는 것(신 21:15-17)은 사랑의 원리요, 형제의 소나 양이나 나귀나 의복의 잃은 것을 보거든 돌려주라는 것도(신 22:1-4) 사랑의 원리입니다.

어미 새와 새끼와 알을 보고든 어미 새를 놓아 주라는 것도(신 22:6-7) 사랑의 원리요, 새로운 집을 지을 때는 난간을 만들어 떨어지지 않게 하라(신 22:8)는 것도 사랑의 원리입니다.

종이 주인을 피하여 도망 오면 압제 하지 말라(신 23:15, 16)는 것도 사랑의 원리요, 형제에게 돈이나 식물을 꾸어줄 때는 이자를 받지 말라는 것도(신 23:19-20) 사랑의 원리요, 포도원에 들어갈 때는 그릇에 담지는 말고 마음껏 먹도록 하라는 것과 곡식밭에 들어갈 때도 낫을 대지 말고 손으로 비벼 먹는 것을(신 23:24, 25) 허용하라는 것도 사랑의 원리입니다.

결혼을 하면 일 년 동안 전쟁에 소집하지 말고 아내와 즐겁게 보내라(신 24:5)는 것도 사랑의 원리이고, 가정에 꼭 필요한 생명줄과 같은 맷돌을 전당잡지 말라는(신 24:6) 것도 사랑의 원리입니다.

꾸어줄 때는 집에 들어가 전당 물을 취하지 말고 밖에서 기다리고 가난한 자이면 전당 물을 잡지 말며, 해지기 전에 전당 물을 돌려주라는 것도(신 24:10-13) 사랑의 원리입니다.

빈한한 품꾼의 품삯을 당일에 주라는 것(신 24:14, 15)도 사랑의 원리이고, 객이나 과부의 송사를 억울하게 하지 말라(신 24:17, 18)는 것도 사랑의 원리이며, 잘못하여 재판장이 태형을 처할 때도 40대를 넘기지 말라(신 25:1-3)는 것도 사랑의 원리입니다.

곡식 떠는 소에 망을 씌우지 말라는 것도(신 25:4) 사랑의 원리이며, 형이 아들을 두지 못하고 죽으면 동생이 형수를 취하여 형의 이름으로 후손을 남기라는 것도(신 25:5-10) 사랑의 원리입니다.

공정한 추를 사용하라는 것도(신 25:11-16) 사랑의 원리이고, 곡식밭이나 과일 나무에서 작지만 일부라도 객과 고아를 위하여 남겨 놓으라(신 24:19-25)는 것도 사랑의 원리입니다.

서로 물고 먹으면 피차 멸망하지만, 내 자신처럼 이웃을 사랑하면(갈 5:14,15) 복을 받습니다. 자유하지만 자유로 육체의 기회로 삼는 것이 아니라 사랑으로 종노릇하면(갈 5:13) 하나님의 복을 받습니다.

내 안에 있는 이기심을 정복하면 사랑의 삶을 삽니다. 모든 것의 원리가 사랑입니다. 사랑의 삶을 살면 하나님이 복을 주십니다.

> 네가 밭에서 곡식을 벨 때에 그 한 뭇을 밭에 잊어버렸거든 다시 가서 가져오지 말고 나그네와 고아와 과부를 위하여 남겨두라 그리하면 네 하나

님 여호와께서 네 손으로 하는 모든 일에 복을 내리시리라(신 24:19).

어미는 반드시 놓아 줄 것이요 새끼는 취해도 되나니 그리하면 네가 복을 누리고 장수하리라(22:7).

형제에게 이자를 받지 않으면 네 손으로 하는 범사에 복을 내리시니라 (23:20).

거룩함과 사랑의 열매는 하나님의 복을 받는 통로입니다. 거룩함으로 살아가야 하나님께서 함께 거하시면서 지혜와 승리를 주십니다. 사랑의 원리로 살아가면 하나님이 복을 주십니다.

내 안에 원수인 죄에 싸워 승리하고, 거룩함과 사랑의 열매로 하나님의 복을 받기를 바랍니다.

## 16장

## 네가 들어갈 때에
(신 26:1-11)

여호와 하나님께 속한 모든 것은 노력이 아니라 상속으로 받습니다. 사람이 아무리 수양을 쌓고 노력해도 하나님께 속한 것은 조금도 취할 수 없습니다. 오직 상속으로 받습니다. 마치 수백억 원의 상속을 받은 조그마한 아이가 자기의 노력이 아니라 자녀이기에 받은 것처럼 하나님께 속한 모든 것은 하나님의 자녀가 되어 오직 상속으로만 받을 수 있습니다.

> 자녀이면 또한 상속자 곧 하나님의 상속자요 그리스도와 함께 한 상속자 이니라(롬 8:17).

> 아브라함이나 그의 후손에게 세상의 상속자가 되리라고 하신 언약은 율법으로 말미암은 것이 아니요 오직 믿음의 의로 말미암은 것이라(롬 4:13).

하나님께 속한 모든 것은 상속으로 받습니다. 하나님 나라, 죄 용서, 구원, 영생 등 모든 것은 상속자이기에 받은 것입니다.

> 아버지께 복 받은 자들이여 창세로부터 너희를 위하여 예비 된 나라를 상속받으라(마 25:34).

> 자기를 사랑하는 자들에게 약속하신 나라를 상속으로 받게 하셨다(약 2:5).

> 이기는 자는 이것들을 상속으로 받으리라(계 21:7).

하나님은 하나님께 속한 모든 것을 상속받도록 우리를 의롭게 하셨습니다.

> 그의 은혜를 힘입어 의롭다 하심을 얻어 영생의 소망을 따라 상속자가 되게 하심이라(딛 3:7).

복음을 듣고 주 예수 그리스도를 믿으면 상속의 복을 받습니다.

> 이는 이방인들이 복음으로 말미암아 그리스도 예수 안에서 함께 상속자가 되고 함께 지체가 되고 함께 약속에 참여하는 자가 됨이라(엡 3:6).

그리스도 예수 안에서 상속자가 되고 지체가 되고 약속에 참여한 자가 된 것은 말로 다 할 수 없는 복입니다. 상속자가 되는 것은 큰 복이기에 사탄은 상속의 복을 보지 못하게 합니다. 상속의 복을 보고 누려야 합니다.

이스라엘이 젖과 꿀이 흐르는 약속의 땅을 받는 것은 상속의 의미가 있습니다. 그들이 무슨 선한 일을 하여 받은 것이 아니라 하나님이 아브라함의 믿음을 보시고 그 땅을 그와 그의 후손들에게 주시겠다고 약속하셨습니다. 하나님이 약속하신 때가 되매 이스라엘은 상속으로 받은 약속의 땅으로 들어가게 됩니다.

이번 주에 읽을 토라의 말씀은 신명기 26:1-29:9로 제목은 네가 들어갈 때에(키 타보-כי תבוא)입니다. 상속으로 받은 땅에 들어갈 때 무엇을 하여야 하는지를 가르침입니다.

상속을 받은 자는 먼저 상속의 특징을 알아야 합니다. 상속은 자녀들이 받는 은혜입니다. 값없이 받는 은혜입니다. 부모들이 이루어 놓은 것을 자녀들은 자녀이기에 무상으로 받는 것이 상속입니다. 마찬가지로 믿음의 사람들이 받는 영적인 복은 하나님이 이미 완성해 놓으신 것을 은혜로 받는 것입니다.

신명기 26:1의 히브리어 성경은 들어가다(키 타보-כי תבוא) 앞에 '그리고 이미 존재하다'(베하야-והיה)가 있습니다. 이미 완성하여 존재하는 곳에 들어가라는 말씀입니다. 상속은 이미 완성하여 존재하는 것입니다. 영적 상속은 주님이 이미 완성하여 존재하시는 것을 지식으로 알고 믿음으로 받는 것입니다.

하나님이 이스라엘에게 주려고 예비해 놓으신 것을 깨달아 알고 믿음으로 받으면 됩니다. 마찬가지로 주님이 우리에게 주시려고 예비해 놓으신 것을 지식으로 알고 믿음으로 받으면 됩니다.

주님이 우리를 위하여 예비해 놓으신 것은 엄청납니다. 우리 모든 죄를 속량하심, 의롭게 됨, 화평을 누림, 구원하여 양자가 되게 함, 하나님 나라에서 거처를 마련함, 성령을 주심 등 이 모든 것을 이미 완성해 놓으셨습니다. 상속으로 주시기 위하여 주님이 마련해 놓으신 것을 알고 믿음으로 받으면 됩니다.

> 모든 사람이 죄를 범하였으매 하나님의 영광에 이르지 못하더니 그리스도 예수 안에 있는 속량으로 말미암아 하나님의 은혜로 값없이 의롭다 하심을 얻은 자 되었느니라(롬 3:23, 24).

그리스도 예수 안에 있는 속량으로 모든 것은 다 준비되었습니다. 은혜로 값없이 의롭다 함을 얻었습니다. 그리스도를 영접하면 그리스도 안에 있는 모든 것을 상속으로 받게 됩니다. 영적 세계에서 그리스도께서 완성하신 것을 믿음으로 상속받습니다.

> 그가 우리를 흑암의 권세에서 건져 내사 그의 사랑의 아들의 나라로 옮기셨으니 그 아들 안에서 우리가 속량 곧 죄 사함을 얻었도다(골 1:13, 14).

예수님이 하신 일이 얼마나 큰지 모릅니다. 우리가 알았든지, 알지 못하였든지 이전에는 흑암의 권세 아래 묶여 있었습니다.

그러나 이제는 예수님이 우리 죄를 십자가에서 속량하심으로 하나님의 아들의 나라인 하나님 나라로 옮겨졌습니다. 사망에서 생명으로 옮겨진 것입니다. 엄청난 복입니다. 고아가 왕의 아들이 된 것보다 더 큰 은혜입니다. 하나님의 아들인 예수 그리스도 안에서 이루진 것을 알고 믿으면 하나님 나라를 상속으로 받습니다.

상속은 믿음으로 들어가 누리는 것입니다. 이미 완성해 놓은 곳으로 들어가 누리는 것입니다. 그리스도 안에서 그의 은혜의 풍성함을 따라 그의 피로 말미암아 속량, 곧 죄 사함을 받았습니다(엡 1:7). 믿음으로 누리면 됩니다. 예수님이 지혜와 의로움과 거룩함과 구원함이 되셨습니다(고전 1:30). 믿음으로 누리면 됩니다. 그리스도 안에서 하늘에 속한 형상을 입을 것입니다(고전 15:49). 믿음으로 누리면 됩니다. 그리스도 안에서 이미 완성한 놓은 것을 상속으로 받으니 믿음으로 누리면 됩니다. 그리스도 안에서 완성된 것을 지식으로 알고 믿음으로 취하는 것이 상속의 특징입니다.

하나님께 속한 모든 것을 상속으로 받는 것의 시청각 교육이 이스라엘이 약속의 땅으로 들어가는 것입니다. 아브라함과 약속하신 하나님은 때가 되매 모세를 통하여 이스라엘을 애굽에서 구원하시고 광야의 삶을 거쳐 젖과 꿀이 흐르는 약속의 땅으로 들어가게 하십니다. 은혜로 주신 것을 믿음으로 받음입니다.

그렇다면 상속으로 받은 약속의 땅에 들어가서 무엇을 하여야 상속의 복을 누릴까요?

## 1. 상속의 은혜를 깨닫고 감사하는 신앙이 되어야 복을 받습니다

신명기 26장은 젖과 꿀이 흐르는 땅으로 들어가서 그 땅에 이른 것이 하나님의 은혜임을 깨닫고 감사하며 예배하라는 가르침입니다.

> 네 하나님 여호와께서 네게 기업으로 주어 차지하게 하는 땅에 네가 들어가서 거기에 거주할 때에 네 하나님 여호와께서 네게 주신 땅에서 그 토지의 모든 소산의 맏물을 거둔 후에 그것을 가져다가 광주리에 담고 네 하나님 여호와께서 그의 이름을 두시려고 택하신 곳으로 그것을 가지고 가서 … (신 26:1, 2).

하나님이 주신 기업, 곧 상속으로 받아 차지한 땅에 들어가서 거주할 때 토지소산의 모든 만물을 거둔 후에 하나님의 이름을 두시려고 택하신 곳에 소산의 만물을 가지고 가서 감사하며 예배하라는 가르침입니다. 은혜를 잊지 말라는 것입니다.

토지소산의 만물을 가지고 가서 고백하여야 합니다. "여호와께서 우리에게 주시겠다고 조상들에게 맹세한 땅에 이르렀습니다(신 26:3). 우리 조상은 방랑하는 아람 사람으로 애굽에 내려가서 거기에서 소수로 거류하였더니 거기에서 크고 강하고 번성한 민족이 되었는데 애굽 사람이 우리를 학대하며 괴롭히고 중노동을 시키므로 하나님 여호와께 부르짖었더니 여호와께서 우리 음성을 들으시고 우리의 고통과 신고와 압제를 보시고 여호와께서 강한 손과 편 팔과 큰 위엄과 이적과 기사로 우리를 애굽에서 인도하여 내시고 이곳으로 인도하사 젖과 꿀이 흐르는 땅을 주셨기에 이제 주께서 주신 토지소산의 만물을 가져왔나이다"(26:5-10).

예배 때의 신앙고백입니다. 하나님의 은혜로 구원을 받고 젖과 꿀이 흐르는 땅에 이르렀음을 고백하면서 토지소산의 만물을 드리고 감사 예배를 드리라(26:10)는 가르침입니다. 감사를 잊지 말라는 것입니다. 상속으로 받은 것을 잊지 말고 감사하라는 것입니다.

감사할 때는 토지소산의 만물을 가져오라고 하셨습니다. 가축을 드릴 때도 첫 새끼를 드리라고 하셨습니다. 첫 것이란 머리(레쉬트-ראשׁית)를 말합니다. 만물의 으뜸과 머리(골 1:18)는 예수 그리스도이십니다. 만물과 첫 새끼를 드리면서 예배하라는 것은 머리되신 예수님을 통하여 하나님께 나아갈 수 있다는 것입니다. 가인은 땅의 소산으로 제물을 삼아 하나님께 드렸고, 아벨은 양의 첫 새끼와 그 기름을 드릴 때(창 4:3, 4) 하나님은 가인의 제물은 받지 않으시고 아벨의 제물을 받으셨습니다. 예수 그리스도 없이 하나님께 나아갈 수가 없다는 것입니다. 상속으로 받은 은혜를 감사하며 하나님께 나아갈 때도 머리되신 예수 그리스도를 통하여서만 가능합니다. 십일조이든, 첫 소산이든, 첫 새끼이든 이 모든 것은 머리되신 예수 그리스도를 통하여 하나님께 나아간다는 표시입니다.

예수님은 모세가 예수님께 대하여 기록하였다(요 5:46)고 하셨습니다. 모세를 통하여 기록한 토라의 말씀은 예수님에 대한 기록입니다. 사람들은 성경에서 영생을 얻는 줄 생각하고 성경을 연구하는데 성경은 예수님에 대하여 증언하는 것입니다. 영생을 얻기 위하여 예수님께 가지 않으면 영생을 얻을 수 없습니다(요 5:39, 40). 머리되신 예수님을 통하여 영생을 얻습니다. 만물을 가지고 하나님 앞에 나오는 것은 예수님을 머리로 인정함입니다.

하나님께 만물을 드리면서 감사할 때 잊지 말아야 할 것이 또 하나 있습니다.

> 네 하나님 여호와께서 너와 네 집에 주신 모든 복으로 말미암아 너는 레위인과 너희 가운데 거류하는 객과 함께 즐거워할지라(신 26:11).

하나님이 주신 복으로 말미암아 레위인과 너희 가운데 거류하는 객과 함께 즐거워하라고 하셨습니다. 상속의 은혜로 받은 복을 함께 하는 이웃들과 나누라는 가르침입니다. 함께 거류하는 자 중에 고아나 과부나 나그네처럼 약한 자들이 있으면 상속으로 받은 것을 나누며 함께 즐거워하라는 가르침입니다. 함께 나누는 공동체가 건강한 공동체입니다. 선진국일수록 장애인들과 약한 자들을 배려하는 정책이 많은 것처럼 건강한 공동체일수록 하나님의 가르침을 따라 약한 자들을 배려하고 나눕니다.

연약한 이웃에게 나누고 복을 위하여 기도하면 하나님은 복을 주십니다.

> 성물을 내 집에서 내어 레위인과 객과 고아와 과부에게 주기를 주께서 명령하신 대로 하였고, 주의 명령을 범하지 아니하였고 잊지 아니하였고 애곡하는 날에 성물을 먹지 않았고, 부정한 몸으로 떼어두지 아니하였고 죽은 자를 위해 쓰지 아니하였고 명령대로 행하였사오니 하늘에서 보시고 주의 백성에게 복을 내리주시며 젖과 꿀이 흐르는 땅에 복을 내리소서 (26:13-15).

함께 거류하는 약한 자들에게 나누라는 하나님의 명령을 순종하고 그 후에 기도하면 들으십니다. 하나님의 백성에게 복을 주시기를 위하여 기도하고, 하나님이 주신 땅에 복을 주시기를 기도하면 하나님은 들으십니다. 말씀에 순종하면서 가족을 위하여 기도하고 하는 일들을 위하여 기도하면 들으십니다. 여호와를 하나님으로 인정하고 마음과 뜻을 다하여 하나님의 규례와 명령과 법도를 지켜 행하면 여호와께서 복을 주십니다 (신 26:16-19).

상속으로 받은 땅에서 은혜를 감사하고 의인처럼 나누는 삶을 살면서 기도하면 하나님은 복을 주십니다. 만물을 드리듯이 예수 그리스도로 말미암아 하나님께 나아가 받은 은혜를 감사하며 연약한 이웃에게 베풀고 나누면 복이 됩니다.

## 2. 상속 받은 땅에서 언약의 말씀을 깨닫고 청종해야 약속의 복을 받습니다

하나님께 속한 모든 것은 값없이 상속으로 받지만, 상속으로 받은 땅에서 살아가야 하는 삶의 원리가 있습니다. 언약의 말씀을 청종하는 것입니다. 아가페 사랑으로 하나님과 이웃을 사랑하고, 의인이 되어 베풀고 나누고 구별된 자로 거룩하게 살아가라는 말씀을 청종함이 복입니다.

말씀을 청종함이 복이기에 약속의 땅에 들어가서 에발 산에 큰 돌을 세우고 석회를 바르고 모든 율법의 말씀을 분명하고 정확하게 기록하고(신 27:1-8) 지키라고 하셨습니다. 열두 지파의 모든 사람은 에발산과 그리심 산에 서서 열두 개의 저주율법을 선포할 때 아멘하며 말씀 청종을 마음에 새기라(신 27:11-26)라고 하셨습니다.

말씀 청종은 약속된 복입니다.

> 네가 네 하나님 여호와의 말씀을 삼가 듣고 내가 오늘 네게 명령하는 그의 모든 명령을 지켜 행하면 네 하나님 여호와께서 너를 세계 모든 민족 위에 뛰어나게 하실 것이라 네가 네 하나님 여호와의 말씀을 청종하면 이 모든 복이 네게 임하여 네게 이르리니(신 28:1, 2).

말씀을 잘 듣고 명령을 지켜 행하면 복을 받습니다. 땅의 모든 민족 위에 뛰어나게 하십니다. 뛰어나게(엘욘-עליון) 하다(나탄-נתן)는 의미는 지극히 높으신 지존 자를 주신다는 의미입니다. 지극히 높으신 분은 메시아이신 예수님입니다. 동일한 단어를 지극히 높으신 자로(신 32:8) 번역하기도 합니다(창 14:19, 20; 민 24:16). 여호와의 말씀을 잘 듣고 명령을 지키면 지극히 높으신 예수 그리스도를 주십니다. 모든 명령을 행하려는 갈망을 가지신 예수님을 주십니다. 예수님이 오셔서 함께 계셔야 율법을 지켜 행하고자 하는 갈망이 마음에서 일어나고 율법을 지킴으로 복을 받습니다.

말씀을 청종하는 자들에게 지극히 높으신 지존 자를 주십니다.

> 여호와께서 너를 그 지으신 모든 민족 위에 뛰어나게 하사 찬송과 명예와 영광을 삼으시고 그가 말씀하신 대로 너를 네 하나님 여호와의 성민이 되게 하시리라(신 26:19).

지극히 존귀한 분(엘욘-עליון)를 주시는 데 메시아가 오시면 찬송과 명예와 영광이 따라옵니다. 거룩한 백성이 됩니다. 지극히 높으신 예수님이 오시는 것은 엄청난 복을 주시기 위함입니다.

메시아이신 예수님은 이 땅에 오셨고 우리는 메시아이신 예수님께 가야 복이 됩니다. 이 땅에 오신 예수님께 우리가 가면 우리는 하나님의 나라가 되고 하나님의 백성이 됩니다. 하나님 나라의 머리는 예수님이십니다. 예수님을 머리라고 생각하기에 모든 만물과 첫 새끼를 가지고 하나님께 나아가 예배합니다. 그렇게 예배하면 들어가도 복이요, 나가도 복이 됩니다.

지극히 높으신 예수님이 우리 가운데로 오실 때 범사에 복이 됩니다. 성읍과 들에서 복을 받고 자녀와 토지소산과 가축이 복을 받고 들어가도 복을 받고 나가도 복을 받습니다(신 28:2-13).

그러나 말씀을 청종하지 않고 명령과 규례를 지켜 행하지 않으면 저주가 임합니다. 저주는 지극히 높으신 지존 자가 없다는 것입니다. 그분의 말씀을 듣지 않으니 지극히 높으신 지존 자가 오지 않습니다. 말씀을 청종하지 않음에도 그분이 오신다면 심판하시기 위하여 오시는 것입니다. 하나님께 상속받은 곳에 예수님이 계시지 않으면 저주입니다.

성읍에서도 저주요 들에서도 저주요, 자녀와 토지소산과 가축도 저주받고 들어가도 저주고 나가도 저주입니다. 언약 백성이 언약의 말씀을 버리면 멸망할 때까지 저주를 받습니다. 염병을 보내고, 하늘은 비를 그쳐 철이 되게 하고, 전쟁에서 패하게 하시고, 가족과 집과 토지소산과 가축을 빼앗기게 합니다. 재앙이 임함에도 계속 돌이키지 않으면 나중에는 먹을 것이 없어 자녀를 삼아 먹고, 포로가 되어 여러 나라에 흩어지게 되는 저주를 받습니다.

이번 주에 읽을 토라의 말씀인 신명기 26:1-29:9에는 저주 목록이 98개나 나옵니다. 그 중에 하나만 찾아와도 헉헉거리는데 98개의 저주가 쏟아지면 미치게 됩니다. 여호와께서 미치는 것과 눈 먼 것과 정신병으로 치십니다(신 28:28). 눈에 보이는 일로 미치게(신 28:34)됩니다. 사람들은 자기 뜻대로 되지 않으면 미치겠다는 말을 많이 합니다. 자기만 위하여 살려고 하면 정말 미치게 합니다. 안목의 정욕, 이생의 자랑, 육신의 정욕을 따라 살면 결국 망하게 됩니다.

마지막 저주는 주야로 두려워하는 것입니다(신 28:66). 생명을 확신할 수 없어 밤낮 두려움으로 삽니다. 두려움과 고통이 심하여 아침에는 저녁이 오면 좋겠다고 하고, 저녁에는 아침에 오면 좋겠다고 합니다.

말씀을 청종하지 않는 것은 메시아이신 예수님을 거부하는 것이요, 메시아이신 예수님이 계시지 않으면 저주입니다. 말씀을 청종하지 않고 가볍게 여기면 결국은 망하는 것입니다. 다윗 시대 때 번성하였던 이유는 말씀을 청종함이요, 나중에 이스라엘이 망한 이유는 언약의 말씀을 청종하지 않았기 때문입니다.

복이든 저주이든 우리 마음대로 하지 못합니다. 복이든 저주이든 오는 것입니다. 하나님에게서 오는 것은 누구도 막을 수 없습니다. 하나님에게서 오는 복을 막을 사람도 없지만 하나님에게서 오는 저주도 막을 사람이 없습니다.

태풍이 오는 것을 막을 수 없고, 기근이 오는 것을 막을 수 없습니다. 하나님이 적들을 보내시면 막아낼 방법이 없고 하나님이 염병을 보내시면 고칠 방법이 없습니다. 내일이 오는 것을 막을 수 없듯이 하나님에게서 오는 것을 막을 수 없습니다. 원하던 원치 않던 오는 것을 거부할 수 없습니다.

우리의 노력과 의지로 취할 수 있는 것은 한계가 있습니다. 복과 저주는 하나님에게서 임하는 것입니다. 복과 저주가 임하는 원리를 깨닫고 원리대로 살아감이 지혜입니다. 복의 원리는 삼가 말씀을 듣고 명령에 순종하는 것이고, 저주의 원리는 말씀대로 살아야 할 언약 백성이 말씀을 버리는 것입니다.

토라의 말씀은 자기만 생각하며 이기심으로 살지 말고 하나님께 감사하고 공동체를 사랑하고 섬기는 것입니다. 공동체에 대한 책임을 지는 것입니다. 말씀 청종이 복입니다.

> 그런즉 너희는 이 언약의 말씀을 지켜 행하라 그리하면 너희가 하는 모든 일이 형통하리라(신 29:9). 아멘.

# 17장

## 너희가 서 있다
(신 29:10-13)

　하나님의 백성이 되는 방식은 이스라엘이나 교회나 동일하게 언약에 참여함으로 됩니다. 자녀들은 태어나거나 입양으로 가족이 되어 부모의 사랑을 받고 유산을 받지만 하나님의 자녀들은 언약에 참여함으로 하나님의 자녀 곧 하나님의 백성이 되어 하나님의 사랑을 받고 하나님의 나라를 상속으로 받습니다. 만약 언약 백성이 하나님을 등지고 언약의 말씀을 버린다면 언약의 저주를 받습니다.

　이스라엘은 출애굽 한 후 시내 산에서 언약을 통해 하나님의 백성이 되었으나 금송아지를 만들어 신으로 섬겼고, 가나안 땅을 약속으로 주시겠다는 하나님의 말씀을 불신하고 애굽으로 돌아가려고 고집을 부리다가 광야에서 거의 죽었습니다.

　언약을 파괴한 광야 백성이 거의 죽은 후 모압 평지에서 그의 후손들에게 다시 언약의 말씀을 선포합니다. 하나님의 백성은 언약의 말씀을 그대로 지켜야 복이 되기에 모든 사람을 모아 놓고 언약의 말씀을 선포합니다. 그것이 신명기입니다.

하나님은 언약 백성이 지킬 모든 규례와 법도와 명령을 선포합니다. 복과 저주에 대한 모든 말씀을 전하고 분명하게 확인시키는 것은 언약 백성임을 명심하라는 것입니다.

> 너희가 너희의 하나님 여호와 앞에 서 있는 것은 네 하나님 여호와의 언약에 참여하며 또 네 하나님 여호와께서 오늘 네게 하시는 맹세에 참여하여 여호와께서 네게 말씀하신 대로 또 네 조상 아브라함과 이삭과 야곱에게 맹세하신 대로 오늘 너를 세워 자기 백성을 삼으시고 그는 친히 네 하나님이 되시려 함이니라(신 29:11-13).

여호와께서 모세를 통하여 신명기 토라를 선포하실 때 모든 회중은 다 모여 하나님 앞에 서 있었습니다. 수령과 지파와 장로와 지도자와 모든 남자와 유아와 아내와 객과 나무를 패는 자부터 물 긷는 자까지 모든 회중은 하나님 여호와 앞에 서서 토라의 말씀을 들었습니다(신 29:10, 11).

남녀노소 모든 회중이 모압 평지에 서서 토라의 말씀을 들은 목적이 있습니다. 그것은 여호와 하나님의 언약과 맹세에 참여하기 위함입니다. 언약과 맹세에 참여하게 하신 이유는 여호와 하나님이 아브라함과 이삭과 야곱에게 맹세하신 대로 아브라함의 후손들을 자기 백성으로 삼고 친히 그들의 하나님이 되시려 함입니다. 언약과 맹세에 참여하여 여호와 하나님의 백성이 되면 하나님이 모든 것을 책임져 주십니다. 지키시고 보호하시고 인도하시고 복을 주십니다. 그러므로 언약 백성은 철저하게 하나님께 복종하고 섬겨야 합니다.

하나님의 자녀인 백성이 된다는 것은 엄청난 축복입니다.

고아로 고생하며 살아가다 왕의 자녀로 입양되어 모든 교육과 혜택을 받는다면 큰 복을 받았다고 할 것인데 하나님의 자녀가 되어 하나님의 모든 것을 상속받는다면 얼마나 큰 축복이겠습니까?

하나님의 백성 됨이 복입니다. 이스라엘이 언약과 맹세에 참여하여 하나님의 백성이 되었기에 하나님의 얼굴 앞에 서서 언약의 말씀을 듣고 있는 것입니다.

이번 주에 읽을 토라의 말씀은 신 29:10-30:20절로 제목은 하나님 앞에 서 있다(나찌빔-נצבים)입니다. 서 있다는 것은 하나님의 면전에서 흔들리지 않게 견고하게 서서 하나님의 말씀을 경청하는 자세입니다. 또한, 집을 세우듯이 서는 것입니다.

모든 사람은 하나님의 면전에 서는 날이 있습니다. 종말에 있을 심판의 날입니다.

> 우리가 다 반드시 그리스도의 심판대 앞에 나타나게 되어 각각 선악 간에 그 몸으로 행한 것을 따라 받으려 함이라(고후 5:10).

그리스도 앞에 서는 날이 있기에 지금 서서 언약의 말씀을 잘 들어야 합니다. 언약의 말씀을 잘 듣고 견고하게 서서 주님이 거하시는 의의 집을 세워야 합니다. 주님 앞에 서는 날에는 무슨 집을 지었는지 다 드러납니다. 하나님이 거하시는 의의 집을 지었는지, 다른 신을 섬기는 집이나 자신을 위한 집을 지었는지 드러납니다.

어떤 집을 지었든지 각각의 공적이 심판의 날에 다 드러납니다. 사탄에 속아 자기 사랑에 도취되어 자기 욕망을 채우기 위하여 살았다면 나무와 짚이나 풀로 지은 집과 같아 불 시험을 받을 때는 타서 없어져 부끄러운 구원을 받습니다.

그러나 날마다 나의 죽음을 선포함으로 하나님이 거하시는 의의 집을 지었다면 금은보석으로 지은 집처럼 불시험이 와도 타지 않고 그대로 남아 있어 상을 받습니다(고전 3:10-15).

그리스도의 심판대 앞에 서는 날 주님은 어떻게 살면서 무슨 집을 지었는지 물으실 것입니다. 주님 앞에 서서 어떻게 살았는지 점검받는 날이 있기에 지금 하나님 앞에 서서 언약과 맹세에 참여하는 것입니다.

언약에 참여하다(아바르-עבר)의 기본 의미는 여호와의 언약 안으로 지나가고(pass) 건너가다는 것입니다. 언약 안에서 보는 시험을 합격할(pass) 목적으로 건너가는 것입니다. 이 세상을 살면서 언약의 말씀대로 살아 하나님께 합격되어(pass) 오는 세상으로 건너갈 목적으로 살아가라는 것입니다.

시내 산에서 언약 백성 된 이스라엘은 실패하여 광야에서 죽었습니다. 그들의 후손들에게 이전 언약을 완성하고 성취하고 이룰 수 있는 새 언약을 주시면서 언약 안에서 언약에 참여한(pass) 자가 되면 여호와께서 친히 하나님이 되어 주신다는 약속입니다.

하나님의 나라를 상속 받을 언약 백성은 하나님만 섬기고 하나님의 말씀에 철저하게 복종하여야 합니다. 언약 백성이 말씀을 버리고 다른 신을 섬기며 죄를 짓는 것은 매를 자청하는 것입니다.

자녀들이 매를 자청할 때가 있습니다. 남의 물건을 훔쳐오고 거짓말하고 나쁜 짓을 하면 부모들은 경고를 하다가 회초리를 들기도 합니다. 이웃 아이들은 못 본척하고 그냥 넘어갈 수도 있지만, 자기 자녀들이 계속 못된 짓을 하면 회초리를 드는 것은 자녀이기 때문입니다.

하나님이 언약 백성에게 복만 주지시 않고 왜 저주도 주실까요?

하나님의 모든 부요함을 상속받을 하나님의 백성이기 때문입니다. 언약 백성이 계속 죄에 머물면 하나님은 회초리를 드십니다. 하나님의 회초리는 무섭습니다. 저주와 같은 재앙입니다. 다 망합니다. 하나님은 오래 참으시고 여러 가지 경고를 하시지만, 그래도 돌이키지 않고 계속 언약을 저버릴 때는 완전히 밟아 숨을 쉬지 못하게 합니다. 염병과 기근과 전쟁과 여러 재앙으로 결국은 나라를 잃고 흩어져서 난민 생활을 하며 온갖 고생을 하게 합니다.

마음이 여호와 하나님을 떠나 다른 신들을 섬기고 독초와 쑥의 뿌리가 마음에 생겨 저주의 말을 듣고도 자기는 멸망하지 않고 평안할 것(신 29:18,19)이라고 착각하면 여호와께서 분노와 질투의 불을 부으시고 신명기에 기록된 모든 저주와 화를 더하여 이름을 지워버리십니다(신 29:18-21).

지나가는 사람들이 왜 이 땅은 유황이 되고 소금이 되고 심지도 못하고 결실치 못하는 땅이 되었느냐고 물으면 언약을 버리고 자기들이 알지도 못한 다른 신을 섬긴 까닭이라고 하며(신 29:22-25) 언약을 어기고 다른 신들을 섬겼기에 여호와께서 진노와 격분과 통한으로 그들을 이 땅에서 뽑아내어 다른 나라에 던졌다고 합니다(신 29:26-28).

언약 백성은 하나님의 면전 앞에 서서 말씀을 잘 듣고 하나님만 섬기고 순종하면 하나님의 나라를 상속받는 복을 받지만, 만약 하나님을 버리고 다른 신을 섬기면 완전히 망하게 됩니다.

그렇다면 하나님의 백성들은 조그만 잘못하면 벌을 받을까봐 떨면서 조마조마하게 지내야 할까요?

그렇지는 않습니다. 언약에 참여하여 하나님의 백성이 될 때 받을 두 가지 복이 있습니다.

## 1. 감추어진 보화와 같은 메시아가 나타날 때 그분을 영접하면 구원의 복을 받습니다

언약에 참여하여 하나님의 백성이 될 때 받는 복 중 하나가 토라의 말씀을 받는 것입니다. 창세기에서 신명기까지 토라의 말씀에는 감추어진 메시아 비밀이 즐비합니다. 메시아에 대한 비밀들이 숨겨져 있습니다. 메시아가 나타나기까지 그 비밀들은 숨겨져 있습니다.

> 감추어진 일은 우리 하나님 여호와께 속하였거니와 나타난 일은 영원히 우리와 우리 자손에게 속하였나니 이는 우리에게 이 율법의 모든 말씀을 행하게 하심이니라(신 29:29).

감추어진 일은 하나님께 속한 것이고 나타난 일은 영원히 우리와 우리 자손에게 속한 것입니다. 나타난(갈라-גלה) 일이란 덮개를 벗기고 보여주는 것입니다. 계시되는 것입니다.

하나님이 감추신 일이 우리와 우리 자손에게 나타나 보이고 계시된다는 약속입니다. 우리가 율법의 모든 말씀을 행하려고 하면 감춰진 비밀이 보여 질 때가 있습니다. 율법의 모든 말씀을 행하기 위하여 말씀을 받으면 감춰진 메시아가 나타날 때 우리가 보게 됩니다. 그러므로 감춰진 비밀이 나타날 때를 잘 살펴야 합니다.

> 일을 숨기는 것은 하나님의 영화요 일을 살피는 것은 왕의 영화니라 (잠 25:2).

일을 감추시고 숨기시는 것은 하나님께 속한 것입니다. 우리가 할 일은 하나님이 감추신 것을 잘 살피는 것입니다.

왜 하나님은 메시아에 대한 비밀을 감추셨을까요?

너무 귀한 가치가 있기 때문입니다. 너무 귀한 것은 귀하게 취급하여야 합니다.

몇 백 억짜리 땅 문서를 자녀에게 주었는데 그것을 쓰레기통에 버린다면 주겠습니까?

가치를 깨달을 때까지 감추어 둘 것입니다. 천국은 감추어진 밭의 보화와 같습니다.

> 천국은 마치 밭에 감추인 보화와 같으니 사람이 이를 발견한 후에 숨겨 두고 기뻐하여 돌아가서 자기의 소유를 다 팔아 그 밭을 사느니라(창 13:44).

밭에 감추어진 보화를 찾아 발견한 사람은 보화를 얻기 위하여 모든 소유로 밭을 사듯이 감추어진 천국의 가치를 찾아 발견한 사람은 인생을 드려 얻고자 합니다. 가치가 어마어마하기에 하나님은 감추시고 우리는 타나날 때까지 살피는 것입니다.

메시아는 감춰진 보화와 같습니다.

그러나 동시에 메시아는 우리와 우리 자손에게 영원히 나타나시는 분입니다. 메시아는 감춰졌다가 나타나시는 분입니다.

나타난 일은 영원히 우리와 우리 자손에게 속하였다고 기록된 히브리어 성경을 보면, 우리와 우리 자손에게(라누 베레바네누 아드-לנו ולבנינו עד)라는 단어 위에 점(·)이 열 개 찍혀 있습니다.

우리와 우리 자손에게 나타나시는 메시아에 대하여 11의 비밀이 있는

듯합니다.

　메시아이신 예수님이 세상에 오셨을 때는 감춰진 보화와 같았습니다. 사람들은 예수님을 보았고 만졌고 그 음성을 들었지만, 예수님이 바로 그 메시아인지 몰랐습니다. 심지어 열두 명의 제자도 희미하게는 알았지만, 명확히는 알지 못하였습니다. 제자들은 예수님께서 메시아라는 것을 어렴풋이 알았습니다. 자기 관점에서 메시아라고 생각하였습니다. 마치 시력이 나빠서 사람인지 나무인지 구별하지 못하는 것처럼 희미하게 알았습니다. 희미하게 알았기에 예수님이 메시아로서 십자가에서 죽으시고 살아나신다고 할 때 베드로가 항변하며 반대하였던 것입니다. 가룟 유다는 예수님을 은 30에 팔아넘기고 자살하였습니다.

　여기에 11의 비밀이 있습니다. 예수님은 열두 명의 제자 중 하나인 가룟 유다가 예수님을 믿지 아니하였고 예수님을 팔아넘길 것을 처음부터 아셨다고(요 6:64) 기록하고 있습니다. 예수님은 가룟 유다를 지목하며 너희 중 하나는 마귀라고 하셨습니다(요 6:70). 마귀가 가룟 유다의 마음에 예수님을 팔려는 생각을 넣었습니다(요 13:2). 마귀에게 속한 가룟 유다가 제자들과 함께 있을 때는 예수님은 감춰진 보화였습니다. 예수님이 어떤 메시아인지 희미하게 알거나 몰랐습니다.

　가룟 유다가 예수님을 팔기 위해 나간 후(요 13:30) 비로소 예수님은 남아 있는 열한 명의 제자에게 메시아의 비밀과 함께 깊은 진리를 명확하게 가르쳤습니다(요 13:31-17:26). 서로 사랑하라는 새 계명(요 13:34), 아버지 집에 마련될 거처와 다시 오심(요 14:1-3), 아버지께 갈 수 있는 길(요 14:5,6), 보혜사 성령을 보내심(요 14:16, 17), 포도나무와 가지와 같은 예수님과 믿는 자의 관계(요 15:1-5) 등 메시아의 비밀을 말씀하셨습니다. 가룟 유다는 예수님을 판 후 목매어 자살하였고 열한 명의 제자만 남았을 때 부활하신 예수님은 열한 명의 제자에게 나타나셨습니다(마 28:16, 막 16:14, 눅 24:33). 예수님은 모든 율법과 선지자의 글과 시편은 예수님 자신을 가리켜 기록한 것이고 그것이 십자가와 부활 사건으로 이루어졌다고 하셨습니다(눅 24:44). 열한 명의 제자에게 나타나신 예수님은 열한 명의 제자의 마음을 열어 깨닫게 하시고(눅 24:45) 감춰졌다가 나타나신 메시아의 비밀을 풀어주셨습니다.

감춰졌던 메시아가 영원히 우리와 우리 자손들에게 나타날 것이라는 말씀은 마귀에 속한 가룟 유다가 떠난 후 예수님이 열한 명의 제자에게 나타나서 확증을 주심으로 성취되었습니다.

예수님이 십자가에서 사탄의 머리를 밟으시고 사탄의 힘을 제거하심으로 모든 어둠과 혼돈이 사라졌습니다. 모든 독초와 쑥의 뿌리가 사라진 것입니다. 사탄의 힘이 사라질 때 가룟 유다가 열두 명의 제자 가운데서 사라져 열한 명이 되었습니다. 열한 명의 제자에게 감춰졌던 메시아이신 예수님이 나타나셔서 증인이 되라는 사명을 주셨습니다(눅 24:47, 48).

예수님이 부활하심으로 감춰졌던 메시아 비밀이 계시되었습니다. 예수님의 제자들과 교회 공동체가 계속 증언하는 것은 예수님이 메시아라는 것입니다. 성전에 있든지, 집에 있든지, 어디에 있든지 날마다 예수님이 메시아(그리스도)라고 가르치고 전도하기를 그치지 않았습니다(행 5:42).

예수님은 감춰졌다가 나타나신 메시아이십니다. 감춰진 보화와 같은 예수님을 영접함이 구원의 길입니다. 예수님을 영접하면 하나님의 나라를 상속으로 받습니다. 예수님을 영접하면 사탄이 떠나가고 어둠이 떠나갑니다. 예수님을 주와 그리스도로 영접하면 구원의 복을 받습니다.

## 2. 메시아의 비밀을 깨닫고 돌이키면 언약의 하나님을 만나 복을 받습니다

언약의 말씀을 듣지만 우리 스스로 서서 하나님의 말씀대로 살지 못합니다. 예수님이 오셔서 사탄을 제압하지 않으면 우리 스스로 사탄의 유혹을 이기지 못합니다.

이스라엘도 언약에 참여하여 하나님의 백성이 되었고 토라의 말씀을 서서 받았지만 말씀대로 살지 못하고 넘어졌습니다. 하나님과 하나님의 말씀을 버리고 다른 신을 섬기다가 말씀대로 저주를 받아 온 땅에 흩어지게 되었습니다.

그러나 그것이 끝이 아닙니다. 회복의 길이 있습니다. 감춰졌던 메시아가 나타날 때 메시아의 비밀을 깨닫고 돌이키면 다시 하나님을 만나 복을 받습니다.

> 내가 네게 진술한 모든 복과 저주가 네게 임하므로 네가 네 하나님 여호와로부터 쫓겨난 모든 나라 가운데서 이 일이 마음에서 기억이 나거든 너와 네 자손이 네 하나님 여호와께로 돌아와 내가 오늘 네게 명령한 것을 온전히 따라 마음을 다하고 뜻을 다하여 여호와의 말씀을 청종하면 네 하나님 여호와께서 마음을 돌이키시고 너를 긍휼히 여기사 포로에서 돌아오게 하시고 … (신 30:1-3).

복과 저주는 우리가 취하는 것이 아니라 임하는 것입니다. 명령의 말씀을 청종하면 하나님의 복이 임하고 명령의 말씀을 청종하지 않으면 하나님의 저주가 임합니다.

복과 저주가 임하는 단계를 보는 것은 영적으로 높은 단계입니다. 예수 그리스도의 십자가는 복과 저주의 성취입니다. 예수 그리스도는 십자가에서 우리를 위하여 저주를 받으셨습니다(갈 3:13). 우리 죄를 위하여 죽으셨습니다(고전 15:3). 우리가 우리의 죄로 말미암아 받아야 할 모든 저주를 예수 그리스도께서 대신 지시고 십자가에서 죽으셨습니다. 예수 그리스도께서 십자가에서 율법의 모든 저주를 담당하시고 율법의 저주에서 우리를 속량하셨습니다(갈 3:13). 예수 그리스도의 속량으로 말미암아 우리가 하나님의 은혜로 값없이 의롭다 하심을 얻은 자 되었습니다(롬 3:24). 예수 그리스도를 믿음으로 값없이 의롭다 함을 받은 자체가 큰 복입니다. 믿음으로 의롭다 하심을 받았기에 하나님과 화평을 누리고 그로 말미암아 우리가 믿음으로 서 있는 은혜에 들어감을 얻고, 하나님의 영광을 바라고 즐거워하게 되었습니다(롬 5:1-2). 예수 그리스도의 십자가를 통하여 하나님 나라를 상속받는 복을 받습니다.

예수 그리스도의 십자가는 복과 저주가 임한 것입니다. 그것을 깨닫는 것은 영적인 높은 단계입니다. 여호와의 말씀을 청종하지 않아 쫓겨난 나라에서 이 일이 마음에 기억이 나거든 여호와께로 돌아오라는 것입니다. 하나님에게서 멀어진 곳에서 복과 저주의 말씀이 십자가에서 성취된 것을 깨달으면 돌아오라는 것입니다.

이 일(다바르-דבר)이 마음에서 기억이 난다(슈브-שוב)는 것은 복과 저주의 모든 말씀이 임할 때 마음에 말씀이 되돌아 왔다는 것입니다. 기억이 나다와 돌아 오다는 단어는 같은 단어(슈브-שוב)입니다. 복과 저주가 성취된 것을 깨닫고 마음에 말씀이 되돌아옴이 회개의 시작이요, 회복의 시작입니다.

복과 저주가 십자가에서 성취된 것을 깨달으면 마음으로부터 회개의 사역을 하라(하쉐보타-השבת)는 것입니다. 습관이나 행동을 바꾸기 전에 마음이 먼저 교정되어야 참된 회개가 됩니다. 마음이 바뀌지 않고 입으로만 회개하면 변화가 없습니다. 주일마다 같은 회개를 반복할 수밖에 없습니다. 회개 사역을 통하여 마음이 먼저 교정되어야 합니다. 나의 집을 세우려는 마음이 아니라 하나님이 거하시는 집을 세우려는 마음으로 교정될 때 참된 회개가 됩니다. 하나님의 형상이 되어 하나님이 거하시는 집이 되고자 함이 회개입니다. 받으려고 하는 마음에서 주려고 하는 마음으로 교정됨이 회개요, 높아지려고 하는 마음에서 섬기려는 마음이 되려는 것이 돌이킴이요, 회개입니다.

마음에서 돌이킴이 있으면 여호와께로 돌아옵니다. 여호와까지(아드 아도나이-יהוה עד) 돌이킵니다. 마음에서 시작된 참된 회개는 여호와의 성품에 이르기까지 돌이킵니다.

마음에서 돌이키고 여호와의 성품까지 돌이키면 여호와께서 명령한 모든 것을 온전히 따르고 마음과 뜻을 다하여 말씀을 청종합니다. 마음(레바브-לבב)이란 인간의 가장 내부에 있는 기관으로서 깊은 곳을 말하고, 뜻(네페쉬-נפש)이란 목숨을 말합니다. 마음 깊은 곳에서 말씀을 청종하고 목숨을 다하여 말씀을 청종하게 됩니다.

마음에서 회개하고 돌이켜 여호와의 성품에 이르기까지 회개하고 돌이키고 말씀을 청종하면 하나님은 큰 복을 주십니다. 깨닫고 돌이키는 회개가 복입니다.

예수님이 전파하신 복음도 회개의 복음입니다.

> 예수께서 갈릴리에 오셔서 하나님의 복음을 전파하여 이르시되 때가 찾고 하나님의 나라가 가까이 왔으니 회개하고 복음을 믿으라(막 1;14, 15).

마음을 돌이키는 회개, 하나님의 성품에 이르기까지 돌이키는 회개, 말씀을 청종하기까지 돌이키는 회개를 하면 하나님의 나라를 누리게 됩니다.

하나님의 나라를 누린다는 것은 하나님이 돌아와 함께 하시고 회복시켜 주신다는 것입니다. 우리 스스로 하나님께 갈 수 없지만 우리가 돌이켜 하나님이 거하시는 집이 되면 하나님이 오셔서 우리 가운데 거하십니다.

여호와 하나님이 마음을 돌이켜(신 30:3) 우리 가운에 오셔서 거하심이 복입니다. 여호와 하나님이 마음을 돌이켜 우리 가운데 오시면 긍휼을 베풀어 주십니다. 불쌍히 여겨주십니다. 여호와께서 긍휼을 베풀어 주시면 잃었던 모든 것이 회복됩니다. 여호와께서 포로에서 돌아오게 하시고 흩어진 곳에서 모으시고 이끌어 내시고 약속의 땅으로 돌아오게 하여 그것을 차지하게 하시고 번성하게 하십니다(신 30:3-5).

또한, 여호와께서 마음의 할례를 주십니다(신 30:6). 마음의 할례를 베푸셔서 육신으로 살려는 우리의 마음을 베어내시고 마음과 뜻을 다하여 여호와 하나님을 사랑하게 하사 생명을 얻게 하십니다.

생명을 얻게 하신다(레마안 하예이카-יחיה למען)는 의미는 생명을 얻게 함이 목적이요, 의도라는 것입니다. 하나님의 궁극적 목적은 우리가 생명을 얻는 것입니다. 깨닫고 마음으로 회개하고 돌이키면 왕이신 예수님은 우리 가운데 오셔서 거주하시면서 마음의 할례를 베풀어 하나님을 사랑하게 하시고 생명을 얻게 하십니다. 우리로 생명을 얻게 하심이 궁극적 목적입니다. 마음과 성품을 다하여 여호와를 사랑하여 우리로 하여금 생명을 얻게 함이 하나님의 의도입니다. 영원한 생명을 얻게 함이 하나님의 목적입니다.

마음으로 회개하고 돌이키면 주님이 돌아오십니다. 예수님이 오신 궁극적인 목적은 양으로 생명을 얻되 풍성하게 얻게 하려 하심이요(요 10:10),

세상을 구원하기 위함입니다(요 12:47).

　마음으로부터 회개하고 돌이킴이 복입니다. 주님이 오셔서 거주하시고 생명을 주십니다. 하나님은 우리가 필요한 것을 주시는 것이 아니라 성취하여야 할 것을 이루게 하십니다. 하나님은 우주의 주인이시지만 100억이 필요하다고 기도하여도 주시지 않습니다. 우리에게 영생을 주시고 구원을 주시는 것이 궁극적 목적입니다. 세상의 아버지도 아들이 달라고 하는 것을 주지 않고 성취하고자 하는 것이 되도록 도와주는 것과 같습니다. 초등학교를 다니는 아들이 오토바이를 사서 달라고 졸라도 사주지 않고, 고등학교를 졸업한 아들이 최고급 차인 벤츠를 타고 다니고 싶어 하여도 사주지 않습니다. 오히려 그의 인생에서 꼭 성취하여야 할 것을 이루게 도와줍니다. 주님도 우리가 필요한 것을 주시는 분이 아니라 생명을 주시기 원하십니다. 그것이 목적입니다. 생명을 얻고 장성하면 때마다 필요한 모든 것을 주십니다.

　주님께 돌아와 말씀을 청종하고 명령을 지켜 행하면 주님이 기뻐하시고 때마다 필요한 모든 복을 주십니다(신 30:7-11). 여호와를 사랑하고 명령과 규례를 지키면 번성하고 복을 받습니다(신 30:15).

　하나님 앞에 서서 말씀을 들어야 합니다. 믿음 위에 서야 합니다(유 1:20). 부르심과 택하심의 터전 위에 굳게 서야 합니다(벧후 1:10, 살후 3:3). 하나님 앞에 서면 숨겨졌던 보화와 같은 메시아이신 예수님을 만나게 됩니다. 하나님 앞에 서서 마음으로부터 회개하고 돌이키면 주님이 돌아오셔서 함께 거하시고 생명의 복을 주십니다. 하나님 앞에 서서 생명의 복을 누리길 바랍니다.

# 18장

## 모세가 가다
(신 31:1-8)

깨어 있음이 복입니다. 깨어 있으면 말씀을 듣고 깨닫고 청종함으로 복을 받습니다.

그러나 깨어 있지 않으면 자신도 모르게 어느 순간에 세속화되고 부패되어 신앙적으로 넘어집니다. 순종하며 충성하겠다고 아무리 다짐하여도 오래가지 못합니다. 주님을 사랑한다고 아무리 고백하여도 오래가지 못합니다. 하나님은 우리의 말에 속지 않습니다. 깨어 있지 않으면 세속화되고 부패하여 신앙적으로 넘어질 것을 아십니다. 그래서 하나님은 대비책을 준비하셨습니다. 신명기 32장은 신앙적으로 넘어졌을 때 어떻게 일어나는지에 대한 하나님의 대비책입니다.

이번 주간에 읽을 토라의 말씀은 신명기 32장으로 제목은 모세가 가다(봐엘렉-ויֵלֶךְ)입니다. 모세가 백성에게 가서 신앙적으로 넘어졌을 때 어떻게 일어나는지 알려줍니다.

모세가 온 이스라엘에게 갑니다(신 31:1). 온 이스라엘에게 가까이 오라고 할 수도 있지만, 120세의 모세가 온 이스라엘에게 가서 말합니다. 중요하기에 반드시 기억해야 할 내용을 전하기 위하여 직접 가서 말을 합니다. "내 나이 백 이십세라. 더 이상 출입하지 못하겠고 여호와께서도 내게 이르시기를 너는 이 요단을 건너지 못하리라 하셨느니라"(신 31:2)고 합니다. 모세는 임무를 다 완성하였다는 것입니다. 모세는 가르칠 것은 다 가르쳤습니다.

이제는 여호와께서 이스라엘 보다 먼저 앞서서 건너가서 여러 민족을 멸하시고 그 땅을 이스라엘이 차지하게 하시고 그들을 넘기실 것입니다(신 31:3, 4). 또한, 그들보다 먼저 여호수아가 앞서서 건너갈 것입니다. 여호와께서 앞서 건너가시고 여호수아가 앞에 건너갑니다. 앞서서 건너가시는 분이 여호와이시고 예수님의 그림자는 여호수아입니다.

여호와는 우리보다 앞서서 가십니다. 앞서 가시면서 대적들을 쫓으시고 앞서 가시면서 쉴 곳을 찾으시고 앞서 가시면서 길을 만드십니다. 앞서 가시는 그분만 따라가면 첩경으로 걸으며 안식을 누립니다.

모세의 임무가 끝났기에 모세는 떠나지만 여호와 하나님이 앞서서 가시며 함께 하시고 결코 떠나지 않으시고 버리지 않으십니다. 그것을 믿으면 강하고 담대할 뿐더러 두려워하지도 않고 떨지도 않습니다(신 31:6).

모세는 여호수아를 불러 동일한 진리를 가르칩니다. 강하고 담대함으로 백성을 거느리고 여호와께서 조상들에게 주리라고 맹세한 땅으로 가서 그 땅을 차지하라고 합니다. 여호와께서 앞서서 가시며 함께 하시고 떠나지 않고 버리지 않을 것이니 두려워하지 말며 놀라지 말라고 합니다(신 31:7, 8).

모세가 없어도 여호와께서 함께 하시므로 약속의 땅을 차지할 것은 분명하지만 문제는 그 이후입니다. 하나님의 복을 받아도 그 복을 지키지 못할 수 있습니다. 하나님도 그것을 아셨습니다. 타락하여 다른 신을 따르고 하나님을 버릴 것을 아셨습니다.

> 여호와께서 모세에게 이르시되 너는 네 조상과 함께 누우려니와 이 백성은 그 땅으로 들어가 음란히 그 땅의 이방 신들을 따르며 일어날 것이요. 나를 버리고 내가 그들과 맺은 언약을 어길 것이라. 내가 그들에게 진노하여 그들을 버리며 내 얼굴을 숨겨 그들에게 보이지 않게 할 것인즉 그들이 삼킴을 당하여 허다한 재앙과 환난이 그들에게 임할 그 때에 그들이 말하기를 이 재앙이 우리에게 내림은 우리 하나님이 우리 가운데에 계시지 않은 까닭이 아니냐 할 것이라(신 31:16, 17).

모세가 살아서 그들과 함께 할 때에도 여호와를 거역하였는데(신 31:27) 모세와 여호수아가 죽은 이후에 타락할 것은 불을 보듯 뻔한 것입니다.

> 내가 죽은 후에 너희가 스스로 부패하여 언약을 어기고 내가 너희에게 명령한 길을 떠나 여호와의 목전에 악을 행하여 너희의 손으로 하는 일로 그를 격노하게 하므로 너희가 후일에 재앙을 당하리라(신 31:29).

하나님이 믿음의 조상인 아브라함과 이삭과 야곱에게 약속하신 대로 이스라엘은 약속의 땅으로 들어가지만 타락할 것을 하나님은 아셨습니다. 스스로 부패하여 여호와 하나님의 명령을 떠나 악을 행하며 음란하게 이방 신들을 따르고 여호와 하나님을 버릴 것을 아셨습니다. 이방신을 따르고 여호와 하나님을 버리면 하나님은 진노하시고 격노하십니다. 아예 그들을 버리시고 얼굴을 숨겨 보이시지 않습니다.

하나님이 얼굴을 숨기시면 사탄은 좋아하며 그들을 삼키고 죽이고 빼앗아 망하게 합니다. 하나님의 백성은 허다한 재앙과 환난이 임하면 비로소 깨닫게 됩니다. 자기들이 언약을 버리고 하나님을 버렸기에 재앙을 당한 것을 깨닫게 됩니다. 하나님은 언약 백성이 스스로 부패하여 신앙적으로 타락하여 재앙을 당할 것을 아셨습니다. 그때를 위하여 대비책을 주셨습니다. 말씀과 노래입니다.

### 1. 말씀을 배우면 거역하는 자를 위해 죽으신 예수님의 사랑을 알게 됩니다

스스로 부패하여 하나님과 말씀을 버리고 악을 행함으로 재앙을 당할 자들에게 정기적으로 토라의 말씀을 가르치라고 하였습니다.

> 또 모세가 이 율법을 써서 여호와의 언약궤를 메는 레위 자손 제사장들과 이스라엘 모든 장로에게 주고 모세가 그들에게 명령하여 이르기를 매 칠 년 끝 해 곧 면제년의 초막절에 온 이스라엘이 네 하나님 여호와 앞 그가 택하신 곳에 모일 때에 이 율법을 낭독하여 온 이스라엘에게 듣게 할지니 (신 31:9-11).

모세가 기록하여 준 토라의 말씀을 낭독하라고 한 때가 있습니다. 매 칠 년 끝 해 곧 면제년의 초막절입니다. 같은 날을 세 가지로 반복하여 말합니다. 첫째는 칠년 끝 해(미하게츠 쉐바 쇠님-שבע שנים מקץ)이고, 둘째는 "곧"으로 번역되었는데, 곧(베모에드-במועד)은 정해진 시간인 절기 안에서라는 뜻입니다.
셋째는 면제년 초막절(쇠네 하훼밀타 베하그-שנה השמטה בחג)입니다.

칠년은 안식년을 말하는데 칠년 끝 해란 안식년 마지막 달이 아닙니다. 끝(하게쯔-קֵץ)이란 끝도 아니고 시작도 아닌 끝과 시작이 만나는 지점입니다. 초등학교가 끝나고 중학교가 시작되는 시점과 같이 한 영역이 끝나고 새로운 영역이 시작되는 지점입니다. 칠 년 안식년을 기점으로 새롭게 시작할 때 토라의 말씀을 낭독하라는 것입니다.

곧(모에드-מוֹעֵד)이라고 번역된 단어는 정해진 시간, 정해진 절기라는 뜻입니다. 정해진 절기에 온 이스라엘이 여호와께서 택하신 곳에 모여 여호와 하나님의 얼굴 면전에 서서 낭독되는 토라의 말씀을 들으라는 것입니다.

그날이 면제년 초막절 축제의 날입니다. 모든 채무를 면제해 주는 날입니다. 집도 돌려주고 종으로 팔렸던 사람도 돌려주고 채무도 탕감해 주는 축제의 절기에 토라의 말씀을 낭독하라는 것입니다.

평상시는 가정별로 토라의 말씀을 가르치고, 마을 회당에서 토라의 말씀을 배우지만 칠 년마다 맞이하는 안식년 초막절 곧 한 주기(cycle)가 끝나고 새로운 주기(cycle)가 시작될 때는 모든 백성이 다 모여 토라의 말씀을 들으라는 명령입니다. 토라의 말씀을 듣고 배움으로 시작하라는 것입니다.

모든 시작에서 토라의 말씀을 듣고 배움으로 출발하면 형통합니다. 토라의 말씀을 배우지 않으면 스스로 부패하여 타락합니다.

왜 토라의 말씀을 모든 회중이 다 배워야 할까요?

백성의 남녀와 어린이와 성읍 안에 거류하는 타국인을 모으고 그들로 하여금 듣고 배워 하나님 여호와를 경외하며 율법의 모든 말씀을 지켜 행하기 위함입니다. 또한, 말씀을 알지 못하는 자녀들이 말씀을 듣고 하나님 여호와를 경외하기를 배워야(신 31:12, 13) 스스로 부패하여 타락하지 않기 때문입니다.

  반복하여 토라의 말씀을 듣고 배워야 여호와를 경외하여 복을 받습니다. 말씀을 지키고 행하기까지 반복하여 배워야 복이 됩니다. 말씀을 반복하여 듣고 배우면 넘어졌을 때도 말씀이 기억이 되어 돌이킴으로 회복의 복을 받습니다.

  약속의 땅으로 들어가지만 스스로 부패하여 신앙적으로 타락하게 될 것을 하나님은 아셨습니다. 예수님을 믿고 많은 기적적 역사를 보고 복을 받아도 고난이 오면 순식간에 신앙은 무너집니다. 절대 무너지지 않을 것 같지만 순식간입니다.

  예수님이 십자가의 길을 가실 때 제자들은 서로 누가 크냐고 다투었고 예수님은 베드로에게 말씀하시기를 "사탄이 너희를 밀 까부르듯 하려고 요구하였으나 내가 너를 위하여 네 믿음이 떨어지지 않기를 기도하였노니 너는 돌이킨 후에 네 형제를 굳게 하라"(눅 22:31, 32)라고 하셨습니다. 베드로는 자신있게 고백하였습니다. "모두 주를 버릴지라도 나는 결코 버리지 않겠나이다(마 26:33). 주여 내가 주와 함께 옥에도, 죽는 데에도 가기를 각오하였나이다"(눅 22:33).

  그러나 주님은 아셨습니다. 바로 "오늘 닭 울기 전에 네가 세 번 나를 모른다고 부인할 것이라"(눅 22:34)라고 하셨습니다. 하나님은 고난의 때에 우리가 넘어질 것을 아십니다.

  하나님의 아들이신 예수님이 오셔서 우리들의 죄를 속하는 대속 제물로 십자가에서 돌아가시는 위대한 사역을 하시는데 그의 제자들이 예수님을 거역하고 배신합니다.

  하나님이 성령을 통하여 큰일을 준비하고 계시는데 스스로 잘 믿는다고 생각하는 자들이 주님을 배신하고 거역하고 걸림돌이 되어 주님의 일을 방해합니다. 내가 생각한 것과 다르다고, 나를 알아주지 않는다고, 나를 크게 높여주지 않는다고 주님을 배반하고 거역합니다. 예수님은 우리에게 생명을 주시기 위하여 십자가의 사역을 하시는데 조그마한 고난도 싫고 욕을 먹는 것도 싫다고 주님을 거역하고 떠납니다.

이스라엘은 모세가 살아 있을 때에도 목이 곧아서 반역하며 여호와를 거역한 것처럼 모세가 죽은 후에는 더 빠르게 반역할 것을 하나님은 아십니다(신 31:27). 배신하고 거역할 것을 아셨기에 토라의 말씀을 배우라고 한 것입니다. 마치 예수님이 베드로가 세 번 부인할 것을 아시고 믿음이 떨어지지 않게 기도하시면서 돌이켜서 형제를 굳게 하라고 가르치신 것처럼 하나님은 타락한 백성이 다시 돌이키도록 말씀을 낭독하여 듣고 배우라고 하셨습니다. 신앙적으로 타락하여 넘어져 환난과 재앙을 당할 때 말씀을 기억하고 돌이키기 위해 배우라는 것입니다.

베드로가 예수님을 세 번 부인할 그때 닭이 우니 예수님은 베드로를 보셨고, 베드로는 말씀이 기억나서 돌이킵니다.

> 주께서 돌이켜 베드로를 보시니 베드로가 주의 말씀 곧 오늘 닭 울기 전에 네가 세 번 나를 부인하리라 하심이 생각나서 밖에 나가서 심히 통곡하니라(눅 22:61, 62).

예수님은 상황이 다급해지면 베드로가 세 번 부인할 것을 아시고 기도하시면서 말씀을 주셨습니다. 사랑을 듬뿍 받은 베드로가 십자가의 고난 앞에서 거역할 것을 아셨습니다. 많은 은혜와 복을 받은 우리도 십자가와 같은 고난 앞에서 주님을 거역할 것을 주님은 아십니다. 은혜와 사랑을 받았지만, 부인하고 배신하고 거역하는 우리의 죄를 위하여 예수님이 십자가를 지셨습니다. 그만큼 우리들을 사랑하신 것입니다. 성경은 거역한 자를 사랑하여 속량 제물이 되신 예수님을 알려줍니다. 말씀을 듣고 배우면 거역한 자들을 위하여 대속 제물로 죽으신 예수님의 사랑을 보게 됩니다.

베드로가 말씀이 기억나서 통곡하며 돌이켰고 그 후, 죽기까지 충성하였듯이 말씀을 기억하고 돌이켜 여호와를 경외함이 복입니다. 날마다 말씀을 듣고 배움으로 돌이켜 다시 시작하는 은혜가 있기를 바랍니다.

### 2. 메시아를 알려주는 노래를 배워야 환난 중에 은혜를 받습니다

모세가 토라의 율법을 써서 제사장들과 장로들에게 준 후, 여호와께서 모세에게 말씀하시기를 너는 죽을 기한이 가까이 왔으니 여호수아와 함께 회막으로 오라고 하셨습니다. 모세가 여호수아와 함께 회막에 섰을 때 여호와께서 말씀하시기를 이스라엘이 언약을 어기고 하나님을 버려 재앙을 당할 것이니(신 31:14-19) 노래를 가르쳐 부르게 하라고 하셨습니다.

노래는 기억을 도와줍니다. 반복하여 부른 노래나 어릴 때부터 부른 노래는 저절로 생각이 납니다. 할머니가 되어도 어릴 때 부른 노래가 생각이 납니다.

하나님이 가르치신 모세의 노래의 목적도 이스라엘이 거역하여 재앙을 당할 때 하나님을 생각하기 위함입니다. 신명기 32장에 기록된 모세의 노래는 하늘에 가서도 계속 부릅니다.

> 내가 보니 불이 섞인 유리바다 같은 것이 있고 짐승과 그의 우상과 그의 이름의 수를 이기고 벗어난 자들이 유리 바다 가에 서서 하나님의 거

> 문고를 가지고 하나님의 종 모세의 노래, 어린 양의 노래를 불러 이르되 (계 15:2, 3).

구원받아 승리한 성도들이 하늘에 올라가 천국의 유리 바닷가에 서서 거문고를 가지고 모세의 노래, 어린양의 노래를 부릅니다. 한때는 넘어졌더라도 말씀을 기억하고 돌이켜 승리한 성도들이 천국에서 모세의 노래를 부르면서 하나님을 찬양하는 모습입니다.

모세를 통하여 가르치신 노래를 부르면 나중에 스스로 부패하고 타락하여 여호와께서 얼굴을 숨기신 후 환난을 당할 때 말씀을 기억하고 깨닫고 돌이켜 회개하는 계기가 됩니다.

> 내가 그들의 조상들에게 맹세한바 젖과 꿀이 흐르는 땅으로 그들을 인도하여 들인 후에 그들이 먹어 배부르고 살찌면 돌이켜 다른 신들을 섬기며 나를 멸시하여 내 언약을 어기리니 그들이 수많은 재앙과 환난을 당할 때에 그들의 자손이 부르기를 잊지 아니한 이 노래가 그들 앞에 증인처럼 되리라. 나는 내가 맹세한 땅으로 그들을 인도하여 들이기 전 오늘 나는 그들이 생각하는 바를 아노라(신 31:20, 21).

하나님은 아셨습니다. 복을 받아 배부르고 살찌면 하나님을 멸시하고 언약을 어길 것을 아셨습니다. 복을 받아 배부르고 잘된다고 신앙이 좋아지는 것은 아닙니다. 오히려 배부르고 잘되면 언약을 버릴 가능성이 많습니다. 깨어 있지 않으면 성공하고 잘될 때 신앙적으로 타락합니다.

이스라엘이 잘 될 때 하나님을 버리고 다른 신을 섬겼습니다. 그것을 아셨습니다. 선지자를 보내 돌이키라고 하여도 돌이키지 않아 결국 수많은 재앙과 환난을 당하게 됩니다. 기근과 염병과 전쟁으로 나라를 빼앗기고 난민이 됩니다. 그때 이 노래가 증인처럼 되었습니다. 신명기 32장에 나오는 노래의 가사처럼 되었습니다.

이 노래의 목적은 증인(에드-עד)이 되는 것입니다. 여호와를 위하여 증거가 되는 것이 목적(레마안-למען)입니다(신 31:19, 21). 성령이 임할 때 권능을 받고 땅 끝까지 이르러 증인이 되는 것처럼 모세의 노래는 말씀을 버림으로 재앙과 환난을 당하게 된 것을 증언합니다. 환난 중에 모세의 노래를 기억함으로 은혜를 받고 돌이켜 돌아오면 회복의 복을 받습니다.

모세는 이스라엘에게 가서 말씀을 기억하라고 하였습니다. 들은 말씀을 통하여 기억하고 노래를 통하여 기억함이 복입니다. 넘어져 환난을 당할 때 말씀을 기억하면 다시 돌아와 회복되는 은혜를 받습니다.

## 19장

## 귀를 기울이라
(신 32:1-14)

회당에서는 신명기 32장을 속죄일 전후에 읽습니다. 신명기 32장의 제목은 귀를 기울이라(하아지누-האזינו)입니다. 신명기 32장은 하나님이 모세에게 가르치라고 하신 노래입니다. 속죄일의 의미가 이 노래에 담겨 있습니다. 이 노래는 한 시대에 부르다가 사라질 노래가 아니라 영원히 기억할 노래입니다. 이 노래가 영원하기에 증인을 세웁니다.

> 하늘이여 귀를 기울이라. 내가 말하리라. 땅은 내 입의 말을 들을지어다. 내 교훈은 비처럼 내리고 내 말은 이슬처럼 맺히나니 연한 풀 위의 가는 비 같고 채소 위의 단비 같도다(신 32:1, 2).

증인은 하늘과 땅입니다. 사람들은 사라지지만 하늘과 땅은 주님 오실 때까지 사라지지 않습니다. 하늘은 아무 소리도 듣지 못하는 것 같지만 우리의 모든 소리를 듣고 있습니다. 스마트폰이 공중에 있는 소리를 모아 실시간으로 전달하는 것만 보아도 하늘은 모든 소리를 듣고 있는 것을 알 수 있습니다. 각 사람에게 있는 독특한 음색의 주파수만 맞으면 언제든지 하늘에 퍼져 있는 소리를 듣게 될 것입니다. 하늘은 모든 소리를 듣고 있습니다.

하늘은 모세를 통하여 선포된 토라도 들었고 알고 있습니다. 때가 되면 하늘은 증인이 되어서 증언할 것입니다. 하늘이 증언할 말씀이기에 자세히 주목하여 들으라는 것입니다. 반드시 그대로 되기에 모세의 노래를 들으라는 것입니다.

땅도 증인이 됩니다. 사람들의 기억은 희미해지고 어떤 내용은 기억에서 사라지기도 합니다.

그러나 땅은 다릅니다. 바위에 새겨진 글씨는 오랜 시간이 지나도 그대로 있는 것처럼 땅은 말씀을 듣고 기억합니다. 하늘과 땅은 토라의 말씀을 들은 증인입니다. 토라의 말씀은 비처럼 내리고 이슬처럼 맺히기에 잘 들어야 합니다. 말씀을 귀담아 들으면 생명을 얻습니다. 식물들이 이슬과 비를 통하여 생명을 얻듯이 하나님의 말씀을 귀담아 들으면 영혼이 생명을 얻습니다.

반드시 들어야 할 토라의 말씀은 무엇일까요?

## 1. 복을 받은 후 반석이신 메시아를 버렸다면 토라를 기억하고 돌이켜야 합니다

모세의 노래에는 예수님의 이름이 새겨져 있습니다.

*그런데 여수룬이 기름지매 발로 찼도다. 네가 살찌고 비대하고 윤택하매*

> 자기를 지으신 하나님을 버리고 자기를 구원하신 반석을 업신여겼도다 (신 32:15).

히브리어에는 구원이라는 단어가 많은데 그 가운데 하나가 예수아(ישועה)입니다. 신명기 32:15에 나오는 구원이라는 히브리어는 예수아(ישועה)입니다. 구약 성경에 예수아(ישועה)라는 단어가 약 77번 기록되어 있는데 신명기에는 여기에 한 번 나옵니다. 모세의 노래에 새겨져 있습니다.

예수님은 언제나 여전한 반석입니다(고전 10:4). 요동이 없습니다. 주님이 하신 일은 완전하며 주님의 모든 길은 정의롭고 진실합니다. 또한, 거짓이 없으신 하나님이시니 공의로우시고 바르십니다(신 32:4, 18).

그러나 은혜를 많이 받은 사람들이 반석이신 예수님을 버립니다. 자기를 지으신 하나님을 버리고 자기들을 구원하신 예수님도 버립니다.

모세의 노래는 은혜와 복을 받은 사람들이 반석이신 예수님을 업신여기고 버린다는 내용입니다. 하나님의 백성은 은혜와 복을 많이 받았습니다. 하나님은 황무지에서, 짐승이 부르짖는 광야에서 만나시고 호위하시고 보호하시고 자기의 눈동자 같이 지켰습니다. 마치 독수리가 자기의 보금자리를 어지럽게 하며 자기의 새끼 위에 너풀거리며 그의 날개를 펴서 새끼를 받으며 그의 날개 위에 그것을 업는 것 같이 홀로 그들을 인도하셨습니다(신 32:10, 11). 구원하시고 보호하시고 인도하셨습니다.

땅의 높은 곳을 타고 다니게 하시며 밭의 소산을 먹게 하시고 반석에서 꿀을, 굳은 반석에서 기름을 빨게 하시며 소의 엉긴 젖과 양의 젖과 어린 양의 기름과 바산에서 난 숫양과 염소와 지극히 아름다운 밀을 먹이시며 포도즙의 붉은 술을 마시게 하셨습니다(신 32:13, 14). 좋은 곳에 살게 하시고 좋은 것을 먹이셨습니다. 가장 좋은 것을 먹이며 양육하셨습니다.

큰 은혜를 받은 백성이 하나님과 예수님을 버리고 업신여겼습니다. 악을 행한 것입니다. 악을 행한 그들은 하나님의 자녀가 아니요, 흠이 있고 비뚤어진 세대이며 어리석고 지혜 없는 백성입니다. 하나님은 아버지이신데 버렸고, 예수님은 자기들을 지으시고 만드시고 세우셨는데(신 32:5, 6) 버립니다. 세상에서도 아버지를 버리면 패륜아라고 합니다. 은혜와 복을 받은 영적인 사람들이 하나님을 버리고 반석이신 예수님을 버리면 육의 사람이 됩니다. 육의 사람이 되면 마귀의 종이 되어 마귀가 시키는 대로 합니다. 진리를 버리고 거짓을 따라 삽니다.

하나님의 백성들이 언제 반석이신 예수님을 버렸을까요?

고난의 시절이 아니라 형통할 때입니다. 기름지고 살찌고 비대하고 윤택할 때에 버렸습니다(신 32:15). 하나님의 복을 받아 잘되고 성공하고 번성할 때 버렸습니다. 하나님의 은혜를 받아 잘 되고 번성할 때 하나님을 버리고 가증한 다른 신을 따랐습니다. 하나님께 제사하지 않고 다른 신에게 제사하였습니다(신 32:16, 17).

반석이신 예수님을 상관하지 않았고 하나님을 잊었습니다. 그래서 하나님은 진노하시고 격노하심으로 패역하고 진실이 없는 세대에서 얼굴을 숨기셨습니다(신 32:19, 20). 그들이 하나님이 아닌 것으로 질투를 일으키고 허무한 것으로 진노를 일으켰기에 하나님도 백성이 아닌 자들에게 복을 주심으로 그들로 시기가 나게 하십니다(신 32:21).

하나님이 분노하심으로 스올의 깊은 곳까지 불사르고 땅과 그 소산을 삼키고 산들의 터도 불타게 하시고 재앙을 쌓아 놓고 진노를 부으시니 마치 화살을 다할 때까지 쏘는 것과 같습니다(신 32:22, 23). 그래서 그들은 주리고 쇠약하고 불같은 더위와 독한 질병에 삼켜지고 들짐승의 이와 티끌에 기는 것의 독으로 고통을 당합니다. 밖에서는 칼에, 안에서는 놀람에 멸망하니 노인과 젊은이와 젖 먹는 아이까지 놀람으로 멸망합니다(신 32:24, 25). 또한, 그들을 흩어서 사람들 사이에서 기억이 끊어지게 합니다(신 32:26). 완전히 소멸되기 직전입니다.

그들이 지혜가 있고 모략이 있었다면 깨닫고 종말의 심판을 분별하였을 것인데(신 32:28), 지혜가 없어 심판과 종말을 생각하지 않고 반석이신 예수님을 버림으로 화를 당합니다. 비대하고 윤택하고 살찌고 잘 될 때에 반석이신 예수님을 버림으로 큰 재앙을 당합니다.

은혜와 복을 받은 성도들이 말씀을 업신여기고 예수님을 버릴 수 있을까요?

그럴 수 있습니다. 이스라엘은 하나님의 큰 은혜로 애굽에서 건져냄을 받았고, 홍해를 기적적으로 건넜고, 시내 산에서 언약 백성이 되었지만 얼마 가지 않아 금송아지를 만들고 금송아지가 자기들을 인도할 신이라고 하며 예배하였습니다.

광야 백성뿐만 아니라 여호수아를 통하여 약속의 땅인 가나안에 들어간 백성도 오래가지 않아 다른 신들을 섬기고 하나님을 버리고 말씀을 업신여겼습니다.

예수님의 시대도 마찬가지였습니다. 예수님은 수많은 사람의 병을 고치고 귀신들을 쫓아내어 주고 죽은 자도 살려주었지만, 자기들의 욕구를 계속 채워주지 않는다고 예수님을 버렸습니다.

> 총독이 대답하여 이르되 둘 중의 누구를 너희에게 놓아주기를 원하느냐 이르되 바라바로소이다. 빌라도가 이르되 그러면 그리스도라 하는 예수를 내가 어떻게 하랴 그들이 다 이르되 십자가에 못 박혀야 하겠나이다. 어찜이냐 무슨 악한 일을 하였느냐 그들이 더욱 소리 질러 이르되 십자가에 못

박혀야 하겠나이다(마 27:21-23).

　예수님이 무슨 잘못을 하여 십자가에서 죽으신 것이 아닙니다. 자기들의 기대를 채워주지 않으면 없는 죄도 만들어 죽으려고 합니다. 말씀을 버리고 반석이신 예수님을 버리는 것을 대수롭지 않게 생각합니다. 아무리 은혜를 받아도 살찌고 살만하면 예수님을 버립니다.
　교회도 살찌고 윤택하고 기름질 때 예수님을 버리고 말씀을 가볍게 여길 수 있습니다. 핍박이 사라지고 윤택해지면 세속화되어 타락할 수 있습니다.
　주님은 아셨습니다. 아무리 큰 은혜를 받아도 한 세대가 지나면 은혜의 가치를 모르고 말씀을 가볍고 여기고 예수님을 버릴 것을 아셨습니다. 그래서 노래를 만들어 부르라고 하셨습니다.
　신명기 32장의 노래를 부르면서 은혜를 받은 후 반석이신 예수님을 버린 죄를 깨달으면 회복에 이르게 됩니다. 예수님을 주와 그리스도로 따르지 않고 내 욕구를 채우기 위하여 따르다가 기대가 이루어지지 않으면 쉽게 예수님을 버리고 말씀을 버린 죄를 깨달아야 회복이 됩니다.
　말씀을 버리고 예수님을 주님으로 섬기지 않는 죄를 깨달아야 회개하고 돌이킵니다. 예수님을 가볍게 여기고 예수님을 주님으로 섬기지 않은 것이 죄임을 깨달아야 바르게 믿을 수 있습니다.
　요한계시록에는 구원받은 사람들이 부르는 새 노래가 있습니다. 새 노래는 아무나 배우지 못합니다.
　새 노래를 부른 자들은 어떤 사람들일까요?

　　그들이 보좌 앞과 네 생물과 장로들 앞에서 새 노래를 부르니 땅에서 속량

> 함을 받은 십사만 사천 밖에는 능히 이 노래를 배울 자가 없더라. 이 사람들은 여자와 더불어 더럽히지 아니하고 순결한 자라. 어린 양이 어디로 인도하든지 따라가는 자며 사람 가운데서 속량함을 받아 처음 익은 열매로 하나님과 어린양에게 속한 자들이니 그 입에 거짓이 없고 흠이 없는 자들이더라(계 14:3, 4).

천국에서 새 노래를 부를 수 있는 자들은 속량함을 받은 자들 외에 없습니다. 이들은 타락한 여자와 같은 세상과 더불어 자신을 더럽히지 아니한 자들입니다. 세상과 맘몬과 다른 신들을 쳐다보지도 않았습니다. 오직 어린 양이신 예수 그리스도만 따라가는 순결한 자들입니다. 거짓이 없고 흠이 없는 자들입니다. 이들이 천국에서 새 노래를 부릅니다.

새 노래는 모세의 노래, 어린양의 노래입니다. 요한계시록에는 짐승과 그의 우상과 그의 이름의 수를 이기고 벗어난 자들이 모세의 노래, 어린양의 노래를 배워 부릅니다(계 15:2, 3). 모세의 노래, 어린양의 노래를 부를 자들은 어린양의 피와 자기들이 증언하는 말씀으로 이긴 자들입니다(계 12:11). 새 노래는 승리한 자의 노래입니다.

하나님과 어린양에 속한 자는 증언하는 말씀으로 사탄인 용을 이깁니다. 말씀을 지킴으로 용과 짐승을 이깁니다. 말씀을 지키고 어린양이신 예수님을 따름으로 사탄과 적그리스도와 거짓 선지자를 이깁니다. 말씀을 지키고 예수님을 따르는 자들은 어떤 세력에도 미혹되지 않고 모세의 노래에 새겨진 예수님을 증언합니다. 반석이신 예수님을 버리지 않습니다. 사탄과 타협하지 않고 말씀에 기록된 예수님을 증언한 자들은 하늘에 올라 시온 산에서 모세의 노래, 어린양의 노래를 부릅니다.

은혜를 받은 후에도 잠시 넘어져 말씀을 업신여기고 예수님을 등질 수 있습니다. 빨리 돌이켜야 합니다. 반석이신 예수님을 버림이 죄임을 깨닫고 돌이켜야 합니다. 베드로가 돌이키고 형제들을 굳게 하며 주님을 끝까지 따랐던 것처럼 돌이켜 말씀을 지켜 행하고 그리스도를 따르는 거룩한 신부의 세대가 되어야 복을 받습니다. 말씀을 지키며 그리스도만 따르는 순결한 신부의 세대가 되길 바랍니다.

## 2. 토라의 말씀을 통하여 종말에 다시 오셔서 속죄하실 메시아를 바라보아야 합니다

하나님은 그의 백성이 반석이신 예수님을 버리고 귀신에게 제사할 때 진노하셔서 쇠약하게 하시고 흩어버림으로 사람들의 기억에서 끊어지게 하셨습니다. 이스라엘이 망한 것이나 중세 교회나 유럽 교회나 현대 교회가 무너진 것은 그들이 반석이신 예수님을 버리고 말씀을 가볍게 여겼기 때문입니다.

그러나 하나님은 그의 백성을 완전히 멸절시키지 않습니다. 탕자처럼 고난을 통하여 돌아오게 하십니다. 왜냐하면, 원수들이 오해할 수 있기 때문입니다.

원수가 잘못 생각하여 자기들의 수단으로 하나님의 백성을 무너지게 한 것이지 하나님의 손길이 아니라고 할 수 있습니다(신 32:27). 하나님이 우리의 죄를 속량하기 위하여 예수님을 십자가에 넘겨주실 때도 사탄의 세력들은 자기들이 하나님의 아들을 이겼다고 착각하였을 것입니다. 그렇지 않습니다. 하나님의 허락 없이는 날아가는 새 한 마리도 떨어지지 않습니다. 모든 것은 하나님의 손 안에 있습니다.

하나님의 백성이 자유의지로 하나님을 버리고 귀신에게 제사할 때는 진노하여 파셨지만 고난을 통하여 그들을 다시 살립니다.

반석이신 예수님을 버림으로 고난을 받을 때는 하나님의 손길임을 깨달아야 빨리 회복됩니다. 지혜가 있어 바로 깨닫기만 하면 자기들의 종말을 분별합니다(신 32:29). 종말에는 하나님이 은혜로 넘어졌던 백성을 다시 회복시켜 주십니다. 반석이신 예수님을 버릴 때는 그들을 팔고 내어주어(신 32:30) 환난을 당하게 하셨지만, 종말에는 하나님의 영광을 위하여 다시 원수에게 보복하시고 자기 백성을 회복시키십니다.

> 참으로 여호와는 자기 백성을 판단하시고 그 종들을 불쌍히 여기시리니 곧 그들의 무력함과 갇힌 자나 놓인 자가 없음을 보시는 때에로다 (신 32:36).

힘이 없어 갇힌 자나 놓인 자가 없을 정도로 미약하여 졌을 때는 하나님이 불쌍히 여기십니다. 하나님이 일어나서 하나님의 백성과 참된 교회를 박해하던 자들을 심판하시면 대적들의 신과 그들의 반석은 찾을 수 없습니다. 아무도 대적들을 도와주지 못합니다(신 32:37, 38).

종말에 하나님이 그의 백성과 참된 교회를 대적하던 자들을 심판하실 때 비로소 여호와 하나님만 온 세상의 유일한 주권자임을 깨닫게 됩니다.

> 이제는 나 곧 내가 그인 줄 알라 나 외에는 신이 없도다 나는 죽이기도 하고 살리기도 하며 상하게도 하며 낫게도 하나니 내 손에서 능히 빼앗을 자가 없도다(신 32:40).

그렇습니다. 하나님 이외에는 신이 없습니다. 여호와 하나님만 죽이기도 하시고 살리기도 하시며 상하게도 하시고 낫게도 하십니다. 하나님의 손에서 빼앗을 자는 아무도 없습니다. 주님의 손 안에 있으면 안전합니다. 죽은 자도 다시 살리시고 상한 자도 다시 낫게 하십니다.

종말에 하나님은 일어나 대적들에게 복수하시고 하나님을 미워하는 자들에게 보응하십니다(신 32:41, 42). 바로 그때 주의 백성은 속죄함을 받습니다.

> 너희 민족들아 주의 백성과 즐거워하라 주께서 그 종들의 피를 갚으사 그 대적에게 복수하시고 자기 땅과 자기 백성을 위하여 속죄하시리라 (신 32:43).

종말에 주님이 대적들을 복수하시고 자기 땅과 자기 백성을 위하여 속죄하십니다. 하나님이 주신 가나안 땅도 속죄하시고 자기 백성도 속죄하십니다. 모든 죄를 사하여 주십니다.

속죄일마다 일 년의 죄를 사하여주셨듯이 주님 오실 때는 모든 죄를 사하여 주십니다. 모든 죄를 속죄하는 노래를 가르치라고 하셨습니다. 모세가 임종하는 날에 가르친 노래입니다. 이 말씀을 마음에 두고 율법의 모든 말씀을 지켜 행하면 생명이 됩니다(신 32:46, 47).

모세가 노래를 가르친 바로 그날에(신 32:48) 하나님은 모세를 느보 산으로 부르시고 기업으로 주는 땅을 바라보게 하시고(신 32:49, 50) 신명기 33장에 나오는 내용으로 이스라엘을 축복하게 하신 후 모세를 데려가십니다. 모세가 죽기 전에 노래를 가르치시고 축복하신 것입니다.

모세의 노래는 종말에 주님이 오셔서 속죄하시는 것으로 마칩니다. 주님은 종말에 오십니다. 모든 죄를 속하시고 구원을 완성하기 위하여 오십니다.

모세가 가르친 노래를 완성하기 위하여 다시 오십니다. 우리는 주님이 다시 오셔서 완전 속죄하시는 복음을 들어야 합니다. 귀를 기울이고 들어야 합니다. 관심을 가지고 듣고 깨닫고 분별하여야 합니다. 듣는 것이 가장 먼저입니다. 듣는 귀가 있으면 보는 눈이 열립니다.

엄마 뱃속에서 생명이 잉태될 때 가장 먼저 청각이 생겨납니다. 보는 시각은 아이가 태어나도 시간이 걸리는데 듣는 것은 엄마 뱃속에서부터 시작됩니다. 그래서 산모들은 태교 음악을 하는 것입니다. 청각이 생겨나면 들음으로 두뇌가 발달하고 집중력이 생기고 합리적인 생각을 합니다. 들어야 합니다.

> 내 백성이여 내 율법을 들으며 내 입의 말에 귀를 기울일지어다 내가 입을 열어 비유로 말하며 예로부터 감추어졌던 것을 드러내려 하니 이는 우리가 들어서 아는 바요 우리 조상들이 우리에게 전한 바라(시 78:1-3).

현대는 듣기를 싫어하는 세대입니다. 들으라고 하면 잔소리 한다고 생각하고 귀찮게 생각하며 고개를 숙이고 아예 듣지 않으려고 합니다. 뭔가 보여주면 눈을 돌리고, 들으라고 하면 고개를 숙이고 귀를 막습니다. 듣지 않으면 천국의 비밀을 모릅니다. 노래를 들어야 합니다. 요한 계시록은 일곱 교회를 향하여 귀 있는 자는 하나님의 말씀을 들으라고 하였습니다. 보라고 하지 않고 들으라고 하였습니다.

하나님 나라의 비밀도 들음으로 시작됩니다. 예수님은 씨 뿌리는 비유에서 너희가 듣고 깨닫지 못할 때는 악한 자가 와서 그 마음에 뿌려진 것을 빼앗는다고(마 13:19) 하셨습니다. 듣고 깨닫지 못하면 마귀가 말씀을 빼앗습니다. 말씀을 듣고 즉시 기쁨으로 받으나 말씀으로 인하여 환난이나 박해가 일어날 때 넘어지는 자는 돌밭에 뿌려진 씨와 같고(마 13:20, 21), 말씀을 들으나 세상의 염려와 재물의 유혹에 말씀이 막혀 결실하지 못하면 가시떨기에 떨어진 씨와 같습니다(마 13:22).

그러나 말씀을 듣고 깨닫는 자는 좋은 땅에 떨어진 씨와 같아 백 배, 육십 배, 삼십 배로 결실합니다(마 13:23).

말씀을 듣고 깨달아야 복이 됩니다. 집중하여 듣고 반복하여 묵상하여 깨달아야 복이 됩니다. 들어도 깨닫지 못하면 길가에 떨어진 씨앗처럼 말씀을 빼앗겨 아무 열매도 없습니다. 근심이나 환난이 오면 넘어집니다. 자기 욕구가 채워지지 않으면 반석이신 예수님의 가르침을 따르지 않고 종교 생활을 합니다. 생명이 없습니다.

귀를 기울이고 말씀을 들어야 하나님 나라의 비밀을 알게 됩니다. 말씀을 집중하여 듣고 깨달아야 종말에 다시 오셔서 속죄할 메시아를 바라봅니다. 집중하여 듣지 못하면 보여 달라고 합니다. 메시아를 보여 달라고 합니다. 스마트폰을 통하여 영상을 보듯이 기적을 보여 달라고 합니다. 잘 듣지 못하면 자기 욕구만 채우려고 하다 실족합니다.

먼저 귀를 기울이며 말씀을 들어야 합니다. 듣고 깨달으면 보지 않아도 믿을 수 있습니다. 듣고 깨달음으로 종말에 다시 오셔서 속죄하는 주님을 따름이 복입니다.

## 20장

# 축복함이 이러하니라
### (신 33:1-5)

여호와의 절기 가운데 초막절이 있습니다. 요세푸스에 의하면 초막절에는 수만 명이 모여 예루살렘 주변 25km까지 초막을 치고 캠핑을 하면서 축제를 즐겼다고 합니다. 여호와의 절기에 모이면 뭔가 더해집니다. 힘도 더해지고, 은혜도 더해져 하나님의 목적을 향해 다시 달려갑니다. 성경은 모이기를 폐하지 말고 모이기를 힘쓰라고 하였습니다(히 10:25).

초막절 축제가 끝난 다음 날은 토라의 말씀을 즐기는 토라 축제일(심핫 토라-שמחת תורה)입니다. 창세기부터 신명기까지 배웠기에 토라를 즐기며 축제를 합니다. 토라 축제일에 읽는 토라의 말씀은 신명기 33-34장과 창세기 1장입니다. 토라의 말씀은 한번 배웠다고 다 아는 것이 아닙니다. 초막절 다음 날 신명기 마지막과 창세기를 읽고 배움으로 다시 배움을 시작합니다. 신명기 34장이 끝나면 다시 창세기 1장으로 돌아갑니다. 나무의 나이테와 같습니다. 계속 배움으로 토라의 가르침이 삶이 될 때까지 계속 자라가는 것입니다. 계속 순환(아골-עגל)하면서 자라는 것을 좁은 길(마갈-מעגל)이라고 합니다. 다윗은 여호와께서 내 영혼을 소생시키시고 자기 이름을 위하여 의의 길(마갈-מעגל)로 인도하신다(시 23:3)고 하였습니다. 토라의 말씀을 계속 반복하여 배울 때 여호와께서 순환의 길, 좁은 길, 생명의 길, 의의 길로 인도하신다는 고백입니다. 계속 토라의 말씀을 배우고 말씀대로 살아야 복을 받아 형통하고 평탄한 삶이 됩니다.

> 오직 강하고 극히 담대하여 나의 종 모세가 네게 명령한 그 율법을 다 지켜 행하고 우로나 좌로나 치우치지 말라 그리하면 어디로 가든지 형통하리니 이 율법 책을 네 입에서 떠나지 말게 하며 주야로 그것을 묵상하여 그 안에 기록된 대로 다 지켜 행하라 그리하면 네 길이 평탄하게 될 것이며 네가 형통하리라(수 1;7, 8).

모세가 죽은 후 여호수아가 약속의 땅으로 들어가기 직전에 주신 약속입니다. 토라의 말씀을 다 지켜 행하면 어디로 가든지 형통할 것이라고 약속하셨습니다. 토라의 말씀을 입에서 떠나지 말게 하며 주야로 묵상하고 토라에 기록된 대로 다 지켜 행하면 가는 길이 평탄하고 하는 일이 형통할 것이라고 하셨습니다.

창세기에서 신명기까지 토라말씀을 반복하여 묵상하고 깨달은 것을 지켜 행하면 약속대로 평탄하고 형통한 삶이 됩니다. 토라의 말씀은 억지로 읽어야 할 숙제가 아니며 의무감으로 지켜야 할 짐도 아닙니다. 토라의 말씀은 우리에게 복입니다. 토라의 말씀을 묵상하고 지켜 행하면 우리가 형통하고 우리의 길이 평탄합니다. 우리의 복을 위하여 토라의 말씀을 묵상하고 지켜 행하라고 하셨습니다. 회당에서는 수천 년 동안 매주 안식일에 모여 순서대로 토라의 말씀을 읽고 강론합니다. 토라 축제일에 읽는 신명기 33-34장의 제목은 축복함이 이러하다(베조트 하브라카-וזאת הברכה)입니다. 유일한 바로 그(하-ה, the) 복, 곧 참된 복을 준다(베라카-ברכה)는 의미입니다.

참된 복이 임해야 행복합니다. 돈이 많아야 행복할 것 같지만 돈이 많다고 꼭 행복한 것은 아닙니다. 재물이 많아야 행복할 수 있을 것 같지만 재물이 없어도 행복할 수 있습니다.

돈이 많아야 행복할 수 있다면 왜 삭개오가 예수님을 만나고 더 많은 재산을 모으지 않고 재산의 반이나 가난한 사람에게 나누어 주었을까요?

왜 많은 사람들은 옛날 고생할 때가 좋았다고 할까요?

재물의 많음이 참된 복은 아닙니다. 명예와 인기도 참된 복은 아닙니다. 잠시 우쭐대는 마음이 생기나 그것도 자기만의 생각입니다. 다른 사람들은 욕을 할 수도 있습니다.

명예와 힘이 행복이라면, 사탄만 인정하면 천하의 모든 것을 주겠다고 하였을 때 예수님은 왜 물리치셨을까요?

예수님은 그것이 행복이 아님을 알았기에 단호하게 거절하셨습니다. 솔로몬은 모든 명예와 부귀를 얻었지만, 바람을 잡는 것처럼 허전하다고 하였습니다. 명예와 권력은 참된 복은 아닙니다. 토라의 마지막은 참된 복을 가르쳐주고 있습니다.

행복을 누리게 하는 참된 복은 무엇일까요?

## 1. 주의 발아래서 하나님의 말씀을 받는 사람이 행복한 자입니다

사람은 희한합니다. 복을 받아도 만족이 없습니다. 가지고 또 가져도 만족이 없습니다. 먹을 것이 없을 때는 먹을 것만 있으면 만족할 것 같으나 먹을 것이 쌓여도 만족하지 못합니다. 원하는 것을 가져도 만족하지 못합니다. 더 가지고 싶습니다. 더 가지면 좋은 것(good)을 가지고 싶습니다. 좋은 것을 가지면 더 좋은 것(better)을 가지고 싶습니다. 더 좋은 것을 가지면 최고로 좋은 것(best)을 가지고 싶습니다. 최고로 좋은 것을 가지지 못하면 열등감에 사로잡히기도 하고 우울함에 빠지기도 합니다.

사실 복이란 최고로 좋은 것을 가지는 것입니다.

그러나 아쉽게도 최고로 좋은 것은 세상에 없습니다. 세상보다 더 좋은 것이 있습니다. 영생이고 하나님의 나라입니다. 영생을 가지면 최고로 좋은 복을 가진 것입니다. 영생을 가지면 첫째 부활에 참여합니다. 첫째 부활에 참여하는 자들은 복이 있습니다(계 20:6). 첫째 부활이란 영생을 가진 자들의 부활입니다. 첫째 부활에 참여하면 다시는 사망이 없습니다(계 20:6). 영생을 가졌기 때문입니다. 지금 영생을 가지지 못한 자는 심판대 앞에 서야합니다. 심판대 앞에 서야 할 때는 첫째 부활에 참여한 성도들이 예수님과 혼인 잔치를 마칠 때로 믿지 않았던 자들은 심판을 받기 위하여 심판대 앞에 서야 합니다. 그들은 행위 책에 기록된 대로 심판을 받아 둘째 사망인 영원한 불 못인 지옥에 던져집니다(계 20:14).

영생을 가진 자들은 첫째 부활에 참여하기에 최고로 좋은 복을 받은 것입니다. 그래서 초대 교회는 더 좋은 부활을 얻고자 하여 심한 고문을 받되 구차히 풀려나기를 원하지 아니하였습니다(히 11:35). 영생을 가진 자들이 첫째 부활에 참여함이 최고의 복이기에 믿음 때문에 고문을 당하고 환난과 학대를 받아도 기뻐하였던 것입니다.

최고로 좋은 복인 영생의 복을 알려주는 것이 토라의 말씀입니다. 그러므로 토라의 말씀을 받음 자체가 최고의 복을 받은 것입니다. 토라의 말씀을 받는다는 것은 왕자를 맞이하는 왕비가 된다는 것입니다. 왕자에게는 왕궁과 별장과 금은보화도 있지만, 왕궁과 별장과 금은보화를 받았기에 복이 아니라 왕자의 아내가 되었다는 것이 참된 복입니다. 나머지는 따라오는 것입니다. 왕자만 남편이 되면 왕자가 가진 모든 것은 따라오는 것입니다. 왕자의 아내가 됨이 참된 복입니다. 마찬가지로 토라의 말씀을 들음 자체가 복입니다. 토라의 말씀을 듣고 묵상하고 지켜 행하면 나머지는 따라옵니다. 토라의 말씀을 듣고 묵상하고 지켜 행하기만 하면 가는 길이 평탄하고 행하는 일이 형통합니다.

모세는 죽기 전에 이스라엘을 축복하면서 하나님이 토라의 말씀을 주시기 위하여 오셨음을 알립니다(신 33:1, 2). 여호와께서 시내 산에 오시고, 세일 산에 나타나시고, 바란 산에서 비추셨고, 일만 성도 가운데 강림하셨습니다(신 33:2). 시내 산은 언약을 맺고 율법을 받은 곳이고, 세일 산은 사십 년간 광야를 두루 다닌 후 모압 땅으로 들어오면서 통과한 땅이고, 바란 광야는 열두 명의 정탐을 보낸 곳입니다. 하나님이 광야 사십 년간 함께 하셨다는 것입니다. 하나님이 그의 백성 가운데 강림하신 이유가 있습니다.

> 여호와께서 백성을 사랑하시나니 모든 성도가 그의 수중에 있으며 주의 발아래 앉아서 주의 말씀을 받는도다 모세가 우리에게 율법을 명령하였으니 곧 야곱의 총회의 기업이로다(신 33:3, 4).

하나님이 그의 백성을 사랑하여 말씀을 주시기 위하여 오셨습니다. 하나님이 오셨을 때 그의 발아래 앉아서 주의 말씀을 받았습니다. 모세를 통하여 율법을 명령하셨습니다. 토라의 말씀이 기업이요 유산입니다. 토라의 말씀을 받는 자체가 엄청난 유산이기에 복입니다. 거대한 빌딩의 문서와 비교할 수 없는 유산입니다.

왕자와 결혼하면 많은 것이 따라오듯이 토라의 말씀을 받으면 더하여 주어지는 선물이 많습니다. 각 사람의 분량대로 선물을 받습니다. 열두 지파가 받을 복은 다 다릅니다(신 33:6-25). 리더십이 있어 왕으로 쓰임 받을 지파도 있고, 제사장의 지파로 부름 받아 쓰임 받기도 하고, 다양한 모습으로 쓰임 받습니다. 쓰임 받는 모습은 달라도 모두 여호와의 발아래서 말씀을 받았기에 모두 복을 받은 것입니다.

토라 말씀 자체가 복이기에 토라의 가르침인 명령을 들음이 복입니다.

> 너희가 만일 내가 너희에게 명하는 너희의 하나님 여호와의 명령을 들으면 복이 될 것이요(신 11:27).

명령을 들음이 복입니다. 왜냐하면, 명령의 말씀은 살아가야 하는 기준이기 때문입니다. 명령의 말씀을 듣는다는 것은 하나님의 기준을 배우는 것입니다. 의롭게 사는 기준을 배우고, 생명의 길을 가는 기준을 배우는 것입니다.

기준을 알아야 바로 살 수 있습니다. 미워하는 것이 기준이 아니라 사랑하는 것이 기준이고, 비방하는 것이 기준이 아니라 덮여주는 것이 기준이고, 육신을 위하여 사는 것이 기준이 아니라 영의 인도함을 받음이 기준입니다.

나를 위하여 사는 것이 기준이 아니라 이웃을 위하여 사는 것이 기준이고, 받기 위하여 사는 것이 기준이 아니라 주기 위하여 사는 것이 기준입니다. 명령의 말씀을 듣는 것은 기준을 배우는 것이기에 명령의 말씀을 들음이 참된 복입니다.

참된 복을 구하는 사람은 토라의 말씀을 잘 듣습니다. 예수님의 발치에서 말씀을 귀담아 듣는 여인이 있었습니다. 마르다의 동생 마리아입니다.

> 그에게 마리아라 하는 동생이 있어 주의 발치에 앉아 그의 말씀을 듣더니 … 마리아는 이 좋은 편을 택하였으니 빼앗기지 아니하리라(눅 10:39, 42).

예수님이 마르다와 마리아 집으로 심방을 가셨습니다. 마르다는 여러 가지 준비로 마음이 분주하였고 마리아는 예수님의 발치에서 말씀을 들었습니다. 마르다는 속이 상하여 예수님께 와서 말하기를 마리아가 철이 없어서 나 혼자 일하는데 신경도 쓰지 않고 있으니 그를 명하여 나를 도와주게 하라고 부탁합니다. 예수님은 많은 일로 염려하지 말라고 하시면서 몇 가지나 한 가지만으로도 족하니 마리아는 좋은 편을 택하였으니 빼앗기지 않을 것이라고 하셨습니다.

마리아는 좋은 편을 택하였습니다. 말씀을 들음이 가장 탁월한 선택입니다. 참된 말씀을 들으면 귀가 열리고 마음이 열려 깨닫게 됩니다. 마리아는 나중에 예수님의 장례를 위하여 일 년 월급에 해당되는 삼백 데나리온의 비싼 향유, 곧 순전한 나드 한근을 가져다가 예수님 발에 붓고 자기 머리털로 발을 닦습니다. 제자들도 말씀은 들었지만 예수님의 죽으심을 상상도 못하였는데 예수님의 발치에서 말씀을 귀담아 들은 마리아는 예수님께서 메시아로서 죽으시고 부활하심을 깨닫고 죽으심을 위하여 향유를 깨뜨린 것입니다.

주님의 발아래서 토라의 말씀을 귀담아 듣고자 하면 말씀이 들립니다. 때로 미워하는 친구 때문에 속상하고 열 받아 미칠 것 같은 마음이 있을 때 주님 발아래에 앉으면 주님의 말씀이 들립니다. 그를 용서하라. 내가 너를 용서한 것 같이 용서하라는 음성이 들립니다. 그 말씀을 듣고 그대로 행하면 마음 천국이 됩니다. 얼마나 좋은지 모릅니다.

때로 원수와 같은 사람으로 인하여 스트레스를 받아 울적할 때 주님의 발아래에 앉으면 말씀이 들립니다. 원수와 같은 사람을 위하여 기도하고 사랑하라. 내가 너를 사랑한 것처럼 사랑하라는 말씀이 들립니다. 아멘으로 순종하면 마음에 평화가 넘치고 행복을 알게 됩니다.

때로 일이 풀리지 않고 괴롭고 힘들어서 주님 발아래에 앉으면 말씀이 들립니다. 아무것도 염려하지 말고 기도와 간구로 구하되 감사함으로 아뢰라는 말씀이 들립니다. 말씀을 받고 그대로 순종하면 얼마나 좋은지 모릅니다. 때가 되면 묶였던 문제가 풀릴 뿐 아니라 예비 된 복도 받습니다.

주님의 발아래에 앉아 말씀을 들으면 돌이켜야 할 회개의 말씀도 주시고, 환경을 풀 수 있는 지혜의 말씀도 주시고, 걸어가야 할 사명과 비전에 대한 말씀도 주시고, 져야할 십자가에 대한 말씀도 주십니다. 주님 발아래에서 말씀을 들음이 복입니다. 말씀을 듣고 그대로 준행함으로 형통과 평탄의 복을 누리길 바랍니다.

## 2. 주님께 받은 말씀을 청종하며 살아가면 행복한 자가 됩니다

토라의 말씀을 잘 들으면 복(바라크 ברך)인데 토라의 말씀을 듣는 사람은 행복함(에셰르-אשר)을 누립니다. 행복은 참된 복인 말씀을 청종하면 찾아옵니다. 요셉처럼 옥에 갇혀도 행복하고, 바울처럼 먹을 것과 입을 것이 없어도 행복합니다. 말씀을 받고 청종하면 행복함을 누립니다. 아무것이 없어도 천하를 가진 것처럼 행복합니다.

> 이스라엘이여 너는 행복한 사람이로다. 여호와의 구원을 너 같이 얻은 백성이 누구냐 그는 너를 돕는 방패시요. 네 영광의 칼이시로다 네 대적이 네게 복종하리니 네가 그들의 높은 곳을 밟으리로다(신 33:29).

신명기 33장의 결론은 하나님의 발아래서 말씀을 받고 그대로 사는 사람들은 행복자라는 것입니다. 주님 발아래서 말씀을 받는 성도들은 구원을 얻은 백성입니다. 모든 어둠과 죄에서 구원을 받았기에 행복자입니다.

또한, 여호와 하나님이 그들을 돕는 방패이시기에 행복자입니다. 여호와 하나님은 모든 대적과 악한 세력들을 막아주는 방패입니다. 주님이 귀신과 악한 일들과 재앙과 저주를 막아주십니다.

또한, 여호와께서 영광의 칼이시기에 행복자입니다. 영광의 칼 앞에 대적들은 복종합니다. 주님 발아래서 말씀을 듣는 사람들은 행복자입니다. 주님이 구원하시고 방패로 막아주시고 영광의 칼로 대적을 복종시키고 높은 곳을 밟게 하니 행복자입니다. 어디에 있든지 무엇을 하든지 행복자입니다.

> 행위 온전하여 여호와의 율법을 따라 행하는 자들은 복이 있음이여 여호와의 증거들을 지키고 전심으로 여호와를 구하는 자는 복이 있도다 (시 119:1, 2).

시편 119:1, 2에서 복이 있다는 말은 행복(에셰르-אשר)하다는 의미입니다. 행위 완전하여 여호와의 율법(토라-תורה)을 따라 걸어가는 자는 행복한 사람이고, 여호와의 증거를 지키는 증인으로 살면서 전심으로 구하는 자들은 행복한 사람입니다. 토라를 따라 제자로서 살아감이 행복하다고 노래합니다. 증인으로 살면서 전심으로 구하면 행복하다고 자랑하게 됩니다.

비교할 수 없는 참된 행복은 토라의 말씀을 따라 걸어가는 자들만이 누릴 수 있습니다. 땅에서 천국의 삶을 사는 것과 같습니다. 열악한 환경에 살아도 행복하다고 노래합니다.

좋은 환경에 살아도 "짜증난다, 미치겠다. 죽을 것 같다. 열 받는다"라고 노래한다면 참된 행복이 아닙니다. 환경에 상관없이 나누고 섬기며 행복하다고 노래하며 영생을 누림이 참된 복입니다.

말씀을 들음이 복입니다. 들은 말씀대로 살아감이 행복입니다. 복음을 듣고 복음의 말씀대로 살아감이 행복입니다. 모세는 토라의 말씀을 받아 전하다가 120세에 약속의 땅을 바라보며 죽기까지 눈이 흐리지 않았고 기력이 쇠하지 않았습니다(신 34:1-12). 행복자로 산 것입니다. 말씀을 듣고 그대로 살아감으로 행복한 자가 되기를 바랍니다.

# 제2부

# 더 묵상하기

1장    초막절(신 16:13-14)
2장    여호와께서 진영 가운데에 거하시다(민 5:1-4)
3장    악한 말 & 씨(민 11:1)
4장    마음이 달라서 온전히 따르다(민 14:20-24)
5장    불사름으로 정결하게 되다(민 19:1-10)
6장    승리를 경험하다(민 21:1-4)
7장    내 말만 하라(민 22:31-35)
8장    질투심(민 25:1-15)
9장    나팔절(민 29:1-6)
10장   동서남북의 경계선(민 34:1-12)
11장   완전하라(신 18:9-15)

# 1장

## 초막절
(신 16:13-14)

성경에 나오는 초막절의 이름은 다양합니다. 포도를 수확하여 저장한다는 의미로 수장절이라고도 하고, 집 밖에 초막을 치고 지내기에 장막절 혹은 초막절이라고도 합니다. 하나님은 추수를 거두어들인 후 초막절을 즐겁게 지내라고 하셨습니다.

> 너희 타작마당과 포도주 틀의 소출을 거두어들인 후에 이레 동안 초막절을 지킬 것이요. 절기를 지킬 때에는 너와 네 자녀와 노비와 네 성중에 거주하는 레위인과 객과 고아와 과부가 함께 즐거워하되(신 16:13, 14).

초막절은 모두의 축제입니다. 어른과 자녀들, 노비와 성중에 사는 나그네들, 어렵게 살아가는 고아와 과부까지 함께 즐거워합니다. 하나님이 택하신 곳인(신 16:15) 예루살렘에 모여 이미 주신 복과 장차 주실 복을 생각하며 온전히 즐거워하였습니다. 초막절 이레 동안 번제로 드리는 제물은 수송아지 칠십 마리, 숫양 열네 마리, 일 년 된 숫양 구십 여덟 마리였고,

속죄제로 숫염소 일곱 마리를 드렸습니다. 여덟째 날에 성회로 모일 때 번제로 수송아지 한 마리, 숫양 한 마리, 일 년 된 숫양 일곱 마리를 드리고 속죄제로 숫염소 한 마리를 드렸습니다.

초막절은 큰 축제입니다.

하나님은 가을 명절인 초막절을 왜 지키라고 하셨을까요?

초막절을 통하여 가르치시고자 한 메시지는 무엇일까요?

## 1. 초막절을 통하여 나그네 삶을 인식하고 하늘을 소망함이 복입니다

초막절에는 반드시 집 밖에 나무로 초막을 짓고 캠핑하라고 하셨습니다.

> 첫 날에는 너희가 아름다운 나무 실과와 종려나무 가지와 무성한 나무 가지와 시내 버들을 취하여 너희의 하나님 여호와 앞에서 이레 동안 즐거워할 것이라. 너희는 이레 동안 초막에 거주하되 이스라엘에서 난 자는 다 초막에 거주할지니 이는 내가 이스라엘 자손을 애굽 땅에서 인도하여 내던 때에 초막에 거주하게 한 줄을 너희 대대로 알게 함이니라(레 23:42, 43).

초막절에 사용하는 나무는 레몬과 비슷한 에크로그라는 아름다운 나무, 종려나무, 은매화과인 무성한 나무, 시내 버들을 취하라고 하셨습니다. 이것들로 초막도 짓고 묶어서 들어 올려 동서남북으로 흔들며 축복하기도 합니다. 나무로 초막을 지었기에 엉성하고 초막에 누우면 하늘의 별들도 볼 수 있습니다.

하나님이 초막절 기간에 초막에 거주하라고 하신 이유가 있습니다. 하나님이 그의 백성인 이스라엘 자손을 애굽 땅에서 인도하여 내실 때 그들이 광야의 초막에 거하였기 때문입니다. 이스라엘은 광야에서 며칠 캠핑을 한 것이 아니라 사십 년간 이동하며 살았습니다. 약속의 땅으로 들어가기 전에 살았던 광야 사십 년은 나그네의 삶이었습니다. 초막절에 초막에 거하며 명절을 즐기라고 한 것은 인생이 나그네임을 기억하기 위함입니다.

세상은 영원한 본향이 아니라 나그네입니다. 칠십 년, 팔십 년이 긴 것 같지만 지나고 보면 순간입니다. 캠핑이 긴 것 같지만 돌아와 보면 짧은 순간이라고 생각하는 것처럼 인생 또한 긴 것 같지만 뒤돌아보면 날아가는 화살과 같았다는 것을 느낍니다.

세상은 영원하지도 않습니다. 하늘이 연기같이 사라지며 땅이 옷같이 헤어지고 세상에 사는 사람들은 하루살이 같이 죽는다(사 51:6)고 하였습니다. 세상의 삶은 잠시 머무는 나그네의 삶입니다. 세상도 영원하지 않지만, 우리의 육신도 영원하지 않습니다. 캠핑을 끝내고 장막을 거두는 것처럼 인생을 마치는 날에는 육신의 장막이 무너집니다(고후 5:1). 육신의 삶은 잠시 머무는 나그네입니다.

하나님이 초막에 거하라고 하신 것은 인생이 나그네임을 잊지 말라는 것입니다. 인생은 잠시 캠핑하는 것처럼 나그네의 삶을 살지만 허무하여 소망이 없는 것은 아닙니다. 초막에서 하늘의 별을 보듯이 나그네임을 인식하는 성도들은 하늘을 소망하고 하나님의 나라를 바라보며 충실하게 살아갑니다. 나그네임을 인식하는 초막절은 우울하지 않습니다. 축제입니다. 하늘을 소망하기에 엄청난 제물로 번제와 속죄제를 드리며, 풍성한 추수에 감사하고, 뿌린 씨앗의 열매를 위하여 이른 비와 늦은 비를 구하며 축제를 즐깁니다.

초막절 절기를 통하여 나그네임을 인식하고 하늘을 소망하면서 주신 사명 잘 감당함이 복입니다. 아브라함과 이삭과 야곱은 부르심을 받고 약속의 땅에서 장막에 거하면서 하나님이 계획하시고 지으실 터가 있는 성을 바라보며 외국인과 나그네로 살았습니다. 그들이 나온바 본향을 생각하였다면 돌아갈 기회가 있었지만, 더 나은 본향을 사모하였으니 곧 하늘에 있는 것입니다(히 11:8, 9, 13-16). 그들은 장막에 거하면서 하늘을 소망하였기에 하나님은 그들을 위하여 한 성을 예비하셨습니다(히 11:16).

인생은 나그네이지만 성도들은 하늘을 소망하기에 넘치는 활력이 있습니다. 캠핑을 끝내면 돌아갈 수 있는 집이 있듯이 나그네 인생을 마치면 하늘의 처소로 옮겨져 주님과 영원히 함께 살아갑니다. 초막절은 하늘을 소망하는 절기이기에 솔로몬은 칠년 동안 성전을 짓고 초막절에 봉헌하였습니다(대하 5:1-14). 모든 사람은 예루살렘으로 모였고 백이십 명의 제사장은 세마포를 입고 나팔소리와 함께 타악기와 현악기로 하나님을 찬양하였습니다. 그 때 하늘에서 불이 임하였고 하나님의 영광이 가득하였습니다(대하 7:1-9).

초막절은 인생 나그네임을 인식하고 하늘을 소망하는 지혜를 배우는 절기입니다. 하나님 나라를 소망하면 나그네 인생에서 세상의 것이 없다고 낙망하지 않습니다. 믿음의 조상 아브라함은 부름을 따라 순종하며 살았지만 그의 아내 사라가 죽을 때까지 땅 한 평 없었습니다. 나그네로 하나님의 나라를 소망하며 부름 따라 살았습니다.

예수님의 제자였던 베드로도 고난을 받는 초대 교회에 편지하기를 택함 받은 나그네로서 세상에서 박해와 고난을 받지만 하늘에 간직한 기업을 소망하며 기뻐하라고 하였습니다.

나그네의 삶을 인식하고 하늘을 소망하면 세상의 것에 집착하지 않습니다. 어쩌면 솔로몬처럼 땅에 너무 많은 것을 쌓아 놓으면 세상을 떠날 때

억울할 것입니다.

  죽도록 일하여 세상에 조금 쌓아 놓았는데 하늘에서 오라고 한다면 얼마나 억울하겠습니까?

  그러나 바울처럼 나그네임을 인식하고 단순하게 살면서 주님의 나라와 복음을 위하여 살았다면 언제 주님이 오라고 하셔도 기쁨으로 갈 것입니다. 하늘을 소망하는 성도들은 세상에서 충실하게 살아야 하나 세상에 집착하지 않습니다. 나누고 섬기며, 사랑하고 배려하며, 이해하고 용납하면서 복음의 증인으로 살아갑니다.

## 2. 세상의 빛이신 예수님을 믿으면 인생 목마름이 해결됩니다

  광야를 살아가려면 칙칙하고 목마름이 있듯이 나그네 인생에서도 칙칙하고 목마를 때가 많습니다. 인생이 힘들고 지칠 때마다 초막절과 같은 절기를 통하여 예수님을 만남이 복입니다.

  예수님이 초막절 중간에(요 7:2, 14) 예루살렘 성전에 올라가셨습니다. 당시 초막절에는 성전에서 다양한 행사를 하였습니다. 노래하고 춤을 추고 정해진 성경을 읽고 다양한 행사를 하였습니다. 광야에서 구름기둥과 불기둥의 인도함을 받은 것을 기념하기 위하여 불을 밝히는 행사도 있었고, 반석의 물을 마신 것을 기념하기 위하여 실로암 못에서 물을 길어 와서 붓는 행사도 있습니다. 예루살렘 성전에 있던 여인들의 뜰에는 75피트(22.8m) 높이의 큰 촛대 네 개가 있었습니다. 제사장들이 촛대 위에 있는 대접에 기름을 넣고 불을 붙이면 예루살렘의 모든 지역에서 불빛을 봅니다. 제사장들이 불을 밝힐 때 하신 말씀입니다.

> 예수께서 또 말씀하여 이르시되 나는 세상의 빛이니 나를 따르는 자는 어둠에 다니지 아니하고 생명의 빛을 얻으리라(요 8:12).

요한복음 7장과 8장은 예수님이 초막절에 말씀하신 내용입니다. 광야에서 구름 기둥과 불기둥의 인도함을 받았듯이 인생 광야에서 나그네로 살아가는 성도들은 빛이신 예수님의 인도함을 받아야 합니다. 예수님은 세상의 빛입니다. 예수님은 생명의 빛입니다. 빛이 없으면 어둠 속에서 아무것도 할 수 없듯이 예수님이 없으면 영적인 어둠이기에 영적인 것은 하나도 모릅니다. 생명의 빛이신 예수님을 만나야 영적 생명을 얻고 영적인 것을 알 수 있습니다. 예수님은 세상의 빛, 생명이 빛이라고 외쳤습니다.

초막절에 행하는 또 다른 행사는 반석에서 물이 나온 것을 기념하는 행사입니다. 초막절에 제사장들은 세 가지에 집중합니다. 1/3은 매일 드리는 희생 제사를 위하여 제물을 도살하여 그 피를 성전에 가져오고, 1/3은 물을 가져다 붓고, 1/3은 버드나무를 베어 흔들면서 성전으로 가져옵니다.

물을 붓는 예식을 위하여 대제사장과 1/3의 제사장은 실로암 못으로 행진합니다. 대제사장은 금으로 만든 병에 생수를 담고, 부대제사장은 은으로 만든 병에 포도주를 채워 서쪽 문을 통하여 성전으로 가지고 옵니다. 그들이 들어올 때 수문에 있던 제사장은 양각 나팔을 길게 불고 문을 열면 제단에 와서 물과 포도주를 붓고 이른 비를 구하는 기도를 합니다. 그때 읽는 성경은 할렐루야로 시작되는 시편 113-118편과 이사야 12장입니다.

동시에 1/3 제사장은 계곡에서 버드나무를 베어 흔들며 행진하여 성전의 동쪽에 있는 미문을 통하여 들어와 제단 주변에 세워 놓으면 바람에 버들이 흔들리는 소리를 냅니다. 성전 남쪽 문으로는 생수와 포도주를 가지고 들어오고, 동쪽으로는 바람을 일으키는 버드나무를 흔들며 들어옵니다.

실로암 못에서 가져온 물을 성전에 부을 때에는 이사야 12장을 읽습니다.

> 보라 하나님은 나의 구원이시라. 내가 신뢰하고 두려움이 없으리니 주 여호와는 나의 힘이시며 나의 노래이시며 나의 구원이심이라 그러므로 너희가 기쁨으로 구원의 우물들에서 물을 길으리로다(사 12:2, 3).

세 번 나오는 구원이라는 히브리어는 예수아(ישׁועה)입니다. 예수님의 이름과 같습니다. 예수님은 하나님이시기에 두려움이 사라지고 신뢰할 수 있다는 노래입니다. 예수님은 힘이 되고 노래가 된다는 외침입니다. 예수님이라는 우물에서 기쁨으로 물을 길을 수 있다는 노래입니다. 초막절에 성전에서 물을 부으면서 이사야 12장의 노래를 부를 때 예수님이 외쳤습니다.

> 명절 끝 날 곧 큰 날에 예수께서 서서 외쳐 이르시되 누구든지 목마르거든 내게로 와서 마시라. 나를 믿는 자는 성경에 이름과 같이 그 배에서 생수의 강이 흘러나오리라 하시니 이는 그를 믿는 자들이 받을 성령을 가리켜 말씀하신 것이라(요 7:37-39).

너희가 구원(예수아-ישׁועה)의 우물에서 물을 길었다고 노래하는데 내가 구원의 우물이라는 외침입니다. 누구든지 인생 갈증으로 목마를 때는 구원의 우물이신 예수님께 와서 마시라는 초청입니다. 주를 믿는 자는 그 배에서 흘러나오는 성령의 생수로 인하여 인생 목마름이 해결될 것이라는 약속입니다.

예수님이 인생 갈증을 해결하시는 구원의 물이 되신다는 말씀을 들은 사람 중 어떤 이는 모세가 말한 그 선지자라 생각하였고 어떤 이는 메시아라고 생각하였습니다(요 7:40, 41).

그러나 마음이 완악한 사람들은 말씀을 들어도 믿지 않고 메시아는 다윗의 씨로 베들레헴으로 오시는데 예수님은 갈릴리 출신이니 메시아가 아니라고 하였습니다. 예수님이 베들레헴으로 오신 것을 알지 못하는 사람들의 억지 주장입니다.

예수님은 구원의 생수를 주시기 위하여 오셨습니다. 예수님은 인생 갈증을 해결하는 구원자이십니다. 초막절에 읽는 시편 113-118편도 구원에 관하여 노래합니다.

> 여호와는 나의 능력과 찬송이시오. 또 나의 구원이 되셨도다(시 118:14).

> 의인들의 장막에는 기쁜 소리, 구원의 소리가 있음이여, 여호와의 오른손이 권능을 베푸시며(시 118:15).

> 주께서 내게 응답하시고 나의 구원이 되셨으니 내가 주께 감사하리이다(시 118:21).

초막절에 구원자의 이름인 (예수아-ישועה)를 계속 부르면서 메시아를 보내어 달라고 노래합니다. 예수님은 우리를 구원하시기 위하여 오셨습니다. 누구든지 예수님을 믿고 예수님께 오면 생수를 주십니다. 구원의 물을 주십니다.

예수님은 빛이시고 생수를 주시는 분이십니다. 예수님을 믿으면 성령의 생수를 주십니다.

## 2장

## 여호와께서 진영 가운데에 거하시다
(민 5:1-4)

    교회가 받는 최고의 복은 하나님이 함께 거하심입니다. 에덴동산이 낙원인 이유는 단지 살기 좋은 곳이기 때문이 아니라 하나님이 함께 거하셨기 때문입니다. 새 하늘과 새 땅을 소망하는 이유도 단순히 눈물과 고통이 없는 곳이기 때문이 아니라 하나님이 함께 거하시기 때문입니다. 하나님이 함께 하심이 복입니다.

    하나님이 거하시는 곳은 항상 정결하여야 합니다. 진영 가운데 여호와 하나님이 거하시기에(민 5:3) 부정한 사람은 부정한 기간에 진영 밖에 있도록 하였습니다(민 5:2).

    여호와 하나님이 거하시는 곳은 진영 가운데입니다. 변두리나 뒷방이 아니라 가운데인 중심에 거하시면서 영광을 받으시고 다스리십니다. 가운데(타베크-תָּוֶךְ)는 정중앙입니다. 하나님이 계신 성막은 진영의 정중앙에 있습니다. 성막 사방에는 성막에서 봉사하는 레위 자손들이 거주하였고 그 밖으로 열두 지파가 세 지파씩 동서남북에 거주하였습니다. 정중앙 가운데는 하나님이 계셨습니다. 중심이 되신 것입니다.

정중앙을 말하는 가운데(타베크-תוך)라는 히브리어가 제일 먼저 나오는 곳은 창세기 1장입니다.

> 물 가운데 궁창이 있어 물과 물로 나뉘게 하라(창 1:6).

물은 언제 창조되었을까요?

첫째 날에 빛이 있었는데 물은 빛이 있기 전에 존재하였습니다. 하나님의 영은 수면에 운행하였습니다(창 1:2). 수면(水面)이란 물의 표면 위라는 의미입니다. 물은 빛보다 먼저 있었습니다. 마치 아이가 세상에 태어나기 전에 먼저 어머니의 양수 속에서 자람과 같습니다. 아이는 양수 속에서 심장과 중추 신경과 팔다리가 생겨 자라납니다. 양수 속에서 충분히 자란 아이는 때가 되면 태어납니다.

하나님의 영은 알을 품듯이 수면에 운행하였습니다. 산모가 양수 속에 있는 아이를 품듯이 성령이 수면에 운행할 때 하나님이 빛이 있으라고 말씀하셨습니다. 첫째 날입니다. 둘째 날에는 물 가운데에 궁창이 있으라고 하셨습니다. 물 정중앙에 궁창이 있으라고 하셨습니다. 궁창(라키아-רקיע) 이란 넓게 펼쳐졌다는 의미입니다. 궁창을 하늘이라고 부릅니다. 하늘 (쉬마임-שמים)이라는 히브리어에는 물(마임-מים)이라는 뜻이 들어 있습니다. 양수 속에서 아이가 만들어지듯이 물은 형상을 만듭니다.

물은 진리를 보여주는 그림 언어입니다. 물과 성령으로 거듭나야 한다는 말(요 3:5)은 진리의 말씀과 성령으로 거듭난다는 의미입니다. 예배도 영과 진리로 드리라(요 4:24)고 하였습니다. 물 가운데 궁창을 만드신 하나님은 진리 가운데 계시고 진리와 성령으로 거듭나게 하시고, 영과 진리로 예배하는 예배를 받으십니다. 하나님은 진리 가운데 계시면서 진리를 통하여 하늘을 보여주십니다.

　성경에서 가운데(타베크-תָּוֶךְ)라는 히브리어가 두 번째로 나오는 곳은 창세기 2장입니다. 동산 가운데 생명나무와 선악을 알게 하는 나무가 있었습니다(창 2:9). 하나님은 정중앙인 가운데 계시는데 그곳에 생명나무와 선악을 알게 하는 나무가 있었습니다.

　태초에 말씀이 계셨습니다. 말씀이 하나님과 함께 계셨습니다. 말씀이 곧 하나님이십니다. 그 안에는 생명이 있었으니 이 생명이 사람들의 빛입니다(요 1:1-4). 말씀인 예수님은 생명이고 사람들의 빛입니다. 예수님이 오실 때 사람들은 생명을 보았습니다.

　창세기 1장과 2장에는 진리인 물과 생명이 가운데 있었음을 보여줍니다. 하나님이 함께 계시면 진리와 생명을 누립니다. 진리로 거듭나서 예배드리면서 생명을 누립니다. 하나님은 진영 가운데 계십니다. 함께 계시는 하나님을 통하여 진리와 생명을 누리길 바랍니다.

# 3장

## 악한 말 & 씨

(민 11:1)

여호와께서 들으시기에 백성이 악한 말로 원망하매 여호와께서 들으시고 진노하사 여호와의 불을 그들 중에 붙여서 진영 끝을 사르게 하시매 (민 11:1).

이스라엘 백성이 악한 말로 원망할 때 여호와께서 진노하셨습니다. 여기에 나오는 원망하다(아난-אנן)라는 히브리어는 성경에 2번 나옵니다 (애 3:39). 강조 형으로 스스로 강력하게 불평하고 원망하다는 의미입니다. 원망하다는 아난(אנן)은 유다의 아들 오난과 어근이 같은 단어입니다.

유다에게는 세 명의 아들이 있었습니다. 첫째는 엘, 둘째는 오난, 셋째는 셀라입니다. 엘이 다말과 결혼하였는데 여호와 보시기에 악하여 여호와께서 죽였습니다. 형이 아들이 없이 죽으면 동생이 형의 이름으로 씨를 잇기 위하여 형수에게 들어가는 것이 법이었습니다. 유다는 오난에게 형수에게 들어가 형을 위하여 씨를 잇게 하라고 하였습니다. 오난은 그 씨가 자기 것이 되지 않을 줄 알고 형수에게 씨를 주지 않으려고 땅에 설정하였습니다. 그 일이 여호와 보시기에 악하여 여호와께서 오난도 죽였습니다(창 38:7-10). 오난이 씨를 다른 곳에 버려 파괴한 것은 여호와께서 보시기에 악이었고, 이스라엘의 백성이 원망한 것도 여호와께서 들으시기에 악이었습니다.

살아 있고 항상 있는 하나님의 말씀인 복음도 씨입니다(벧전 1:23, 25). 이스라엘 백성에게 주신 복음의 말씀은 약속의 땅에 대한 것입니다. 씨는 부드러운 옥토와 같은 밭에 뿌려져야 열매를 맺습니다. 씨를 길가나 돌밭이나 가시밭에 뿌리면 열매가 없습니다. 열매도 없고 씨도 사라집니다.

이스라엘 백성은 약속의 땅에 대한 복음의 말씀을 들었지만 품지도 않았고 믿지도 않았고 신뢰하지도 않았습니다. 길가에 떨어진 씨와 같았습니다. 약속의 말씀을 믿지도 않고 품지도 않으면 눈에 보이는 환경을 보고 투덜거리고 원망합니다. 그들은 애굽에 사는 것이 좋았다고 하면서, 물도 없고 먹을 것도 없고 날씨도 덥다고 투덜거렸습니다. 약속의 말씀을 생각하지 않고 환경과 사람을 보고 투덜거리는 것은 악한 원망입니다. 마치 오난이 씨를 땅에 설정하는 것과 같습니다. 씨를 형의 이름으로 주기 싫어서 씨를 파괴하여 버린 것과 같습니다. 남에게 주기 싫어 씨를 파괴하는 것은 하나님이 보실 때 악한 것입니다. 하나님이 주신 선물인 씨를 파괴하는 것은 악한 것입니다. 씨와 같은 약속의 말씀을 버리는 것도 하나님이 보시기에 악한 것입니다.

씨를 심을 때 씨만 보지 말고 씨를 통하여 나타나는 열매를 보는 것이 믿음입니다. 씨 하나를 심으면서 수백 개의 열매를 보는 것은 믿음입니다. 믿음이 있을 때 밭을 일구어 옥토를 만들고 씨를 뿌리고 가꿉니다. 믿음이 없어 씨를 파괴하는 것은 악한 것입니다. 씨를 통하여 열매를 보는 믿음이 있는 농부가 수고하여 일하듯이 약속의 말씀 속에 있는 축복을 보는 믿음의 눈이 있어야 수고하는 것입니다. 아이들을 양육하는 것이나 제자의 삶을 살면서 제자를 양육하는 것은 씨와 같습니다. 아주 작은 씨이지만 나중에는 엄청난 열매를 맺을 수 있습니다.

씨를 파괴하는 것은 하나님이 보실 때 악입니다. 약속의 말씀을 버리는 것은 악한 것입니다. 제자 양육을 하지 않는 것도 하나님은 기뻐하지 않습니다. 씨를 옥토에 뿌리는 농부처럼 약속의 말씀을 굳게 믿고 믿음으로 살아감이 복입니다.

# 4장

## 마음이 달라서 온전히 따르다
(민 14:20-24)

　민수기 14장에는 이스라엘이 광야 사십 년을 지나게 되는 직접적인 이유가 나옵니다. 열 명의 정탐은 가나안 땅을 살핀 후 그 땅을 악평하며 그 땅은 거주민을 삼키는 땅이니 애굽으로 돌아가자고 하였습니다. 진노하신 하나님은 전염병으로 멸하려고 하셨고, 모세가 간절히 중보하며 기도하니 용서는 하셨지만 사십 년간 광야에서 지나도록 하셨습니다. 하나님이 엄청난 벌을 내리신 것은 이스라엘의 불순종과 거역함이 단순한 우발적 실수가 아니라 습관적이었기 때문입니다. 그들은 하나님의 이적을 보고도 열 번이나 시험하였고 여호와의 목소리를 청종하지 않았으며 오히려 하나님을 멸시하였기에 약속의 땅으로 들어가지 못할 것이라고 하셨습니다.

　그러나 여호수아와 갈렙과 20세 이하의 자녀들은 약속의 땅으로 들어갈 것이라고 하셨습니다. 갈렙은 그들과 마음이 달라서 온전히 따랐기에 그 땅을 차지할 것이라고 하셨습니다. 마음(루하-רוּחַ)은 영을 의미합니다. 영이 다르면 생각도 다르고 뜻도 다를 수밖에 없습니다. 갈렙은 다른 사람들과 영이 달랐습니다. 생각 자체가 이스라엘 사람들과 달랐습니다. 모든 사람은 거주민을 삼키는 땅이라고 악평하여도 갈렙은 젖과 꿀이 흐르는 심히 아름다운 땅이라고 주장하였습니다. 모든 사람은 가나안 땅으로 절대 들어가지 못한다고 외쳐도 갈렙은 하나님이 함께 하시면 능히 들어갈 수 있다고 선포하였습니다.

갈렙은 다른 사람들과 영이 달랐기에 여호와를 온전히 따랐습니다. 영이 다른 열매가 여호와를 온전히 따른 것으로 나타났습니다. 온전히 따랐다(말레-מלא)는 것은 충만하였다는 의미로 하나님의 마음으로 가득 찼다는 뜻입니다.

하나님의 마음으로 충만하고자 하는 욕구는 엄청난 축복을 가져옵니다. 모든 사람은 욕구가 있습니다. 보다 큰 욕구를 가진 사람은 작은 욕구에서 벗어날 수 있습니다. 아이들은 과자 한 봉지 때문에 마음이 상하고 싸웁니다. 과자 한 봉지 때문에 친 형제와도 싸웁니다.

그러나 자라나서 어른이 되면 과자로는 더 이상 싸우지 않습니다. 그 대신 재산을 차지하기 위해서는 법정 싸움까지 합니다. 더 큰 욕구가 오면 작은 욕구는 버릴 수 있습니다.

하늘의 욕구로 충만하면 땅의 욕구로는 싸우지 않습니다. 필요하면 다 가지라고 그냥 줍니다. 하늘을 품고 싶은 욕구, 하나님의 신성한 성품에 참여하고 싶은 욕구, 메시아의 복음을 전하고 싶은 욕구가 마음에 가득하면 재산이나 명예나 권력은 포기할 수 있습니다. 하늘의 욕구로 충만해지면 세상의 욕구들은 어린아이의 과자 한 봉지처럼 보이기에 기꺼이 양보할 수 있습니다. 땅의 것들은 한 때는 필요하나 나중에는 쓸모없게 된 배설물과 같기에 기꺼이 분토(糞土)처럼 버릴 수 있습니다.

갈렙은 하나님을 온전히 따랐습니다. 하나님으로 충만해지고자 하는 욕구가 있었습니다. 하나님의 마음과 뜻으로 충만해졌습니다. 그래서 갈렙은 99.9%의 사람이 가나안 땅에는 절대 들어갈 수가 없으니 애굽으로 돌아가자고 외쳤지만 하나님이 함께 하시면 충분히 들어갈 수 있다고 선포한 것입니다. 하나님의 뜻이기에 할 수 있다고 선언한 것입니다.

사람들의 욕심과 욕구는 다 채워지지 않습니다. 기도하여도 다 채워지지 않습니다. 아무리 100억을 달라고 기도하여도 응답이 없습니다. 최고의 미녀와 결혼하도록 도와 달라고 간구하여도 응답이 없습니다. 어쩌면 내가 원하는 욕구대로 모든 것이 이루어지면 지옥이 될 것입니다. 다른 사람을 아프게 하고 죽여야 내가 원하는 모든 것을 이룰 수 있습니다. 법정 싸움까지 하여 원하는 것을 가졌다고 하더라도 법정 싸움에서 진 형제와는 평생 외면하여야 합니다. 이겨서 나의 욕구를 채운 것 같지만 사실 형제를 잃은 패배한 싸움입니다.

내가 원하는 모든 것을 가지고 내 뜻이 이루어지는 것은 참된 복이 아닙니다. 참된 복은 하나님의 뜻이 이루어지는 것입니다. 하나님의 뜻이 이루어지기를 원하는 마음이 갈렙의 마음이었습니다. 하나님이 뜻이 약속의 땅이기에 애굽은 상상하지도 않았습니다. 99.9%의 사람이 애굽으로 돌아가자고 하여도 하나님의 뜻이 아니기에 목숨을 걸고 반대하였습니다. 사람들의 뜻이 아니라 하나님의 뜻이 이루어지기를 원하는 것이 갈렙의 마음이었습니다. 하나님의 마음으로 충만하였습니다. 하나님을 온전히 따른 것입니다.

하나님의 마음으로 충만함이 최고의 복입니다. 하나님의 마음으로 충만한 갈렙은 약속의 땅으로 인도함을 받고 발로 밟는 모든 땅을 차지하게 됩니다. 마찬가지로 주 예수 그리스도의 마음으로 충만해지면 하나님이 능히 감당할 수 있는 하늘의 자원을 주십니다. 나의 욕구가 사라지고 주님의 욕구로 가득해지면 기도의 응답을 받습니다. 젖과 꿀이 흐르는 약속의 땅은 애굽과 비교할 수 없을 정도로 좋았듯이 예수님의 마음으로 충만해지면 비교할 수 없는 좋은 복을 받습니다. 주 예수님의 뜻을 품으면 주님이 그 뜻이 이루어지도록 인도하시고 능력을 주십니다. 주님의 마음으로 가득함이 복입니다.

# 5장

## 불사름으로 정결하게 되다
(민 19:1-10)

죄에서 정결하게 되는 방식이 몇 가지 있습니다. 속죄제나 속죄일 제사를 통해서도 죄에서 정결하게 되지만 민수기 19장에 나오는 붉은 암송아지의 잿물을 통해서도 부정에서 정결하게 되었습니다. 온전하여 흠이 없고 아직 멍에 메지 아니한 붉은 암송아지를 끌고 오면 제사장은 진영 밖에서 잡고 그 피를 회막 앞을 향하여 일곱 번 뿌리고 암소를 불사르게 하였습니다. 암송아지를 불사를 때는 백향목과 우슬초와 홍색 실을 불 가운데 던져 함께 태웠습니다. 불살라진 암송아지의 재는 부정을 씻는 물을 위하여 간직하여 속죄제가 되게 하였습니다.

불사르다(사라프-שרף)의 명사형은 민수기 21장에 나오는 불 뱀(사라프-שרף)입니다. 선지자 미리암(민 20:1)과 대제사장 아론(민 20:24)이 죽은 후 험한 길로 인하여 이스라엘이 원망할 때 여호와께서는 불 뱀을 보내 백성을 물게 하시므로 죽은 자가 많았습니다(민 21:6). 환경이 어렵고 힘들 때면 차라리 "우리도 형제들처럼 죽었더라면 좋을 뻔했다"고(민 20:3) 소리쳤지만 막상 불 뱀으로 죽을 위기에 처하자 죽음의 공포 앞에서 모세에게 달려와 "우리가 여호와와 당신을 향하여 원망함으로 범죄하였으니 여호와께 기도하여 뱀들이 떠나게 하여 달라"라고 간청하였습니다(민 21:7). 모세는 중보하며 기도하였고 하나님은 "불 뱀을 만들어 장대에 매달아라. 물린 자마다 그것을 보면 살리라(민 21:8)"라고 하셨습니다. 불 뱀을 만들라(아쎄 레카 싸라프-שרף לך עשה)를 직역하면 "너 자신이 불 뱀을 만들라" 혹은 "너 자신이 불태움이 되라"입니다. 민수기 19장에서 붉은 암송아지를 불태워(사라프-שרף) 재가 되게 하여 그 잿물로 부정에서 정결하게 하셨고, 민수기 21장에서는 불 뱀을(사라프-שרף) 만들어 매달고 그것을 쳐다보면 뱀에게 물린 자가 살게 된다고 하셨습니다.

민수기 19장에서 붉은 암송아지를 불태워(사라프-שרף) 그 재를 부정한 자에게 뿌려 그 육체를 정결하게 한 것은(히 9:13) 성령으로 말미암아 흠 없는 자기를 하나님께 드린 그리스도의 피가 양심을 죽은 행실에서 깨끗하게 하고 살아계신 하나님을 섬기게 하는 것의(히 9:14) 그림자라 할 수 있습니다. 붉은 암송아지가 불살라 재가 되어 부정한 자를 정결하게 하는 잿물이 되었듯이 예수님은 십자가에서 자신을 불태우심으로 우리를 죽은 행실에서 깨끗하게 하셨습니다.

민수기 21장에서 모세가 불 뱀(사라프-שרף)을 매달고 백성은 그것을 보므로 살게 된 것은 예수 그리스도께서 십자가에 들리심으로 믿는 자가 영생을 얻게(요 3:13, 14) 되는 것의 그림자라 할 수 있습니다. 모세가 놋으로 불 뱀에 만들어 매단 것처럼 예수 그리스도는 자신을 불태우듯이 십자가에서 죽으심으로 우리에게 영생을 주셨습니다.

우리도 사도 바울처럼 예수 그리스도와 함께 십자가에 못 박히면 우리 안에 그리스도께서 사시는(갈 2:20) 놀라운 은혜를 받게 됩니다. 예수 그리스도께서 자신을 불태우듯 십자가에서 죽으셨듯이 우리도 자신을 불태우듯 그리스도와 함께 십자가에 못 박히면 십자가를 통한 생명의 은혜를 누리게 됩니다.

불태워지는 것처럼 자신이 죽는 것을 누구나 두려워합니다.

그러나 그리스도와 함께 자신을 불태우듯이 십자가에 못 박혀 죽으면 그리스도와 함께 영원한 생명을 누리게 됩니다.

### 6장

## 승리를 경험하다
### (민 21:1-4)

　이스라엘은 시내 산에서 하나님의 지시에 따라 성막을 만들어 봉헌하고 구름 기둥과 불기둥의 인도함을 따라 은혜롭게 시내 산을 출발하였습니다. 하지만 광야에서 계속 문제를 만납니다. 민수기 10장이 시내 산에서 출발인데 11장은 탐욕의 사람들이 고기가 없다고 원망하다가 재앙을 받은 사건이고, 12장은 선지자 미리암이 모세를 비방하다가 나병에 걸린 사건이고, 13, 14장은 열 명의 정탐이 하나님을 거역함으로 현장에서 죽고 동조하였던 사람들이 사십 년간 광야에서 죽어가는 심판을 받은 사건이고, 16장은 고라 일당이 반역하여 산 채로 스올에 들어간 사건이고, 20장은 모세까지 가나안땅에 들어가지 못하는 사건이 나옵니다. 시내 산에서 출발하여 삼십팔 년 동안 원망과 거역으로 재앙을 받은 사건은 많습니다. 싸움에 나갈 군사로 부름을 받았지만 싸워보지도 못하였고 승리를 경험하지도 못하였습니다.
　민수기 21장은 광야 사십 년이 마칠 때쯤입니다. 더디어 승리를 경험하기 시작합니다.

어떻게 승리를 경험하였을까요?

첫째 서원 기도를 함으로 승리를 경험하였습니다.

> 네겝에 거주하는 가나안 사람 곧 아랏의 왕이 이스라엘이 아다림 길로 온다 함을 듣고 이스라엘을 쳐서 그 중 몇 사람을 사로잡은지라 이스라엘이 여호와께 서원하여 이르되 주께서 만일 이 백성을 내 손에 넘기시면 내가 그들의 성읍을 다 멸하리이다(민 21:1, 2).

아랏의 왕이 이스라엘을 공격하여 몇 사람을 사로잡아 갔습니다. 낙심할 수 있는 사건이 발생하였는데 이스라엘은 원망하지 않고 서원하며 기도하였습니다. 서원이란 스스로 힘으로 감당하기 어려울 때 하나님의 은혜로 일이 잘되면 무엇을 하겠다는 약속입니다.

서원은 사람의 힘으로는 불가능하여도 여호와 하나님은 능히 하실 수 있다는 믿음이 있어야 할 수 있습니다. 한나가 불임으로 아이가 생기지 않을 때 하나님께 서원할 수 있었던 것은(삼상 1장) 사람은 불가능하여도 하나님은 능히 하실 수 있음을 믿었기 때문입니다. 사사인 입다가 서원한 것(삿 11장)도 마찬가지입니다. 서원은 하나님이라면 능히 이루실 것이라는 확신이 있어야 할 수 있습니다.

이스라엘은 주께서 대적을 넘기시면 그들의 성읍을 멸하겠다고 서원하였습니다. 이스라엘의 서원을 들으신 여호와께서 대적들을 넘겨주심으로 이스라엘은 승리를 경험하였습니다. 우연히 승리한 것이 아니라 주님께서 넘겨주셨기에 승리한 것입니다. 서원 기도를 통하여 이스라엘은 승리를 경험하였습니다.

서원하였을 때 여호와께서 대적을 넘겨주심으로 승리를 경험하게 됩니다. 서원 기도로 하나님의 은혜를 받으면 승리를 경험합니다.

둘째, 범죄함을 고백함으로 살아남을 경험하였습니다.

험한 길로 마음이 상한 백성이 하나님과 모세를 원망하며 사십 년 동안 하늘에서 내렸던 만나까지 하찮은 음식이라고 불평하였습니다. 그때 여호와께서 불 뱀을 보내 물게 하시니 이스라엘 백성 중 죽은 자가 많았습니다. 많은 사람이 죽어갈 때 백성은 모세에게 나아와 우리가 원망함으로 범죄하였다고 고백하며 여호와께 기도하여 뱀들이 떠나게 해 달라고 요청하였습니다(민 21:7).

백성이 원망한 것을 깨닫고 돌이키니 하나님은 놋으로 만든 뱀을 통하여 그들을 다시 살려주셨습니다. 하나님은 모든 것을 회복할 능력이 있으십니다. 놋 뱀을 보는 자가 살아났듯이 모든 죄와 허물을 정결하게 하는 십자가 앞으로 나아가면 회복의 길이 열립니다. 원망과 거역이 범죄임을 깨닫고 돌이키면 치료되고 회복됨을 경험하게 됩니다.

셋째, 비스가 산꼭대기에서 승리를 경험합니다.

모세가 비스가 산꼭대기에서 아모리 왕 시혼에게 사신을 보내어 그들의 땅을 지나갈 수 있도록(민 21:20-22) 허락해 달라고 요청합니다. 아모리 왕 시혼은 모세의 요청을 거절하고 백성을 모아 이스라엘을 치므로 이스라엘이 그들을 무찌르고 큰 승리를 합니다.

비스가 산은 성경에 몇 번 나옵니다. 발람은 이스라엘을 저주하려고 비스가 산꼭대기에 갔지만, 하나님의 성령의 역사로 이스라엘을 축복하게 됩니다(민 23:14). 모세는 비스가 산꼭대기에 올라가서 가나안 온 땅을 보고 죽었습니다(신 3:27, 34:1). 느보 산맥에 있는 비스가 산꼭대기에서 많은 은혜를 경험하였습니다. 이스라엘을 대적하는 아모리를 쳐서 승리하였고, 이스라엘을 저주하기 위하여 왔던 발람이 오히려 이스라엘을 축복하였고,

모세가 약속의 땅을 믿음으로 바라보는 은혜를 받은 곳입니다.

민수기 21장은 몇 번이나 승리를 경험합니다. 서원 기도를 함으로 승리를 경험하였고, 원망한 죄를 돌이킴으로 살아남을 경험하였고, 비스가 산꼭대기에서 아모리를 쳐서 크게 승리하였습니다. 승리를 경험함이 은혜입니다.

# 7장

## 내 말만 하라
(민 22:31-35)

발람 선지자가 모압 왕 발락의 초청을 받아 갈 때 여호와 하나님이 길가에서 천사를 통하여 엄중하게 경고하셨습니다.

> 내가 네게 이르는 말만(에페쓰 에트 하다바르-אפס את-הדבר) 할지니라(민 22:35).

하나님이 주시는 말씀 이외에 다른 말은 절대하지 말라는 것입니다. 발람 선지자의 생각이나 하고 싶은 말이 아니라 하나님이 주시는 말만 하라는 것입니다.

말씀(에트 하다바르-את-הדבר)은 바로 그 말씀입니다.

바로 그 말씀은 무엇일까요?

예수님은 태초부터 말씀으로 계셨습니다(요 1:1-4). 바로 그 말씀만 하라는 의미는 예수님의 말씀만 전하라는 것입니다. 하나님이 주시는 말씀만 (에페쓰-אפס) 하라고 할 때 나오는 히브리어 에페쓰(אפס)는 "전혀 없다, 무(無)다, 끝이고 종말이다"라는 의미입니다. 끝에 가면 아무것도 없게 됩니다. 에페쓰(ᴏᴅɴ)의 히브리어는 숫자 0을 지칭하기도 합니다. 주님의 말씀을 받으면 주님이 주시는 말씀만 하여야 합니다. 주님이 주시는 말씀만 하면 다른 것은 아무것도 없는 제로(zero, 0)와 같습니다.

예수님을 따르는 참된 제자는 오직 예수님만 말합니다. 나는 아무것도 아니고 제로(zero, 0)입니다. 나의 생각과 나의 철학과 나의 세계관은 주님 앞에서는 아무것도 아닙니다. 나에게 있는 모든 것을 제로(zero, 0)로 생각합니다. 지식이나 재물이나 능력도 주님 앞에서는 제로(zoro, 0)로 여깁니다.

어려서부터 토라를 배워 율법을 다 지킨 부자 청년이 영생을 얻기 위하여 예수님께 왔습니다. 어려서부터 율법을 배워 지킨 부자 청년을 잘 설득하여 예수님을 따르게 하면 유익이 많을 것 같은데 주님은 그를 설득하지 않았습니다. 그가 가지고 있는 모든 재물을 팔아 가난한 자에게 주고 나를 따르라(막 10:21)고 하셨습니다. 모든 재물을 팔아 가난한 자에게 주라는 예수님의 말씀을 듣고 부자 청년은 주님을 떠나갔습니다.

예수님이 원하시는 것은 재산이나 지식이나 능력이 아니라 제로(zero, 0)가 되는 것입니다. 사람들은 통장에 잔고가 많아야 안심이 되고 무엇인가 채워야 평안할 것이라고 생각합니다. 만약에 통장에 잔고가 제로(zero, 0)가 되고, 무엇인가가 부족하면 불안합니다.

그러나 주 예수님은 예수님만으로 만족하고 다른 것은 아무것도 없는 것처럼 여기라고 하셨습니다.

사실 주 예수님이 계시면 우리는 아무것도 없어도 충분합니다. 부부가 결혼을 하듯이 주님의 신부가 되면 주님만이 유일하신(1) 전부입니다. 주님만이 유일하시기에(1) 다른 이가 없습니다(에페쓰-ᴏᴅɴ)(사 45:6). 주님 한 분(1) 뿐입니다. 다른 것은 제로(zero, 0)입니다.

사람들은 하나(1)를 아무것도 아니라고 생각하나 제로(zero, 0)가 된 신부가 유일하게 하나이신(1) 예수님과 연합하면 큰 복을 받습니다. 예수님과 연합하려면 예수님보다 작아야 합니다. 유일하게 한 분(1)이신 예수님보다 크면(2, 3, 4...) 연합할 수 없습니다. 하나(1)이신 예수님보다 작은 제로(zero, 0)가 되어야 예수님과 연합할 수 있습니다. 제로(zero, 0)가 된 신부들이 하나(1)이신 예수님과 연합하면 십(10)이 되고 백(100)이 되고 천(1000)이 되고 나중에는 무한대가 됩니다.

예수님은 우리를 제로(zero, 0)로 만들어 주님과 연합하는 신부가 되게 합니다. 주님과 하나로 연합함이 축복입니다. 주님과 하나로 연합하려면 내가 없어져야 합니다. 나의 능력과 나의 재물과 나의 실력으로 주님의 일을 하는 것이 아닙니다. 나의 능력과 나의 실력을 자랑하면서 나, 나, 나라고 외치며 자기를 앞세우는 사람은 주님께 합당하지 않습니다. 나는 아무것도 아닌 제로(zero, 0)가 되어 주님의 신부로서 주님과 연합되면 위대한 일에 쓰임을 받습니다. 자신을 위하여 살지 않고 주님을 위하여 살려고 하면(고후 5:15) 주님이 위대하게 쓰십니다. 능력이나 재물이나 지식을 모두 다 나누어 주고 제로(zero, 0)가 되면 주님이 필요한 만큼 신선한 것으로 넘치게 채워주십니다. 예수님이 원하시는 삶은 우리의 것을 제로(zero, 0)로 만들고 주님의 말씀만 전하는 것입니다.

"없다"라는 히브리어 에페쓰(אפס)는 끝을 의미하기도 합니다. 시편에 여섯 번 나옵니다.

이방 나라를 네 유업으로 주리니 네 소유가 땅 끝까지 이르리라(시 2:8).

땅의 모든 끝이 여호와를 기억하고 돌아오며 … 예배하리니(시 22:27).

> 땅의 모든 끝이 하나님을 경외하리니(시 67:7).

> 그가 땅 끝까지 다스리리니(72:8, 98:3).

땅의 끝까지 소유가 된다는 것은 모든 것을 가지라는 의미가 아니라 자기 자신의 것은 다 나누어주고 아무것도 없는 제로(zero, 0)가 된 주님의 신부들이 온 땅에 가득하여 하나님을 기억하고 하나님께 돌아오며 하나님을 예배하게 된다는 말씀입니다. 제로(zero, 0)가 된 신부들이 주님의 소유이고, 그들이 돌아와 주님을 예배하며 찬양합니다.

나 자신을 드러내고 싶은 재산이나 능력을 제로(zero, 0)로 만들고 오직 하나이신(1) 주 예수님과 연합한 신부가 되면 무한대로 쓰임을 받습니다. 날마다 자신을 십자가에 못 박음으로 자신은 아무것도 아닌 자가 되는 것이 복입니다.

# 8장

## 질투심
### (민 25:1-15)

    이스라엘이 싯딤에 머물면서 모압 여인들과 음행하며 모압의 신들에게 절하는 죄를 지음으로 하나님의 진노를 받아 이만사천 명이 염병으로 죽어가고 있었습니다. 그런 상황에 시므온 지파의 지도자인 시므리가 모압 지도자의 딸인 고스비를 데리고 막사에 들어가는 것을 제사장인 비느하스가 목격하고 창으로 그들을 찔러 죽임으로 염병이 그쳤습니다.

    비느하스는 청년이고 시므리는 시므온 지파의 지도자인 우두머리입니다. 한 지파의 지도자가 죄를 지어 잘못하였다고 젊은 청년이 재판도 없이 현장에서 죽이는 것은 자기 목숨을 내놓아야 가능합니다. 이스라엘은 재판을 중요시 하였습니다. 합법적인 재판도 없이 사람을 죽이면 그 자체가 큰 범죄였습니다. 비느하스는 자기가 죽을 각오로 죄를 짓는 시므온 지파의 지도자를 창으로 죽인 것입니다. 이삭(이즈학-יצחק,208)이 자기를 번제로 드리도록 자기 목숨을 내어놓은 것처럼 비느하스(פינחס,208)는 이스라엘을 구하기 위하여 죽을 각오를 한 것입니다. 예수님이 우리를 살리기 위하여 한 알의 밀알로 십자가를 지신 것처럼 비느하스는 자기 목숨을 내어놓은 것입니다.

하나님은 내 질투심(칸아티-קנאתי)으로 비느하스가 질투(칸오-קנאו)하여 이스라엘이 소멸되지 않았다고 하셨습니다. 하나님의 질투와 비느하스의 질투가 결합하여 하나가 되었습니다. 그의 질투(칸오-קנאו)에는 일획인 바브(ו)가 들어있고 나의 질투(칸아티-קנאתי)에는 일점인 요드(י)가 들어 있습니다. 질투(키나-קנא)란 열심과 열정에서 나온 부산물입니다. 하나님 아버지의 열심과 독생자 예수님의 열정이 십자가에서 나타났습니다. 예수님은 우리의 죄를 위하여 십자가를 지셨습니다.

하나님의 질투심으로 질투한 비느하스에게 하나님은 평화의 언약을 주셨습니다.

내가 그에게 평화(샬롬-שלום)의 언약을 주리니(민 25:12).

여기에 나오는 평화(샬롬-שלום)는 특별합니다. 이스라엘에서 나온 히브리어 성경에는 민수기 25:12의 샬롬이라는 단어에 바브(ו)가 중간에 끊어져 있습니다. 원래 바브(ו)는 일점의 요드(י)가 길어진 자음입니다. 요드(י)는 가장 작은 자음으로 손을 나타냅니다. 하나님 아버지의 손은 무한한 능력을 가지고 있습니다. 아들 속에 아버지의 손이 나타나 있습니다. 이 땅에 나타난 아들이 끊겨짐으로 평화를 만듭니다. 아들이 나타나 깨어지고 부서지고 죽으심으로 평화의 언약을 가져옵니다. 아들이신 예수님이 우리의 죄를 위하여 깨어지고 부서지고 죽으신 것입니다.

예수님은 악한 무리에 의하여 수족이 찔림을 당하셨습니다(시 22:16). 예수님은 의심하는 도마에게 손과 옆구리에 손을 넣어보라고 하셨습니다(요 20:27). 예수님은 십자가에서 기절하신 것이 아니고 생명이 끊어져 죽음으로 평화의 언약을 성취하셨습니다.

예수님이 십자가에서 우리 죄를 위하여 죽으신 것처럼 비느하스는 이스라엘의 죄를 멈추기 위하여 죽을 각오로 헌신하였고 하나님의 그에게 평화의 언약을 말씀하셨습니다. 이삭도 죽기를 각오할 때 큰 복을 받았습니다.

죽음이 평화의 복을 가져옵니다. 가족 중에도 누군가가 죽으면 가정의 평화가 옵니다. 교회에서도 서로 자기주장하며 살려고 하면 분쟁이 일어나지만 죽으려고 하면 평화가 옵니다. 믿음의 사람들이 깨어지고 끊어지고 부서지고 죽음으로 하나님의 평화가 옵니다. 한 알의 밀알이 땅에 떨어져 죽는 것처럼 죽으면 많은 열매를 보게 됩니다.

예수님이 우리를 위하여 목숨을 버리셨던 것처럼 우리도 형제를 위하여 목숨을 버림이 마땅합니다(요일 3:16). 형제를 위하여 죽는 것이 아가페 사랑입니다. 비느하스처럼 다른 사람을 위하여 죽으려고 하면 죽음의 세력이 떠나고 죽음에서 자유를 누립니다. 다른 사람들이 나를 죽이려고 할 때 내가 죽으면 죽음에서 자유하기에 평화를 누립니다. 그것이 평화의 언약입니다. 내가 다른 사람을 위하여 죽으려고 하면 내 안에 있는 예수님의 빛이 나타납니다. 깨어지고 부서지고 죽으면 비로소 세상의 빛이 됩니다. 우리가 깨어지고 죽음으로 우리 안에 계신 예수님(예수아-ישוע,386)이 나타나심이 평화(샬롬-שלום)입니다. 샬롬의 숫자 값은 376이지만 비느하스 사건에 나오는 끊어진 샬롬은 요드와 바브가 되어 386이 됩니다.

예수님이 십자가에서 죽으실 때 영이 떠났습니다. 영이 몸을 떠나면 몸은 영을 지배할 수 없습니다. 애굽에서 이스라엘이 떠나면 애굽이 이스라엘을 노예로 삼을 수 없듯이 영이 몸을 떠나면 영은 육신의 지배에서 벗어납니다. 우리가 그리스도와 함께 날마다 십자가에서 죽는다는 것은 육신의 생각대로 살지 않는다는 의미입니다.

이스라엘을 애굽에서 잘 살게 하려고 하나님이 모세를 보내신 것이 아닙니다. 애굽에서 벗어나게 하려고 보냈습니다. 부자 청년이 예수님께 왔을 때 모든 것을 버리고 나를 따르라고 하셨습니다. 다 버리는 것은 내가 죽는 것이요, 세상과 육체의 종으로 살지 않는 것입니다. 그리스도께서 우리의 죄를 위하여 십자가에서 죽으셨듯이 내가 죽으면 평화가 옵니다.

　이삭이나 비느하스가 죽을 각오를 하였으나 죽지 않았습니다. 예수님도 십자가에서 돌아가셨지만 부활하셨습니다. 옛 자아에서 죽으면 성령을 주셔서 평화를 누리게 합니다. 내가 죽지 않고 성령을 받으면 괴물이 됩니다. 성령은 나의 욕구를 위하여 일하시지 않습니다. 내가 죽고 복음의 증인이 되려고 하면 성령께서 역사하십니다. 나의 죽음을 통하여 샬롬의 복을 누리길 바랍니다.

## 9장

## 나팔절
(민 29:1-6)

성경에는 절기가 나옵니다. 절기는 빙글빙글 돌며 춤을 추는 축제(하그-חג)인 동시에 정해진(모에드-מועד) 때입니다. 봄 절기는 유월절, 무교절, 초실절, 칠칠절이며, 가을 절기는 나팔절, 속죄일, 초막절입니다. 봄 절기인 유월절에 예수님께서 우리 죄를 위하여 어린양으로 돌아가셨고, 초실절에 부활의 첫 열매로 살아나셨고, 칠칠절인 오순절에 성령을 부어 주셨습니다. 가을 절기는 나팔절부터 시작됩니다. 나팔절의 이름이 몇 가지입니다.

첫째 나팔절을 보통 로쉬 하샤나(ראש השנה)라 부릅니다. 새로운 한해를 시작하는 그 해의 머리라는 의미입니다.

둘째 나팔절의 공식적인 이름은 욤 테루아(יום תרועה)입니다. 나팔을 부는 날이라는 의미입니다. 성경의 절기를 지키는 이스라엘에서는 새해가 시작되는 나팔절에 양각 나팔(쇼파르-שופר)을 백번을 부는데 마지막 나팔은 가장 웅장하고 길게 붑니다. 하나님은 나팔을 불 때에 기억하여 주신다고 약속하셨습니다(민 10:10).

예수님께서 다시 강림하시는 재림의 때에도 나팔 소리가 퍼집니다.

> 인자가 구름을 타고 큰 능력과 큰 영광으로 오는 것을 보리라. 그가 큰 나팔소리와 함께 천사들을 보내리니 그들이 그의 택하신 자들을 하늘 이 끝에서 저 끝까지 사방에서 모으리라(마24:30,31).

> 주께서 호령과 천사장의 소리와 하나님의 나팔 소리로 친히 하늘로부터 강림하시리니 그리스도 안에서 죽은 자들이 먼저 일어나고 그 후에 우리 살아남은 자들도 그들과 함께 구름 속으로 끌어 올려 공중에서 주를 영접하게 하시리니 그리하여 우리가 항상 주와 함께 있으리라(살전4:16,17)

> 보라. 내가 너희에게 비밀을 말하노니 우리가 다 잠잘 것이 아니요. 마지막 나팔에 순식간에 홀연히 다 변화되리니 나팔 소리가 나매 죽은 자들이 썩지 아니할 것으로 다시 살아나고 우리도 변화되리니 이 썩을 것이 반드시 썩지 아니할 것을 입겠고 이 죽을 것이 죽지 아니함을 입으로다(고전15:51-52).

주 예수께서 나팔 소리와 함께 친히 하늘로부터 강림하실 때에 그리스도 안에서 죽은 자들이 먼저 일어나고 우리도 변화되어 하늘로 들림 받아 주님을 영접하고 영원히 주님과 함께 거합니다. 아담이 흙으로 지음을 받고 하나님의 생기가 들어갈 때에 일어났던 것처럼 나팔 소리와 함께 주 예수께서 다시 강림하실 재림의 때에도 믿는 자들은 썩지 아니하고 죽지 아니할 몸으로 일어나서 주님과 함께 영생을 누립니다. 주 예수께서 다시 강림하시는 재림의 그 날은 영원한 새 하늘과 새 땅의 시작입니다.

성경의 절기 때에 행하는 예식은 그 날을 준비하는 예행연습이라 할 수 있습니다. 예수님의 죽으심과 부활을 예행연습이라도 하듯이 오랫동안 유월절 예식을 행하였습니다. 지금은 예수님의 죽으심과 부활을 기념하면서 성찬식을 행하고 있습니다.

나팔절에 나팔을 백번 불면서 새로운 한해가 복되기를 기대하는 것은 나팔소리와 함께 친히 강림하시는 주 예수께서 새로운 하늘과 새로운 땅을 이루시기를 소망하는 것의 그림자라 할 수 있습니다. 그런 의미에서 나팔절의 예식은 예수님께서 강림하실 재림 때를 위한 예행연습이라 할 수 있습니다. 예수님께서 다시 강림하실 재림의 때에는 죽은 사람들이 티끌에서 일어납니다. 다니엘도 예언하였습니다.

> 또 환난이 있으리니 이는 개국 이래로 그 때까지 없던 환난일 것이며, 그 때에 네 백성 중 책에 기록된 모든 자가 구원을 받을 것이라. 땅의 티끌 가운데에서 자는 자 중에서 많은 사람들이 깨어나 영생을 받는 자도 있겠고, 수치를 당하여서 영원히 부끄러움을 당할 자도 있을 것이며(단12:1,2).

주 예수께서 다시 강림하시는 재림의 날은 한편으로는 영생을 받는 구원의 날이요, 다른 한편으로는 수치로 인하여 영원히 부끄러움을 당하는 심판의 날입니다.

그래서 나팔절의 또 다른 이름을 책이 펼쳐지는 날이라고 부릅니다. 책이 펼쳐지는 마지막 날에는 생명책에 이름이 기록된 사람들은 구원을 받지만, 그렇지 못한 사람들은 자기 행위를 따라 책들에 기록된 대로 심판을 받습니다(계20:11-14). 하나님은 모든 행위와 모든 은밀한 일을 선악 간에 심판을 하십니다(전12:14).

주 예수께서 나팔소리와 함께 다시 강림하시는 재림의 날에 심판이 있는 것을 깨닫는 자들은 지금 마음으로부터 돌이켜 말씀을 청종합니다. 나팔 소리가 들리는 나팔절을 전후하여 마음에 상처를 준 사람들을 찾아가서 용서를 구하고, 선한 일을 결심하며 선행을 많이 실천하는 훈련은 그 날을 사모하며 기다리는 자에게 매우 중요합니다. 주 예수께서 나팔 소리로 다시 오시는 그 날을 사모하는 거룩한 신부의 세대로 살아감이 복입니다.

# 10장

## 동서남북의 경계선

(민 34:1-12)

　때로는 하나님의 비전이라는 이름으로 자기 야망을 채우고자 할 때가 있습니다. 자기 욕심이고, 자기 배를 채우기 위함인데 하나님의 비전이라고 생각할 때가 있습니다. 구별을 잘하여야 합니다. 비전은 하나님께서 말씀하신 것이고 야망은 자기 욕심입니다.

　하나님은 약속의 땅으로 들어가기 전에 땅의 경계에 관하여 미리 말씀하셨습니다. 약속의 땅으로 들어가면 그 땅은 기업이 됩니다. 기업이 된다(티폴-הפל)든 것은 기업에서 떨어지고 넘어진다는 것입니다. 왜 넘어질까요? 힘이 있으면 경계를 넘어 이웃 나라까지 확장하려고하기 때문입니다. 그래서 하나님은 미리 경계를 분명하게 정하여 주셨습니다. 지경을 넓히는 것은 하나님의 뜻이 아닙니다. 나라의 경계, 지파의 경계, 가문의 경계가 있습니다. 아합처럼 지경을 넓히려는 것은 자기 야망을 채우고자 하는 죄악입니다. 지경을 넓히고자 하면 넘어집니다. 경계선이 분명합니다.

　남쪽(네게브-נגב)은 메마른 광야를 의미합니다. 남쪽(네게브-נגב)과 어근이 같은 가브(גב)의 뜻 가운데 하나는 높은 곳입니다. 광야에서는 스스로 높아질 수 없고 하나님께서 높여주셔야 높아집니다. 하나님께서 남쪽 경계를 정하였듯이 스스로 높아지려고 하지 말고 하나님께서 높여주실 때까지 메마른 광야를 즐김이 지혜입니다. 남쪽 경계를 넘어 애굽으로 가면 약속의 땅에서 떨어지는 것처럼 스스로 높아지려고 하면 믿음에서 떨어집니다. 세례요한처럼 하나님 앞에서 묵묵히 자기 사명을 감당하면 하나님께서 높여주십니다. 광야의 삶이 이어질 때에 스스로 높아지려고 하지 말고 하나님께서 높여주실 때까지 기다리며 믿음으로 살아감이 지혜입니다.

서쪽(얌-םי)은 바다라는 의미가 있습니다. 바다의 풍랑이 일어날 때에는 사람이 할 수 있는 것은 아무것도 없습니다. 하나님의 능력의 손이 나타나야 풍랑이 잠잠해집니다. 남쪽의 경계를 넘어가면 바다에 빠지는 것처럼 내 능력으로만 살려고 하다가 믿음에서 떨어질 수 있습니다. 세상이라는 바다를 항해하면서 내 능력으로만 살지 말고 하나님의 능력이 나타나기까지 믿음으로 기다림이 지혜입니다.

북쪽(차폰-ןופצ)은 숨겨져서 잘 알려지지 않았다는 의미입니다. 북쪽 경계를 지키지 못하면 아람(시리아), 아시리아, 바벨론, 페르시아가 쳐들어와서 약속의 땅을 잃게 됩니다. 북쪽의 경계를 지키므로 대적들에게 땅을 넘겨주지 말아야 하는 것처럼 숨겨져서 잘 알려지지 않는 것으로 인해 넘어지지 않도록 주의해야 합니다. 우리가 깨닫고 아는 것은 일부이지 전부는 아닙니다. 숨겨진 보화와 같은 것이 많습니다. 전체를 알지도 못하면서 일부분만 보고 비판하고 정죄하면 믿음에서 떨어집니다. 하나님께서 전체를 보여주실 때까지 믿음으로 묵묵히 기다림이 지혜입니다.

동쪽(하게뎀, 하게드마-המדק)은 공간적으로는 앞을 의미하고, 시간적으로는 오래된 고대를 의미합니다. 동쪽의 경계를 지키는 것은 창세전에 정해진 하나님의 뜻을 사모하는 것입니다. 내가 내 인생에 관한 모든 것을 알

수는 없습니다. 창세전에 정해진 나를 향한 하나님의 계획이 있습니다. 동쪽의 경계를 지키지 못하면 모압과 암몬과 에돔에게 약속의 땅을 빼앗기듯이 창세전에 정해진 하나님의 선한 뜻을 모르면 육신의 정욕에 빠져 믿음에서 떨어집니다. 창세전에 정해진 하나님의 선하신 계획을 사모하여 깨달음이 지혜입니다.

# 11장

## 완전하라
### (신 18:9-15)

하나님은 그의 백성들이 완전하기를 원하십니다.

> 너는 네 하나님 여호와 앞에서 완전하라(신18:113).

여호와 앞에서 완전하여야하기에 세상의 가증한 행위를 본받지 말라고 하셨습니다. 아들이나 딸을 불 가운데로 지나게 하는 자나, 점쟁이나, 길흉을 말하는 자나, 신접한 자를 용납하지 말고(신18:10-14) 여호와께서 일으키시는 참된 선지자의 말을 들으라고 하셨습니다(신18:15).

여호와 앞에서 완전하라(타밈 티흐에 임 아도나이 - תמים תהיה עם יהוה)고 하셨는데 여호와 앞에서(임 아도나이 - עם יהוה)라는 말은 여호와와 함께(임 - עם)한다는 의미입니다. 여호와 하나님과 함께하면 완전함이 있을 것이고, 완전하려면 여호와 하나님과 함께하여야 합니다. 하나님과 함께 하는 존재가 하나님의 백성(암 - עם)입니다.

하나님과 함께하는 삶을 위하여 명령과 규례와 법도를 주셨습니다. 명령과 규례와 법도를 지키면 생명과 복을 얻습니다. 명령과 규례와 법도는 하늘 위나 바다 끝에 있는 것이 아니라 마음에 있고 입에 있습니다(신 30:11-16). 예수님은 하늘 끝이나 바다 끝에 계시지 않고 우리 마음에 계시고 입에 계십니다(롬10:6-13). 예수님이 오셔서 명령과 법도와 규례를 완성하셨습니다. 우리는 예수님을 통하여 완전함에 이릅니다.

예수님께서 우리에게 주신 명령과 계명은 사랑입니다. 계명과 규례를 지키므로 사랑의 삶을 살면 완전함에 이릅니다. 예수님은 산상수훈에서 하늘에 계신 너희 아버지의 온전하심 같이 너희도 온전하라(마5:48)고 하셨습니다. 어떻게 온전한 자가 될 수 있을까요? 여호와께서 함께 하시면 온전할 수 있습니다.

부자 청년이 예수님께 와서 무슨 선한 일을 하여야 영생을 얻는지를(마 19:16) 질문합니다. 예수님은 생명에 들어가려면 계명을 지키라고 하셨습니다(19:17). 부자 청년은 어려서부터 계명을 지켰는데 아직도 무엇이 부족하냐고 다시 질문하였습니다. 예수님은 네가 온전하기를 원하면 소유를 팔아 가난한 자에게 주고 나를 따르라고 하셨습니다. 온전하여 하나님과 함께 하기를 원하면 소유를 나누어야 합니다. 소유는 나를 결정하는 것입니다. 소유는 내 힘으로 내가 할 수 있는 것입니다. 소유는 나에 대한 것입니다. 많은 사람들은 누군가가 자기의 소유를 건드리면 분노하고 화를 냅니다. 자기 소유의 승용차나 물건을 건드릴 때에 분노하는 것은 이웃보다 소유에 더 큰 가치를 두기 때문입니다. 소유에 가치를 두면 이웃 사랑의 계명을 지킬 수 없습니다.

소유를 나눈다는 것은 내가 내 힘으로 살지 않고 하나님과 함께 살기를 원한다는 표시이며, 하나님께서 모든 것이 된다는 고백이며, 나는 아무것도 없으니 하나님께서 주시는 힘으로 살겠다는 결심입니다. 하나님과 함께 동행 하면서 하나님께서 주시는 자원으로 살면 온전하게 됩니다. 내가 소유한 모든 것은 나의 것이 아니라 하나님의 것이니 모든 것을 나눌 수 있습니다. 하나님과 함께 살아가면 더 이상 나의 욕망을 채우기 위하여 살지 않고 이웃에게 베풀고 나누어주는 의인의 삶을 삽니다.

내 힘으로 무엇인가를 하려고 하는 소유를 나누면 하늘에서 보호가 있습니다. 하늘에서 오는 보화는 예수 그리스도이십니다.

> 우리가 이 보배를 질그릇에 가졌으니 이는 심히 큰 능력이 하나님께 있고 우리에게 있지 아니함을 알게 하려함이라(고후4:7).

소유를 나누면 하늘 보배인 예수님께서 함께하십니다. 예수님께서 함께 하시면 심히 큰 능력으로 살게 됩니다. 원수를 사랑함이나 박해하는 자를 위하여 기도하는 것은 내 힘이 아니라 하나님의 능력입니다. 모든 민족에게 복음을 전하는 것도 내 힘이 아니라 하나님의 능력으로 이루어집니다.

내 힘으로 하려고 하는 모든 것을 버리면 보배이신 예수님의 능력이 나타납니다. 예수 그리스도 안에는 지혜와 지식의 모든 보화가 감추어져 있습니다(골2:3). 모든 소유를 나누고 예수 그리스도를 따르면 감추어져 있는 보화를 보게 되고 온전하게 됩니다. 내 사랑이 아니라 하나님의 사랑인 아가페 사랑을 하게 됩니다. 수양과 도를 닦음으로 온전해 지는 것이 아니라 함께 하시는 예수님을 통하여 온전하게 됩니다. 예수님은 참된 선지자이기에 예수님을 따르면 하나님의 음성을 듣게 됩니다. 예수님과 함께 하면 사망과 두려움도 떠납니다. 그러나 내 소유로 선한 무엇인가를 만들려고 하면 온전함이 없어 미래와 내세에 대한 두려움 때문에 길흉을 말하는 거짓 선지자를 찾게 됩니다. 그래서 하나님은 그들을 용납하지 말고 오직 참된 선지자이신 예수님과 함께 온전해지라고 하신 것입니다.

## 안식일 회당에서 토라 읽기 순서

1주 בראשית
베레쉬트, "태초에"
창 1:1-6:8(토라, Torah), 사 42:5-43:11(하프타라, Haftarah, "예언서")

2주 נח
노악흐, "노아"
창 6:9-11:32(토라), 사 54:1-55:5(하프타라)

3주 לך-לך
레크 레카, "너는 너에게 걸어가라"
창 12:1-17:27(토라), 사 40:27-41:16(하프타라)

4주 וירא
바예라, "그가 나타나시다"
창 18:1-22:24(토라), 왕하 4:1-37(하프타라),

5주 חיי שרה
학예이 사라, "사라의 삶"
창 23:1-25:18(토라), 왕상 1:1-31(하프타라)

6주 תולדת
톨도트, "족보"
창 25:19-28:9(토라), 말 1:1-2:7(하프타라)

7주 ויצא
바예쩨, "야곱이 떠나다"
창 28:10-32:2(토라), 호 12:12-14:9(하프타라)

8주 וישלח
바이슐라흐, "그가 보내다"
창 32:3-36:43(토라), 옵 1:1-21(하프타라)

9주 וישב
바예쉐브, "야곱이 거주하다"
창 37:1-40:23(토라), 암 2:6-3:8(하프타라)

10주 מקץ
미하게쯔, "후에"
창 41:1-44:17(토라), 왕상 3:15-4:1(하프타라)

11주 ויגש
바이가쉬, "그가 가까이 가다"
창 44:18-47:27(토라), 겔 37:15-28(하프타라)

12주 ויחי
바예히, "그가 생명으로 살았다"
창 47:28-50:26(토라), 왕상 2:1-12(하프타라)

13주 שמות
쉐모트, "이름"
출 1:1-6:1(토라), 사 27:6-28:13; 29:22-23(하프타라)

14주 וארא
바예라, "그가 나타났었다"
출 6:2-9:35(토라), 겔 28:25-29:21(하프타라)

15주 בא
보, "들어가라"
출 10:1-13:16(토라), 렘 46:13-28(하프타라)

16주 בשלח
베샬락흐, "보냄 안에"
출 13:17-17:16(토라), 삿 4:4-5:31(하프타라)

17주 יתרו
이트로, "이드로"
출 18:1-20:26(토라), 사 6:1-7:6; 9:6-7(하프타라)

18주 משפטים
미쉬파팀, "판결 규례"
출 21:1-24:18(토라), 렘 33:25-26; 34:8-22(하프타라)

19주 תרומה
테루마, "예물"

## 안식일 회당에서 토라 읽기 순서

출 25:1-27:19(토라), 왕상 5:12-6:13(하프타라)

20주 תצוה
테짜베, "너는 명령하라"
출 27:20-30:10(토라), 겔 43:10-27(하프타라)

21주 כי תשא
키 티싸, "들어 올릴 때"
출 30:11-34:35(토라), 왕상 18:1-39(하프타라)

22주 ויקהל
바야크헬, "그리고 그가 모으다"
출 35:1-38:20(토라), 왕상 7:40-50(하프타라)

22-1주 פקודי
페쿠데이, "물품 목록"
출 38:21-40:38(토라), 왕상 7:51-8:21(하프타라)

23주 ויקרא
바이크라, "그리고 그가 부르시다"
레 1:1-6:7(토라), 사 43:21-44:23(하프타라)

24주 צו
짜브, "명하다"
레 6:8-8:36(토라), 렘 7:21-8:3; 9:23-24(하프타라)

25주 פסח
페싸흐, "유월절"
출 33:12-34:26, 민 28:19-25(토라)

26주 שמיני
쉐미니 "8일"
레 9:1-11:47(토라), 삼하 6:1-7:17(하프타라)

27주 תזריע
타즈리아, "임신하다"
레 12:1-13:59(토라), 왕하 4:42-5:19(하프타라)

27-1주 מצרע
메쪼라, "나병환자"
레 14:1-15:33(토라), 왕하 7:1-20(하프타라)

28주 אחרי מות
아하레이 모트, "죽은 후에"
레 16:1-18:30(토라), 겔 22:1-19(하프타라)

28-1주 קדשים
하게도쉼, "거룩하라"
레 19:1-20:27(토라), 암 9:7-15(하프타라)

29주 אמר
에모르, "말하다"
레 21:1-24:23(토라), 겔 44:15-31(하프타라)

30주 בהר
베하르, "산에서"
레 25:1-26:2(토라), 렘 32:6-27(하프타라)

30-1주 בחקתי
베후코타이, "규례 안에"
레 26:3-27:34(토라), 렘 16:19-17:14(하프타라)

31주 במדבר
바미드바르, "광야 안에서"
민 1:1-4:20(토라), 호 1:10-2:20(하프타라)

32주 נשא
나쏘, "계수하다, 들어올리다"
민 4:21-7:89(토라), 삿 13:2-25(하프타라)

33주 בהעלתך
베하알로테카, "켤 때에"
민 8:1-12:16(토라), 슥 2:10-4:7(하프타라)

34주 שלח־לך

### 안식일 회당에서 토라 읽기 순서

쉘라크레카, "너에게 보내다"
민 13:1-15:41(토라), 수 2:1-2:24(하프타라)
35주 קרח
코락흐, "고라"
민 16:1-18:32(토라), 삼상 11:14-12:22(하프타라)
36주 חקת
후카트, "율례"
민 19:1-22:1(토라), 삿 11:1-33(하프타라)
37주 בלק
발락, "발락"
민 22:2-25:9(토라), 미 5:7-6:8(하프타라)
38주 פינחס
핀하스, "비느하스"
민 25:10-29:40(토라), 왕상 18:46-19:21(하프타라)
39주 מטות
마토트, "지파들"
민 30:1-32:43(토라), 렘 1:1-2:3(하프타라)
39-1주 מסעי
마쎄이, "노정들"
민 33:1-36:13(토라), 렘 2:4-28; 3:4(하프타라)
40주 דברים
데바림, "말씀들"
신 1:1-3:22(토라), 사 1:1-27(하프타라),
41주 ואתחנן
바에트하난, "그리고 내가 간구하다"
신 3:23-7:11(토라), 사 40:1-26(하프타라)
42주 עקב
에하게브, "때문에"

신 7:12-11:25(토라), 사 49:14-51:3(하프타라)
43주 ראה
레에, "보라"
신 11:26-16:17(토라), 사 54:11-55:5(하프타라)
44주 שפטים
쇼프팀, "재판장들"
신 16:18-21:9(토라), 사 51:12-52:12(하프타라)
45주 כי תצא
키 테쩨, "네가 나아갈 때"
신 21:10-25:19(토라), 사 54:1-10(하프타라)
46주 כי־תבוא
키 타보, "네가 들어갈 때"
신 26:1-29:9(토라), 사 60:1-22(하프타라)
47주 נצבים
니짜빔, "서 있는 것은"
신 29:10-30:20(토라), 사 61:10-63:9(하프타라)
47-1주 וילך
바옐레크, "그리고 그가 가다"
신 31:1-30(토라), 사 55:6-56:8(하프타라)
48주 האזינו
하아지누, "그 귀를 기울이라"
신 32:1-51(토라), 삼하 22:1-51(하프타라)
49주 סוכות
수콧, "초막절"
출 33:12-34:26, 레 22:26-23:44(토라)
וזאת הברכה
베조트 하브라카, "축복함이 이러하니라"
신 33:1-34:26, 창 1:1-23(토라), 수 1:1-18(하프타라)